Günter G. Führling

ENDKAMPF AN DER ODERFRONT

GÜNTER G. FÜHRLING

ENDKAMPF AN DER ODERFRONT

ERINNERUNG
AN HALBE

Mit 51 Abbildungen, Karten
und Dokumenten

LANGEN MÜLLER

Abbildungsnachweis

Archiv Buchverlage Langen Müller Herbig (13, 14, 15, 16)
Brandenburgisches Textilmuseum (8)
Fischer, Wolfgang (12, 17, 18, 19, 21, 22)
Gang, Wolfgang Dietrich (10)
Russisches Staatsarchiv (3, 4, 5, 6)
Volksbund Deutscher Kriegsgräberfürsorge e.V. (25, 27, 28)

Alle übrigen Abbildungen aus dem
Privatarchiv des Autors

1. Auflage April 1996
2. überarbeitete Auflage November 1996
3. Auflage Mai 1998
4. Auflage Juni 2000
5. Auflage Dezember 2000 – Sonderproduktion
6. Auflage Januar 2001 – Sonderproduktion
7. Auflage Mai 2001 – Sonderproduktion
8. Auflage Juni 2001 – Sonderproduktion
9. Auflage Februar 2002 – Sonderproduktion
10. Auflage Juli 2004 – Sonderproduktion

Schutzumschlag: Marianne Hartkopf, München
Herstellung: VerlagsService Dr. Helmut Neuberger
& Karl Schaumann GmbH, Heimstetten
Satz: Fotosatz Völkl, Puchheim
Gesetzt aus der 10,5/13 Punkt Times
Druck: Jos. C. Huber GmbH & Co.KG, Garching
Binden: Buchbinderei Thomas, Augsburg
Printed in Germany
ISBN 3-7844-2566-6

»Die Toten mahnen,
für den Frieden zu leben.«

Für unendlich viele Deutsche
war der 8. Mai 1945 nicht das Ende
einer der furchtbarsten Etappen
der deutschen Geschichte.
Dem Gedenken der Opfer
ist dieser Bericht gewidmet.

INHALT

NEUE BRÜCKEN –
ZERBROCHENE BRÜCKEN

Der Brief war an einen ehemaligen Soldaten gerichtet, der heute in den USA lebt. Wie ich war er Soldat in Halbe gewesen, aber auf sowjetischer Seite und wohl kaum 200 Meter von mir entfernt. Ich habe ihn kennengelernt, als ich zum 50. Jahrestag der Schlacht dort ehemalige deutsche Soldaten traf. Er war von ihnen eingeladen worden. Ich denke, daß er es akzeptiert, wenn ich ihn heute einen Freund nenne. Er weiß, wie ich, um die Demagogie der Mächtigen, die Verführbarkeit der Völker, ihre Leiden im Kriege und die Fragwürdigkeit des Ergebnisses im Lauf der Geschichte. Ich schrieb ihm, weil er mich nach meinen Erlebnissen und Erinnerungen gefragt hatte.

Bremen, den 31.10.1995

Lieber Harry,

wie vereinbart, übersende ich Dir einen kurzen Bericht meiner eigenen Erlebnisse im April 1945 im Kessel von Halbe – im Spreewaldkessel –, wie ich dort hingelangte und was ich danach zum Kriegsende erlebte. Du kannst diesen Bericht auch auszugsweise für Dein Buch verwenden, ganz wie Du es für richtig hältst.
Der Bericht ist der eines jungen Soldaten, der nicht mehr ein beflügelndes Kriegsziel, etwa einen Sieg, vor Augen hatte,

sondern die sichere Niederlage. Dementsprechend war ich auch kein Held. Weil ich in meiner Ausbildung zur Härte gegen mich selbst erzogen worden war, konnte ich die Anforderungen bestehen, die die Situation an mich stellte: mit Glück, Gerissenheit und etwas Einfalt, wie sie ein 19- bis 20jähriger nun einmal hat.

Ich war im Februar 1944 Soldat geworden und Ende Januar 1945 mit einem Offiziersanwärterlehrgang vor den im Weichselbogen durchgebrochenen sowjetischen Truppen dann bei Frankfurt über die Oder geflohen. In aller Eile wurde im Raum Berlin die Division Döberitz, die spätere Division 303, aufgestellt. Mit ihr kehrte ich an die Oder zurück und nahm dort von Februar bis Mitte März 1945 an Kampfhandlungen um sowjetische Brückenköpfe auf der westlichen Oderseite teil. Ich gehörte der 1. Kompanie des Füsilierbataillons 303 der Division an. Anfang März hatte ich das Glück, befördert und abkommandiert zu werden, kurz bevor das Bataillon im Raum Küstrin eingesetzt und schließlich in Küstrin eingeschlossen wurde. Von meinem Bataillon kamen etwa 40 Mann zurück.

Ich erhielt bald einen neuen Marschbefehl in Richtung Oder. Als ich durch Berlin hindurchkam, waren die sowjetischen Truppen bereits im Norden der Stadt, und ich war im Bereich des Kessels, in dem die Truppen der 9. Armee, der auch meine Division angehörte, eingeschlossen wurden. Die Kampfhandlungen beim Durchbruchsangriff ab 16. April 1945 hatten die Division 303 stark betroffen, denn sie lag vor den Seelower Höhen mit dem Gefechtsstand Bahnhof Friedersdorf. Im Kessel ging schon alles drunter und drüber, und die Situation veränderte sich stündlich. Ich hatte einen Marschbefehl, mich beim Divisionsgefechtsstab zu melden. Genauso wie den Armeeführern in diesem Bereich – dem Chef der Heeresgruppe Weichsel Generaloberst Heinrici, dem Chef der 3. Panzerarmee General von Manteuffel und dem Chef einer Armeegruppe SS-General Steiner, der Freiwilligenver-

10

bände aus verschiedenen Teilen Westeuropas befehligte – war auch mir klar, daß es nach dem Durchbruch hier kein Halten mehr geben könnte. Unsere Hoffnung (die man uns durch die Propaganda auch vermittelt hatte) war, daß die westlichen Alliierten uns zu Hilfe kommen würden. Wir hatten die Ausschreitungen sowjetischer Truppen gegen die Zivilbevölkerung vor Augen und konnten uns einfach nicht denken, daß die Westalliierten das weiter in Harmonie mit den sowjetischen Truppen zulassen würden. Da die Amerikaner aber an der Elbe stehengeblieben waren, war uns in dem Moment auch schon klar, daß wir uns mit allen Mitteln in ihren Machtbereich durchschlagen mußten.

In den nächsten Tagen bin ich dann mit deutschen Truppen, oft nur nachts wegen der Fliegerangriffe, Richtung Süden gezogen, bis wir in den Bereich des engeren Kessels kamen. Dort hatten wir es inzwischen selbst mit nachdrängenden russischen Truppen zu tun, mit Fliegerangriffen und Verlusten vornehmlich durch Flieger.

Meinen letzten Sturmangriff machte ich in einem Wald nordöstlich von Märkisch Buchholz. Die nachdrängenden Russen wichen sofort zurück, als wir angriffen. Wir hatten im Lehrgang gelernt, wie das geschehen sollte, und so rannten wir drei Fahnenjunker-Unteroffiziere – Offiziere waren nicht mehr zu sehen – vor den Soldaten her und schrien hurra. Im letzten Moment erkannte ich einen Russen neben einem Holzstoß, der auf mich angelegt hatte, und landete glücklicherweise hinter einem Sandhügel. Ich schoß auf ihn, und er schoß auf mich, und als mir der Sand um die Ohren spritzte, kam ich zur Besinnung; ich wollte ja nicht noch im letzten Moment sterben. Als ich wieder aufguckte, war auch der Russe verschwunden. Wahrscheinlich hatte es auch in seinem Holzstapel gekracht. Das war am 28. April 1945. Nach diesem Vorfall am späten Nachmittag beriet ich mich mit meinen beiden Kameraden, daß wir uns eigentlich in Richtung Westen absetzen wollten und wie das zu machen sei. Wir ver-

ließen deshalb die deutschen Soldaten, die nach beiden Seiten keinen Anschluß an andere Truppenteile mehr hatten. Wir verwiesen auf unsere noch gültigen Marschbefehle und passierten glücklich, wenn auch nicht ganz ohne Schwierigkeiten, zwei weitere deutsche Linien und gelangten über Märkisch Buchholz, wo viele Fahrzeuge im Dunkeln in der Hauptstraße in Richtung Halbe standen, irgendwie über die Dahme in einen Wald, immer an stehenden Fahrzeugen vorbei, bis vor den Ort Halbe, wo ein ungeheurer Gefechtslärm herrschte.

Wir waren noch zu zweit, als wir über den Bahndamm krochen, auf dessen Seiten sich bereits rechts und links ein Wall von Gefallenen türmte. Es war ziemlich dunkel, und es waren viele Fahrzeuge und auch Soldaten dort. An der Wegegabelung der beiden Straßen Richtung Teupitz und Teurow stand ein Einweiser, von dem wir schon bald nach dem Geschehen annahmen, daß er ein sogenannter Seydlitz-Mann war (ein Deutscher in Wehrmachtsuniform, aber auf sowjetischer Seite kämpfend). Er schickte uns auf die nach Süden führende Straße Richtung Teurow. An stehenden Panzern vorbei, gelangten wir fast an das Ortsende, immer unter heftigem Beschuß, ohne genau zu wissen, wo er herkam. An vornehmlich der linken Straßenseite lag auch ein Wall von Toten und Verwundeten. Wir sahen nur den Wall und hörten Stöhnen und Schreien. Wir wichen, weil es nicht weiterging und irgendeine Führung nirgends erkennbar war, noch einmal durch den ganzen Ort über die Bahnlinie an den Waldrand zurück, waren uns aber bald im klaren, daß das keine Lösung war, und kehrten zurück, an den stehenden Fahrzeugen vorbei, und drangen mit anderen deutschen Soldaten in den Wald links der Chaussee nach Teurow. Gegen Ende dieses Hochwaldes, schon bei einem der ersten Häuser von Teurow, liegt links an der Straße ein Gebäude, das damals und auch später noch Försterei war. Total übermüdet und erschöpft – tagelang hatten wir nicht richtig schlafen können –, beschlossen wir, dort

im Keller auszuruhen. Im Morgengrauen hörten wir dann ei-
ne erstaunlich frische Stimme:»Raufkommen, der Iwan ist
da, Waffen unten lassen.« Oben sahen wir mongolische Ge-
sichter (Du sagtest wohl, in Deiner Einheit waren Kirgisen).
Sie haben uns nicht schlecht behandelt, und – sie ließen uns
am Leben.

Man führte uns durch Dörfer, und Frauen, die uns Brot zu-
steckten, erzählten, was ihnen widerfahren war. Einmal lan-
deten wir auch an einer Friedhofsmauer, denn man hatte er-
wogen, uns zu erschießen. Es waren deutsche Truppen in un-
sere Nähe gekommen, die vermutlich von Märkisch Buch-
holz her, dem wir uns inzwischen wieder genähert hatten,
durchzubrechen versuchten. Die Details zu erzählen, würde
sicher den Rahmen sprengen, aber jedenfalls war uns klar,
daß wir so schnell wie möglich entkommen wollten. Auch das
Risiko, dabei erschossen zu werden, schien uns nach allem,
was wir erlebt hatten und was uns bevorstand, nicht bedroh-
lich. Als wir am nächsten Tag durch niedriges Waldgelände
Richtung Osten abgeführt wurden, gelang uns die Flucht.

Danach haben wir uns in neun Tagen nach Westen zu den
Amerikanern durchgeschlagen. Mit mehr Glück als Ver-
stand! Wir marschierten nicht tags, wir schlichen nur nachts
durch den Wald. Auch das war nicht ohne »Feindberührung«.
Aus besonderem Anlaß wagten wir uns schließlich auf die
Straße und zogen mit deutscher Uniform inmitten französi-
scher Zwangsarbeiter nach Westen, nicht ohne Gefahr, denn
die Russen machten mit deutschen Soldaten, die sie aus die-
sen Kolonnen fischten, kurzen Prozeß. In Wittenberg über-
nachteten wir in einem kleinen Raum mit 20 Frauen, die vor
Angst starr wurden, als sich nachts im Hause etwas regte, weil
sie befürchteten, daß russische Soldaten nach ihnen suchen
würden.

Durch die Mulde bei Dessau konnten wir nicht schwimmen,
weil die Amerikaner auf schwimmende Soldaten schossen,
aber mit einem Kahn und mit Schnapsflaschen ging das pro-

*blemlos. Dort nahmen mich die Amerikaner gefangen, und
ich erlebte dann noch zwei Monate Gefangenschaft, teilweise
in Hungerlagern und unter freiem Himmel, und weil ich mich
im letzten Lager als Koch ausgegeben und auch sehr fleißig
gekocht hatte, wurde ich als »very useful member of the staff
of the PW-Camp Gießen« entlassen, während das ganze Lager nach Frankreich verlegt wurde, wo die Soldaten noch jahrelang unter teils sehr schweren Bedingungen arbeiten mußten. So war ich bereits zwei Monate nach Kriegsende wieder
frei, allerdings in einer Gegend, die ich vorher nie kennengelernt hatte, ohne meine Familie und ohne alle Mittel. Alles
normalisierte sich, wie Du weißt, sehr langsam und nicht ohne dauerhafte Folgen, denn unsere Heimat hatten wir verloren. Erst jetzt ist sie mir wieder zugänglich, und von meinem
Vater erbte ich ein Grundstück an einem schönen See, der etwa 40 Kilometer von Halbe entfernt ist.*

*Es ist vielleicht nicht die Geschichte, die Du erwartet hast, Du
mußt Dir das für Dich Wesentliche heraussuchen. Es ist, kurz
gefaßt, meine Geschichte vom Kriegsende und ohne den
Kommentar und die Anmerkungen dazu, die Du und ich sehr
ähnlich zum Geschehen veröffentlichen wollen.*

Sei recht herzlich gegrüßt   *Dein Günter*

Der kurze Bericht, den Harry für sein Buch verwenden will,
wäre mir nicht so leicht gefallen, wenn ich mich nach 50 Jahren unvermittelt an das Geschehen hätte erinnern sollen.
Ich hatte es jahrzehntelang verdrängt. Um das Tor aufzu-
stoßen, das mich wie Orpheus in die Unterwelt des Erlebten
und Erinnerns brachte, bedurfte es eines Anlasses, der der
Begegnung zum 50. Jahrestag vorausgegangen war: der
Wegfall der innerdeutschen Grenze und die Freiheit des
Gebiets der heutigen neuen Bundesländer. Diese Ereignisse ermöglichten mir den Zugang zu einer ein halbes Jahr-

hundert zurückliegenden Zeit eigenen Erlebens. Er war von Anbeginn an schmerzlich. Mit dem neuen Brückenschlag einer geistigen Verbindung zu dem ehemaligen Feind und heutigen Freund stehen vor meinem Auge Brücken, die sinnfällig und schmerzhaft die Vergangenheit symbolisieren – zerbrochene Brücken:

Über das Flußbett der Neiße bei dem Städtchen Forst ragen diese zwei Brücken, deren Enden nicht zueinander finden. 20 Jahre hatten sie ihren Zweck erfüllt: Sie verbanden den westlichen mit dem östlichen Stadtteil. Sie schienen für eine Ewigkeit erbaut. Im Februar 1945 wurden sie in der Flußmitte gesprengt. Seitdem markieren sie die Grenze zu Polen deutlicher als der Fluß selbst, der im Sommer hier kaum Wasser führt.

Ein Mahnmal sind diese Brücken, und sie sollten für alle Zeiten so stehenbleiben. Ein Erinnern an den Krieg und seine Folgen[1], die Vertreibung polnischer wie deutscher Bevölkerung aus ihren östlichen Siedlungsgebieten unter unmenschlichsten Bedingungen.

Die Vertreibung war eines der furchtbaren Ergebnisse der beiden modernen Volkskriege des 20. Jahrhunderts.[2] Erinnern sich die damaligen Gegner, unsere heutigen Freunde, daran, was sie damals als zulässig hinnahmen, wenn sie die heutigen Ereignisse im zerbrochenen Jugoslawien sehen?

Unter dem unmittelbaren Eindruck des Geschehens schrieb der Historiker Michael Freund:

»Wer konnte wissen, was mit dem deutschen Volke wahrhaft los war? Hitler hatte es zum Schweigen gebracht und die deutsche Geschichte in Zwielicht getaucht. So dachten die Alliierten fast nur an den Krieg gegen Hitler und fast nicht an den Frieden mit dem deutschen Volke. Es war schwer, in das deutsche Schweigen hineinzuhören und in der deutschen Nacht ein anderes Deutschland zu sehen als das Hitlers. Sie rechneten nur mit der einen sichtbaren Realität, Adolf Hitler. Wer stärker als sie in das Dunkel des Augenblicks durchdrang, der werfe den ersten Stein auf sie. Sie meinten, nicht die Gewißheit des Sieges um jenes Phantomes willen gefährden zu dürfen, das ›Deutschland‹ hieß. Sie vergaßen allerdings über dem Krieg den Frieden und über Hitler das deutsche Volk. Denn nur ein freies Deutschland verkörpert die wahre und dauernde Niederlage Hitlers. So wurde das deutsche Volk auch nicht mit einem Hauch eingeladen, an der Niederwerfung Hitlers teilzuhaben.«[3]

Sechs Wochen war die Stadt Forst 1945 Hauptkampflinie, und danach waren 85 Prozent der Häuser und Fabriken zerstört. Die Bewohner der Stadt waren rechtzeitig evakuiert worden, so daß von den einst 45 000 Einwohnern 1945 nur noch 100 zurückgeblieben waren. Ältere haben in diesem abgeschiedenen Städtchen den Jahreswechsel 1945/1946 nicht überlebt, sie sind in ihren Wohnungen erfroren oder verhungert. Auch die Häuser hier an der Neiße sind zum größten Teil zerstört. Die Neißewiesen mit dem Fluß in der Mitte, umsäumt von schützenden Deichen gegen die Hochwasser im Frühjahr zur Zeit der Schneeschmelze, boten vor der Zerstörung der Stadt einen prächtigen Anblick. Über die Straße und die zerstörte Brücke links waren damals die Truppen in den Polenfeldzug gezogen, ins Manöver, wie man sagte. Die Verlängerung dieser Brücke war die Pförtener Straße, und sie führte genau zu dem zwölf Kilometer entfernten Städtchen Pförten. Es gehörte ehemals zur Herrschaft des Grafen Brühl, dessen Vorfahr Minister des Kurfürsten von Sachsen und Königs von Polen gewesen war.[4]
Heute ist es polnisch. Nur wenige Häuser sind bewohnt. Das Schloß ist verfallen, eine Ruine.
Als dieser Minister Brühl 1740 die Herrschaft erwarb, ließ er das prächtige Schloß errichten. Zahlreiche Feste über mehr als 15 Jahre haben die Prunkgemächer des Pförtener Schlosses berühmt gemacht. Am 5. September des Jahres

16

1758 sandte Friedrich der Große den Obristen Guichard mit 200 Husaren nach Pförten, das Schloß zu zerstören. Sie brannten es bis auf die Umfassungsmauern nieder und mit ihm den weitaus größten Teil des kostbaren Inhalts.

Der Wiederaufbau, 1858 begonnen, wurde erst 1929 vollendet. Das so wiederhergestellte Schloß sollte schon 16 Jahre später, 1945, erneut eine Kriegsruine sein.

Vor der Errichtung der festen Brücken um 1925, die nach Pförten führten, hatten andere, bescheidenere hölzerne Brücken die Ufer verbunden. Vielfach mögen sie neu gebaut worden sein, nach Zerstörung durch Hochwasser oder in kriegerischen Zeiten. Der Kurfürst von Sachsen und König von Polen war auf dem Wege nach Pförten und Polen darüber gefahren, und auch meine Vorfahren mögen ihren Weg darüber gesucht haben. Solche aus Grünberg, dem heutige Zielona Gora, und andere aus Festenberg bei Breslau, das heute Twierdza Gora heißt, gehörten dazu. Seit Jahrhunderten waren sie Deutsche, einige waren wendischen Ursprungs, schlesische Familien waren Österreicher, auch aus Österreich selbst stammten einige. Die Forster Einwohner waren bis etwa 1815 Sachsen. Binnen zwei Jahrhunderten waren sie alle Preußen geworden, und sie waren dort ansässig – bis vor 50 Jahren.

Alles, was ich in meiner Kindheit über die Stadt und die Vorfahren erfahren hatte, über ihren Erfolg wie über ihr Schicksal nach dem Ersten Weltkrieg, dessen Ende die Deutschen schwer traf, die folgende Inflation und die Hitlerzeit, war bei Kriegsende abgeschnitten. Das schon vorher brüchig gewordene bürgerliche Selbstverständnis[5] hatten die in alle Winde verstreuten Familienangehörigen verloren. Wer überlebt hatte, war auf sich selbst gestellt und mußte neue Wege für die eigene Existenz finden. Übrig blieb ein Schimmer der Erinnerung, nicht an eine geruhsame bürgerliche Lebensweise, sondern an eine starke, pflichtbewußte Lebensart.

Die ins Nichts ragenden Brücken sind auch ein Mahnmal für einen immerwährenden Abschied von dieser Vergangenheit. Trotzdem hatten manche Bürger nach 1945 auf einen Neuanfang in Forst gehofft. Auch mein Vater war in das Städtchen zurückgekehrt. Nur wenige alte Tuchfabrikanten der ehemaligen Textilindustrie waren wieder da. Ihre Fabriken waren zerstört, aber sie planten, wieder Tuche herzustellen. In den Garagen einer Villa klapperten schon wieder sieben Webstühle. Vertrauen in die eigenen Fähigkeiten und Zuversicht in die Gemeinschaft der Mitbürger gaben einigen die optimistische Erwartungshaltung, daß der Krieg nun zu Ende sei und jeder sich am Aufbau beteiligen konnte, so wie er es vermochte. Schließlich waren am Ende die meisten vertrieben, die den Aufbau noch hätten bewirken können. Sie wurden enteignet.

Mit der Bahn kam ich damals, Ende der vierziger Jahre, noch einige Male in das Städtchen Forst an der Neiße, um meinen Vater zu besuchen. Wenn der Zug Königs Wusterhausen passiert hatte und sich dem Dörfchen Halbe näherte, mußte ich mich zwingen, nach draußen zu sehen. Dort hinter dem Bahnhof, wo der Wald anfing, lagen noch immer die zerschossenen Wehrmachtsfahrzeuge und erinnerten mich an die letzte große Kesselschlacht, der ich 1945 glücklich entronnen war, einem Stalingrad auf deutschem Boden. In Forst, der zu 85 Prozent kriegszerstörten Stadt, spürte ich diesen Druck nicht. Alles war vergessen, wenn wir mit dem Wagen nach Goyatz zum Schwielochsee fuhren, um dort zu segeln. Bald unterblieben die Besuche. Ich vermißte die Freiheit, die ich in meiner neuen Heimat in Bremen gewohnt war.

Doch im Frühjahr 1990, nach der Öffnung der Mauer, zog es mich in die Mark Brandenburg, in meine Geburtsstadt Forst, nach Goyatz, nach Halbe, wo inzwischen ein großer Zentralfriedhof für im Kriege in der Gegend Gefallene entstanden war[6], und nach Potsdam, wohin ich als Soldat einberufen worden war und wo die Potsdamer Konferenz das deutsche Schicksal vorläufig besiegelt hatte. Im Schloß Cecilienhof, der Konferenzstätte, gibt es auch ein Hotel. Für einige Tage hatte ich dort Zimmer gebucht.

Es wurde eine kurze Reise und ein langes Erinnern. Was ich vor 45 Jahren erlebt hatte, flog vorbei wie im Zeitraffer und wurde nach und nach so deutlich, daß ich es Harry, dem heutigen Freund, auch mit Distanz, aber offen und kurz schildern konnte. Dahinter steht ein wiedererwachtes, intensives Erleben.

Ein schwieriges Erinnern

Die Ereignisse im Deutschland der Jahre 1989 und 1990 hatten sich überstürzt. Es war eine aufregende Zeit. Der kalte Krieg war unvermutet zu Ende gegangen. Gegensätze, die seit Kriegsende gegolten hatten, schienen zu verlöschen, sich in nichts aufzulösen.

Mit Michael, dem jüngsten meiner Neffen, fuhr ich im Frühjahr 1990 in die Noch-DDR. Die Wiedervereinigung hatte deutlich nationale Akzente; sie war von der Bevölkerung dieses Gebiets ausgegangen. Wie viele hatten uns die Bilder der überraschend friedlichen Ereignisse, die uns das Fernsehen vermittelt hatte, tief berührt. Die von anderen Regierungen und Politikern einzelner Parteien vorgebrachten Widerstände und Bedenken waren schnell verdrängt. Ich hatte sie als »Gespenster der Vergangenheit« registriert. Mitteldeutschland und Westdeutschland vereinigten sich. Merkwürdig nur, wie leicht man von diesem mitteldeutschen Teil als Ostdeutschland spricht. Seit dem Mittelalter war es kulturell und geographisch immer Mitteldeutschland gewesen!

Die Schilder zeigten, daß wir uns der Grenzstelle Zarrentin an der Autobahn Hamburg–Berlin näherten. Die Abfertigung verlief problemlos, nur der junge Grenzpolizist schien noch ganz der Vergangenheit verpflichtet. Er hantierte lange und prüfend mit unseren Pässen, ohne daß wir vom Auto aus erkennen konnten, welche Hilfen er benutzte und was er überhaupt damit tat. Er war übrigens der einzige, den wir als verschlossen und abweisend in Erinnerung behielten. Geschwindigkeitsbegrenzungen auf der Autobahn, schlechte Straßen, verwahrloste russische Kasernen und schließlich auch die verfallenen Häuser machten die verheerende wirtschaftliche Situation sichtbar. Hier waren vor 45 Jahren die russischen Panzer eingebrochen. Hier fuhren sie seither. Hier hatte sich an dem Zustand der Straßen seitdem fast alles nur noch verschlechtert. Jetzt, nach einem halben Jahrhundert, war der Traum von einem sowjetischen Gesamtdeutschland verweht.

Micha und ich fuhren durch die brandenburgischen Kiefernwälder bei strahlendem Sonnenschein, durch einige Reihendörfer, vorbei an Branitz, dem ehemaligen Wohnsitz des Fürsten Pückler, einem Zeitgenossen Goethes, dessen Schloß heute ein Museum ist. Das Herz des Fürsten liegt in dem Schloßpark unter einer der drei Pyramiden begraben. Das schmiedeeiserne Gitter krönt noch immer eine Pyramide. »Gräber sind die Bergesspitzen einer fernen, bess'ren Welt« steht in diesem Gitter.

Schon bei der Erwähnung des Museums zeigte sich Micha uninteressiert. Zu sehr schreckten ihn die Erinnerungen an gemeinsame Segelreisen mit meinen Söhnen nach Holland, Dänemark und Schweden. Sie hatten sich häufig beklagt, daß ich an keinem Museum vorbeigehen und keine Kirchenbesichtigung auslassen konnte.

Und dann waren wir in Forst, meiner Geburtsstadt, und fuhren durch die Straßen dieses ehemals an der Grenze zu Ostdeutschland gelegenen Städtchens bis zur Neiße. »Letztes Dorf an Grenze?« flachste Micha, als wir den verfallenen, armseligen Ort durchquert hatten. Wir standen mit dem Wagen auf dem Kegeldamm, der zugleich den Deich zur Neiße darstellt, und blickten über die polnische Grenze hinüber in eine Naturlandschaft. Dort hatte ehemals der östliche Teil der Stadt gestanden. Die Pfeiler der zwei Brücken standen noch rechts und links, aber aus dem Pflaster der einen wucherte Gras. Wo zwischen den Pfeilern keine Sprengung stattgefunden hatte, wuchsen zuweilen auch schon Bäume aus der noch vorhandenen Straßendecke.

Dieser Ort – ich versuchte, es Micha deutlich zu machen – war kein armseliges Nest, sondern eine der größten Textilstädte Deutschlands gewesen. Der Stoff von jedem fünften Anzug, der im Deutschen Reich getragen wurde, war hier hergestellt worden. In den Tuchfabriken standen damals etwa 5000 Webstühle, die rund um die Uhr liefen, dazu kamen Zulieferbetriebe mit Spinnereien, Appreturen und Färbereien zur Bearbeitung von Wolle und Fertigprodukten: das Manchester Deutschlands. Forst war eine blühende Stadt mit Warenhäusern und Geschäften gewesen. Sie hatte über etwa 400 eingetragene Vereine gehabt; die Mehrzahl von ihnen zu gesellschaftlichen oder sportlichen Zwecken. Der Rosengarten ist noch heute eine reizvolle Parkanlage zwischen den Neißewehren, die eine Insel, die Wehrinsel, bilden.

Es war vergeblich, Micha für die Geschichte zu interessieren. Sein Blick wanderte, wie seine Gedanken, von der Naturlandschaft drüben über die Ruinen der Brücken zu den Häusern, vor denen wir standen und hinter denen sich das Städtchen verbarg. Er sah nur den Verfall – Menschen waren auch hier nicht zu sehen.

So hörte er auch kaum zu, als ich noch hinzufügte:»Die Monate vor meiner Einberufung im Februar 1944 waren eine schöne Zeit in der noch ruhig dahinlebenden Stadt. Niemand schien die nahe Katastrophe zu ahnen. Als ginge uns das Zukünftige nichts an, wurden Hausfeste, auch Tanzabende, veranstaltet, an denen die befreundeten Mädchen des benachbarten Lyzeums teilnahmen und mitunter auch ältere Schulkameraden, die teilweise schon Offiziere waren. Wir fragten sie nicht nach ihren Kriegserlebnissen, nicht ein einziges Mal, und sie erzählten auch von sich aus nichts davon, obwohl wir selbst Offiziere werden wollten.

Wir fragten sie nicht nach Heldentaten und nicht nach Katastrophen. Wir bewunderten ihre eleganten Uniformen, die wir wie Gesellschaftsanzüge betrachteten, und fühlten uns durch die Anwesenheit der Älteren geschmeichelt, wie das schon in der Schule so war, wenn sich ältere Schulkameraden herabließen, sich mit den jüngeren zu beschäftigen. Ich vermute, daß die Älteren unsere Unbefangenheit als wohltuend empfanden. Vielleicht ging es aber auch nur um die Mädchen, die an den Festen teilnahmen. Bei meinem Abschiedsfest, zu dem ich den Einberufungsbefehl unter einer Glasplatte ausgestellt hatte, waren die Älteren jedenfalls mit dieser Art der Ausstellung nicht einverstanden; warum, kann ich heute vermuten. Sie hatten wohl schon zuviel erlebt.«

Selbst als ich noch anfügte: »Wir hatten kein eigentliches politisches Bewußtsein, wie sollten wir auch, wir befanden uns im Krieg, und wir wußten, nicht schuld daran zu sein«, zeigte Michael kein wirkliches Gesprächsinteresse.

So blieb ich mit meinen Gedanken allein. Viele sind aus dem Kriege nicht zurückgekehrt, zwei meiner besten Freunde darunter – einer davon ein Vetter, der mit mir Abschied feierte –, ohne daß ihr Schicksal bekannt ist. Zwei Freunde nur haben überlebt. Von den Schulkameraden wohnten nur noch wenige in der Stadt. Ihnen begegnete ich behutsam, nicht weil die beiden Landesteile Ost und West sich jahrzehntelang fremd gegenübergestanden hatten, sondern weil Rücksichtnahme angesichts der umwälzenden Änderungen geboten schien. Die Begrüßung war nicht die zwischen Fremden oder Touristen, sondern wie zwischen Landsleuten, die lange getrennt waren und sich über die Begegnung freuen.

Die Stadt war noch immer gezeichnet von den Kriegsereignissen und von der Abgeschiedenheit ihrer Grenzlage. An den Hauswänden der Mietshäuser, die der Stadt zugewandt sind, fanden wir noch die Spuren der Kämpfe vor 45 Jahren.

Wo die Geschoßgarben der Maschinengewehre der deutschen Verteidiger die Hauseingänge getroffen hatten, sind die Einschläge noch heute im Mauerwerk zu sehen. Die Gebäude waren heruntergewirtschaftet; wir hatten es uns so nicht vorstellen können. Fabrikgebäude wie Wohnhäuser, selbst Nachkriegsbauten machten den gleichen trostlosen Eindruck. Wo einst der Markt im Mittelpunkt gewesen war, standen zwischen Baulücken der alten, zerstörten und abgerissenen Häuser heruntergekommene Mietskasernen. Die Stadt wirkte wie ein Mensch ohne Gesicht.

Micha war von dieser Trostlosigkeit ohne Ende so betroffen, daß er am liebsten auf der Stelle zurückgefahren wäre. »Entsetzlich«, sagte er trocken. Von der Grenzlinie aus war auf der polnischen Seite kein Mensch zu erblicken. Selbst nach den Kämpfen stehengebliebene Ruinen auf der östlichen Seite waren abgetragen worden. Die Steine waren zum Aufbau Warschaus abtransportiert worden.

Der Kegeldamm auf der deutschen Seite hat zur Neiße hin Bürgersteige mit Alleebäumen. »Drüben ist alles dicht bewachsen«, meinte Micha kurz. »Es gehört nicht viel Phantasie dazu, nach Soldaten Ausschau zu halten und Schüsse zu hören.«

Er hatte recht. Wo Menschen nicht zu sehen sind, wo Brücken ins Nichts ragen, wirkt eine Grenze trennend und feindlich. So wie es vielleicht auch früher einmal war, vor 700 oder 800 Jahren, bis die Deutschen das slawisch besiedelte Gebiet in Besitz nahmen und die Slawen verdrängten. Die slawischen Namen erinnern an vielen östlichen Flußufern an historische Entwicklungen, wie an der Saale so auch in Brandenburg.

Wir spürten nicht den Wunsch, diese Grenze zu überqueren. »Mich hat in die alte Heimat getrieben«, antwortete ich fast entschuldigend, »den Ort zu sehen, in dem ich einmal zu Hause war, mich an die Jugendzeit zu erinnern und auch zu sehen, was daraus geworden ist. Was ich erlebt habe, kann ich vielleicht auch wiedererkennen; die wieder aufgebaute Kirche etwa, in der ich konfirmiert worden bin.«

Wir kamen aber auch, weil sich abzeichnete, daß enteigneter Besitz in diesem Gebiet den früheren Eigentümern oder ihren Erben zurückgegeben werden sollte. Und so standen wir dann vor der Fabrik. Meine Schwestern und ich durften ihre Rückgabe erwarten. Sie sah volkseigentümlich altmodisch aus, im Klartext: heruntergewirtschaftet. Wir setzten uns über das Verbotsschild am Eingang hinweg und besichtigten, was wie ein Industriemuseum wirkte. Zwei Meister zeigten uns Produktionsteile mit Maschinen, die bei Beginn des Krieges vielleicht noch modern, heute aber unwirtschaftlich waren. Was die Zukunft verhieß, wußten weder die Beschäftigten noch wir.

»Werden wir jetzt wieder privat?« rief der Fabrikschlosser, der uns freundlich seine Schlosserei zeigte, in der er die Maschinen funktionsfähig gehalten hatte. In dem Büro des Meisters der Spinnerei ragte ein Nagel aus der Wand, auf dem Papiere aufgespießt waren – lauter Belobigungen für gute Leistungen. In seinem Schreibtisch hatte er einige andere Papiere, die Prämienabzug bedeuteten für Produktionsschäden. Dafür war er rücksichtslos haftbar gemacht worden. »Die Maschinen haben die Kapitalisten reich gemacht und später die Kommunisten«, sagte er bitter. Wir hatten das bedrückende Gefühl, in eine Welt getreten zu sein, die uns auf eigenartige Weise verschlossen bleiben sollte: Wir hatten nichts zu bieten, und helfen konnten wir auch nicht. Mir wurde klar, ich gehörte nicht der alten Bürgerschicht an, die diese Fabriken einmal betrieben hatte. Nicht einmal das Kapital, das damals Wohlstand bedeutete, hätte für eine notdürftige Instandsetzung genügt. Auch der heute übliche Weg zur Bank bereitete mir Unbehagen.

Micha äußerte seinen Eindruck über den Besitz auf seine Weise: »Das ist doch Schrott – was wollt ihr eigentlich damit?«

Wir fuhren weiter zum Friedhof. Es war eine Fahrt, die gleichermaßen Erinnerungen wachrief an die Zeit, als kurz vor Kriegsende die Frontlinie an der Neiße quer durch die Stadt ging und ihren Untergang unabwendbar machte, als hier in Forst die russischen Truppen am 16. April 1945 zum Angriff antraten, ebenso wie in Küstrin im Oderbruch weiter nördlich, um Deutschland endgültig niederzuwerfen. Friedhöfe sind der Spiegel einer Gesellschaft, die sich dort ihrer toten Angehörigen erinnert und ihre Gräber pflegt. Weite Viertel waren überwuchert und Grabhügel nur andeutungsweise zu sehen. Grabsteine waren umgestürzt oder bereits abgeräumt. Die eisernen Gitter hatte man inzwischen abgeschweißt und eingeschmolzen. Einzelne Parzellenfelder waren vollständig geräumt und nun Wiesen für die Aufnahme neuer Verstorbener. So waren manche Felder auch zu neuen Begräbnisstätten für Urnenbeisetzungen geworden, kleine Flecken mit kleinen Grabsteinen und viel Blumenschmuck. Die Familien hatten ihre Vorfahren, die hier gelebt und industriell Tuche hergestellt hatten, die Tuchmacher, und zugleich die alte Heimat vergessen. So hatten sie auch ihre Grabparzellen vergessen, und die Grabhügel waren der Natur überlassen mit den umgestürzten Grabsteinen, teils sogar umgestürzten Bäumen und dem undurchdringlichen Dickicht der Büsche. An die einst hier Lebenden erinnerten nur die Urnengrabstätten der Nachkriegszeit auf den alten eingeebneten Gräbern.

Ich machte Micha auf unsere Familiengräber aufmerksam: »Deine Ururgroßeltern, deine Urgroßmutter, dein Großvater!« Das Grabmal mit dem Namen auch meines Vaters schien wegen der Größe einen Augenblick zu beeindrucken, doch dann bemerkte er nur trocken: »Ich finde Friedhöfe scheußlich.«

Zu diesem Eindruck Michas paßte dann auch die verwüstete Landschaft der Braunkohlenbergwerke rund um die Stadt, die das Kraftwerk Jänschwalde bei Cottbus belieferten – eine Anlage, die von fern einen gewaltigen und modernen Eindruck macht, aber bei der Verbrennung der ungereinigten Braunkohle die Landschaft mit giftigen Schwefeldämpfen überzieht.

Wir verließen Forst schnell und fuhren nach Goyatz am Schwielochsee. Auf der Fahrt dorthin durchquerten wir den Truppenübungsplatz bei Straupitz vor Lieberose, auf dem nun russische Panzerfahrer übten. Einige Soldaten standen in Gruppen an der Straße. Wir winkten ihnen zu, und sie erwiderten den Gruß zurückhaltend, denn sie wußten nicht, was dieses Winken aus dem großen Wagen aus dem Westen bedeuten sollte. Hier war ich nach dem Attentat vom Juli des Jahres 1944 in der Uniform der Panzertruppe vorbeigekommen. Panzeroffiziere hatten mich mit dem bepackten Fahrrad gemustert. Damals, während eines Genesungsurlaubs, hatte ich von dem Attentatsversuch auf Hitler noch nichts gehört.

Wir fuhren langsam auf der schmalen Straße am Mochowsee vorbei. Jugenderinnerungen wurden wach, als ich die Grundstückseinfahrt sah, zwischen den hohen Akazien, Birken und Tannen bis zum Haus fuhr und auf den See blickte. Wo früher elegante Mahagoni-Jollen an ihren Bojen dümpelten, stand ich an der Wiege meiner jugendlichen Segelträume. Der einst so exklusive Urlaubs- und Wochenendort Goyatz am Schwielochsee war inzwischen mit vielen Wochenendgrundstücken, Datschen, wie die Leute dort sagen, übersät. Eine alte Mieterin zeigte uns die Räume des Landhauses. Es gehört nun meinen Schwestern und mir. Die Begehrlichkeiten der Mieter, es zu kaufen, und des Staates, es zu übereignen, hatte der Besitz überstanden; an Enteignungsversuchen mit diesem Ziel hatte es nicht gefehlt.

Von der früheren Atmosphäre zeugten nur noch ein Kaminofen in der Diele, das Bleiglasfenster und zwei prunkvolle Türklinken. Die Benutzung des Hauses durch Mieter, die zu wenig Miete zahlten, als daß dafür eine Instandsetzung möglich gewesen wäre, hat einen wirtschaftlichen Totalschaden ergeben. Der Renovierungsaufwand wird den Kosten für einen Neubau entsprechen.

»Herr Gerlach war da«, sagte die alte Frau, »und er hat nach Ihnen gefragt.« Ich wußte, daß der Besuch in Goyatz mich an einer wunden Stelle treffen könne, aber ich war entschlossen, nicht daran zu rühren. Ich wollte das Ganze mit mir selbst abmachen und am besten verdrängen. Nun war es geschehen.

»Frank Gerlach?« fragte ich zurück.

»Ja, er war mit seiner Tochter hier und fragte nach Ihnen. Er wollte gern die Räume des Hauses sehen. Ich habe sie den beiden gezeigt. Sie gingen dann noch hinunter zum See, wo früher die Boote lagen. Ich wußte nicht, daß Sie kommen. Er hat mir aufgetragen, Ihnen Grüße auszurichten. Er war erstaunt, daß Sie noch nicht hier waren.«

»Wissen Sie, wo er hingefahren ist?« fragte ich.

»Er sagte, daß er noch einmal nach Halbe wollte und auch nach Berlin, um dort einiges herauszufinden. Dann will er noch für einige Tage nach Potsdam. Sie wohnen dort im Cecilienhof.«

Die Familie Gerlach wohnte 1944 bis Kriegsende als Mieter in dem Hause, eigentlich nur der Vater Dr. Gerlach und seine Tochter Veronica. Sie kamen aus Berlin und waren dort ausgebombt. Schon vorher hatte die Familie ein furchtbares Schicksal erlitten. Die Ehefrau war Ärztin und eine ungarische Jüdin, Dr. Gerlach selbst Bankdirektor, Norddeutscher. Eine Zeitlang war es der Familie gelungen, die Herkunft der Ehefrau zu verschleiern. Aber irgendwann kamen die Behörden doch dahinter. Ehen mit Juden waren besonderen Pressionen ausgesetzt, doch die Nationalsozialisten schreckten zunächst davor zurück, die jüdischen Ehepartner der gleichen Verfolgung auszusetzen, wie sie sie gegenüber Juden sonst ausübten; und schließlich hatten sie auch noch die Kinder aus deren Ehen zu berücksichtigen, die ja nur z. T. jüdische Eltern hatten. Eines Tages war dann

die Nachricht gekommen, daß Frau Gerlach nach The-
resienstadt abtransportiert werden sollte. Daraufhin ließen
sie die Ehefrau und Mutter nicht mehr allein. Die Tochter
schlief mit in dem Ehebett, und sie hatten Frau Gerlach in
der Mitte.

Eines Nachts aber, als Vater und Tochter fest schliefen,
schlich sich Frau Gerlach aus dem Bett und tötete sich mit
einer Spritze. Als wenig später das Haus durch Bomben zerstört wurde, kamen sie nach Goyatz und wurden hier Mieter. Herr Dr. Gerlach hatte ohnehin bereits seine Stellung
als Bankdirektor wegen seiner Weigerung, sich scheiden zu
lassen, aufgeben müssen.

Er war ein kantiger Mann, dessen akademische Mensuren
in seinem Gesicht deutliche Spuren hinterlassen hatten. Für
einen Bankier fehlte es ihm eigentlich an Geschmeidigkeit.
Er war auch verbittert und mißtrauisch geworden. Seine
Tochter Veronica nannte er Vero. Sie war jünger als ich und
eine Schönheit von ganz besonderem Reiz. Es war ihr mitunter nicht anzumerken, wie sie ihr Schicksal trug, den Verlust der Mutter, des schönen Hauses in Berlin-Dahlem und
die Probleme mit dem Bruder. Der Bruder Frank Gerlach
war hochgewachsen, schlank und sportlich, hatte es in der
Hitlerjugend zu einem kleinen Dienstrang gebracht und
war nun irgendwo zwangsverpflichtet in einem Bergbau.
Eine berufliche Zukunft schien ihm abgeschnitten.

Ich lernte Vater und Tochter bei meinem Genesungsurlaub
im Juli 1944 in Goyatz kennen, als ich mich mit dem Fahrrad und meinen Malsachen für einige Tage dort einfand. Ich
hatte von meiner Mutter bereits von der Existenz der Familie gehört und auch einiges von ihrem Schicksal. Ich trug,
wie dies vorgeschrieben war, meine schwarze Panzeruniform, als ich damals in Goyatz eintraf und den beiden begegnete; und es war nur verständlich, daß sie mir abweisend
schienen. Ich erinnere mich an den Tag genau. Es war ein
sonniger Julitag, und Herr Dr. Gerlach machte sich im Gar-

ten zu schaffen, als Vero aus dem Haus trat, um nach ihrem Vater zu sehen. Die 17jährige war eine faszinierende Erscheinung. Sie war groß und sehr schlank, hatte einen dunklen Teint, dunkle Augen und braunes, glattes Haar. Sie ging barfuß und steckte in kurzen Hosen, wie wir sie als Jungen trugen.

Ich stand mit dem Fahrrad in der Hand vor dem Haus. Es dauerte eine Weile, bis ich meine Befangenheit abgestreift und mich vorgestellt hatte. Herr Dr. Gerlach nahm den Besuch etwas mißtrauisch auf, aber seiner Tochter schien die Abwechslung in der Abgeschiedenheit willkommen, und sie begleitete mich hinein zu einem der beiden Zimmer, die uns noch zur Verfügung standen. Sie blieb in der Tür stehen und fragte mich sogleich, wie lange ich bleiben würde. Mein gesamter Genesungsurlaub war auf eine Woche begrenzt. »So etwa drei Tage«, sagte ich, denn ich mußte ja auch noch zurück. Ihrem Gesicht war nicht zu entnehmen, ob sie mit dieser Antwort zufrieden war.

Ich wurde eingeladen, mit der Familie Gerlach zu essen und erfuhr einiges von ihrem Schicksal, was ich mir so, wie es aus den Berliner Geschehnissen berichtet wurde, nicht hatte vorstellen können. Weder nach Forst noch bis in das Internat, das ich bis zum Reifevermerk und meiner Einberufung besucht hatte, waren derartige Schilderungen gedrungen. Mitunter schien es mir, daß Vero ins Grübeln geriet und ihr kleiner, aber voller Mund härtere Züge annahm. Doch die Unbefangenheit kehrte bald zurück und war nicht anders als die der Mädchen unseres Freundeskreises in Forst.

Der südliche Teil des Schwielochsees ist ein kleiner See, an dessen Ende unser Grundstück liegt. In der Bucht davor lagen die Mahagoni-Jollen, die noch benutzt wurden, an Bojen lange, schlanke Boote mit konzentriertem Segelplan in der Mitte, mit langen Vorschiffen vor der Besegelung und im Heck mit Übersetzungen zwischen Ruderpinne und Ruder.

Über dem Wasser war eine große Stille, als Vero und ich in dem Boot saßen und uns an der Hand hielten. Es war damals nicht die Zeit schneller Abenteuer, die junge Leute heute erwarten. Vero war noch ein Mädchen und ich kein Mann, wie man ihn damals erwartete. Der Staat verlangte ihn »hart wie Kruppstahl und zäh wie Leder«. Wir fügten damals insgeheim dazu: »und dumm wie Bohnenstroh«. Mir war ein Stück Romantik wie ein Refugium verblieben, als wollte ich meine Jugend festhalten und nicht den kriegerischen Zeiten opfern und auch nicht dem Regime.

Es war eine behutsame, zarte Begegnung, als wollten wir die Stille in der lauten Zeit noch erleben, und wir lauschten in sie hinein, als könnten wir Götter singen hören. Wir bemühten uns, Pan mit seiner Flöte zu lauschen an diesem heißen Sommertage, wenn es auch nur die Mücken waren, die mit heftigem Summen ihre Begeisterung für Mückenmahlzeiten äußerten. Es waren nur wenige, die dafür büßen mußten. Zu viele ließen wir gewähren, und viele davon bemerkten wir nicht einmal.

Fast wäre die Zeit stehengeblieben, aber drei Tage sind kurz. Als ich schließlich mein Fahrrad wieder bepackt und meine Uniform angezogen hatte, gab es einen nicht sehr fröhlichen Abschied. Selbst Doktor Gerlach war freundlich und schien nachdenklich. Vero begleitete mich auf dem Weg durch das Grundstück zur Straße. Dort blieb sie in der etwas erhöhten Einfahrt stehen mit sehr ernsten Augen und winkte mir nach, als ich in Richtung Mochowsee davonfuhr. »Auf Wiedersehen«, rief sie noch, aber es klang fast tonlos.

»GLÜCK GEHABT«

So leise und still verlor ich Kindheit, Jugend und Heimat zugleich, daß ich es nicht bemerkte. Mit der logisch nicht begründbaren Zuversicht der Jugend, die ihr Leben noch vor sich sieht, fuhr ich an den Peitzer Fischteichen vorbei, zurück nach Forst.

Heute, da die Abrechnung meines Lebens wie eine Bilanz vor mir liegt, erkenne ich, daß mir das kommende Geschehen noch einen Teil der »stählernen Härte« aufzwang und mir auch die Zähigkeit abforderte, die man der Jugend damals an die Fahnen geheftet hatte. Und es gesellte sich sogar auch eine gewisse Dummheit oder Naivität hinzu, die wir den Eigenschaften der Härte und Zähigkeit zugeordnet hatten. Es war auch Idealismus da, der Naivität als wesentlichen Bestandteil einschließt: Halb Simplicius Simplicissimus, halb Don Quichotte, steckte in dem Radfahrer mit der schwarzen Panzeruniform, der da mit dem Fahrrad in Goyatz davongefahren war.

Der Witz des Simplicissimus und die Torheit und Tragikomik des Don Quichotte wären, für sich genommen, allein zu gefährlich gewesen. Als Ergänzung besaß ich eine Eigenschaft, deren Nutzen und Vorzüge sich erweisen sollten. Es ist eine Provokation, wenn ich diesem Wesenszug einen Namen verleihe: nicht Faust(isch), mit dem sich die Deutschen irrtümlich so gerne identifizieren, sondern preußisch. Was ich mit Hilfe dieser Eigenschaft überstanden hatte, wurde mir deutlich, als ich in Potsdam angekommen war. Dort erkannte ich sie auch in meinen Söhnen. Sie haben bessere Chancen, die Vorteile dieses Wesensmerkmals zu nutzen und seine Nachteile zu vermeiden. Jedenfalls sind es diese Eigenschaften, die mich damals überleben ließen, mit Glück und der Naivität, die unverwüstlichem Optimismus zu eigen ist.

»Wer ist Herr Gerlach?« fragte Micha und weckte mich aus nachdenklichem Schweigen. »Herr Gerlach ist der Sohn eines Mieters, der mit seiner Tochter hier von 1944 bis zum Kriegsende gelebt hat. Er selbst war damals in einem Arbeitslager. Er galt als Halbjude. Vermutlich ist er hergekommen, um nach dem Schicksal seines Vaters und seiner Schwester zu forschen«, antwortete ich bedrückt. »Vater und Tochter sind bei Kriegsende nicht hier im Haus geblieben. Als sich die Russen Goyatz näherten, sind sie mit den deutschen Truppen mitgezogen. Nach dem Kriege haben wir von ihnen nichts mehr gehört.«

Micha und ich verließen Goyatz. Über Märkisch Buchholz kamen wir nach Halbe und besuchten dort den einzigen großen Soldatenfriedhof in der DDR, auf dem 26 000 Deutsche begraben sind: 20 000 von etwa 60 000, die in einer Woche bei der letzten großen Kesselschlacht der 9. Armee im April 1945 ihr Leben verloren hatten, die meisten davon in den Tagen und Nächten vom 28. April bis zum 1. Mai 1945. Sie liegen dort namenlos in Einzel- und Massengräbern. Der Kiefernwald war inzwischen groß geworden, licht wie der märkische Kiefernwald überall, und die Grabreihen schienen nicht zu enden. Auf den kleinen unscheinbaren Steinen las ich Namen. Mitunter stand dort der Name, ein Geburtsdatum, auf allen aber als Todeszeitpunkt stereotyp April 1945. Mitunter fanden sich zwei, drei Namen mit dem Zusatz einer Zahl und dem Wort »unbekannt«. »2 Namen und 110 unbekannt.« Die stets gleich beschrifteten Grabsteine ließen darauf schließen, daß man die Toten hierhin umgebettet hatte. Das Verdienst eines Pfarrers aus Halbe ist es, daß dieser Friedhof überhaupt entstand. Eine gleich große Zahl von Toten liegt in den Wäldern um Märkisch Buchholz, Halbe und Teupitz verscharrt. Wenn man die Gebeine findet, schafft man sie hierher. Es werden immer wieder neue Gräber gefunden und die Überreste umgebettet.[7] Viele Eltern sind in der Ungewißheit über das Schicksal ihrer Söhne verstorben. Auf Friedhöfen, über Deutschland verteilt, findet man heute ihre Gräber oft mit einer Gedenktafel: »Zum Gedenken an unseren Sohn, geboren am ..., vermißt 1945«. Er könnte bei der Kesselschlacht in Halbe dabeigewesen sein. Er wäre durch seine Erkennungsmarke noch zu identifizieren gewesen. Nur von etwa 8000 der hier Begrabenen wurden Namen und Geburtsdaten ermittelt.

Es gibt ein Grabfeld IX, das den Eindruck erweckt, als handele es sich auch hier um in der Kesselschlacht Gefallene. Die dort Begrabenen sind aber nicht in den letzten Tagen des Krieges ums Leben gekommen, sondern nach 1945 in einem Konzentrationslager der sowjetischen Besatzungsmacht in Ketschendorf. Die Russen hatten dort zwischen 18 000 und 20 000 Häftlinge gefangengehalten. Mindestens 6000 starben an den Haftbedingungen und wurden zunächst in Massengräbern zwischen dem Lager Ketschendorf und der nahegelegenen Autobahn verscharrt. Bei Bauarbeiten für die Fundamente von Wohnhäusern stieß man auf Tausende von Leichen. Der Pfarrer von Halbe, der den Friedhof gegen Widerstände durchsetzte, trat für die Überführung der Toten ein. Die Umbettung geschah von März bis Mai 1952 mit Lastwagen, die 30mal Holzkisten nach Halbe schafften mit den Überresten der Begrabenen. Eine Schädlingsbekämpfungsfirma aus der Nachbarschaft zählte die Toten und versuchte, sie zu identifizieren. Die später gesetzten Grabsteine, die den Eindruck erwecken, als handele es sich ebenfalls um in den letzten Kriegstagen Gefallene, stimmen auch in den Zahlenangaben mit Sicherheit nicht. Erst jetzt, im Laufe meiner Niederschrift, erfuhr ich, daß ein Vetter meiner Mutter in Ketschendorf verstorben ist und in Halbe begraben sein kann.

Zwischen den Grabreihen sahen wir einige Besucher, die nach Namen suchten. An wenigen Gräbern lagen auch kleine Blumensträuße, und auf einem stand ein kleines, schon erloschenes Licht. An einem Stein stand ein Paar. Der Mann hatte eine kleine Broschüre in der Hand und las seiner neben ihm stehenden Frau aus dem Text vor. Ich hörte, der Chef der 9. Armee habe den Befehl herausgegeben, es sei alle Kraft für einen Durchbruch nach Westen zusammenzunehmen. Die Vereinigung mit den Amerikanern sei anzustreben, die an der Elbe angeblich bereits gegen die Russen kämpften. »Die deutschen Soldaten folgten diesem selbstmörderischen Befehl; zutiefst saßen Kadavergehorsam, Glaube an die Unfehlbarkeit Hitlers und die Angst vor den Standgerichten der SS. Damit begann das Sterben der 9. Armee.«[8]

Ich konnte mich nicht zurückhalten: »Unsinn, welch ein Quatsch.« Als ich die empörten Blicke der beiden sah, fügte ich schnell hinzu: »Entschuldigen Sie.« Es war mehr eine Rücksichtnahme auf Micha. Wie zur Rechtfertigung fügte ich, zu Micha gewandt, hinzu: »Du mußt verstehen, ich bin dabeigewesen, und ich kann mich erinnern, was hier geschah.« Micha konnte es nicht verstehen. Zu unscheinbar waren die eintönig beschrifteten Grabsteine, zu still war der Friedhof in dem hohen, lichten Kiefernwald, zu wenig konnte er sich vorstellen, was hier tatsächlich geschehen war.

»Warum erhält man diesen Friedhof?« fragte er. »Warum ebnet man den Friedhof nicht ein wie den in Forst, wie vermutlich alle deutschen Friedhöfe im ehemaligen Ostdeutschland?«

Ich erschrak. Die Antwort war nicht einfach. Hier hatte am Ende des Krieges die letzte Schlacht vor Berlin getobt, die letzte große Kesselschlacht auf europäischem Boden, vom 22. bis zum 30. April 1945. Die 9. Armee des Generals Bus-

se und Reste der 4. Panzerarmee waren hier von drei sowjetischen Armeen eingekesselt und vernichtet worden. Eine große Zahl von Flüchtlingen – Frauen, Kinder und alte Menschen – kam dabei ebenfalls ums Leben. In einem letzten Funkspruch an Hitler in den Führerbunker soll General Busse berichtet haben: »Körperlicher und seelischer Zustand von Offizier und Mann sowie Munitions- und Brennstofflage gestatten weder erneuten planmäßigen Durchbruchsangriff noch langes Durchhalten. Besonders belastend ist die erschütternde Not der im Kessel zusammengedrängten Zivilbevölkerung.«[9] Kann man mit dürren Worten eine unvorstellbare Katastrophe beschreiben?[10] Den Tod von 60 000 der 200 000 im Kessel Eingeschlossenen kann man nicht an dem sieben Hektar großen Soldatenfriedhof ermessen. Die hier Bestatteten stammen aus Gräbern der weiten märkischen Wälder um Teupitz, Märkisch Buchholz und Baruth, aber auch aus anderen Kampfgebieten. Erst zwischen 1951 und 1961 wurden sie umgebettet.[11]
Dieser Friedhof ist ein Mahnmal für die Opfer in den letzten Tagen des Krieges. Dieser Toten wird selten gedacht, und wer es tut, hält auf eigenartige Weise Abstand. Selbst die Amtskirche konnte sich dieser Opfer nur mit großen Schwierigkeiten annehmen, als fürchtete das politische Regime eine Identifikation der Bevölkerung mit dem damaligen NS-System. Der kleinste gemeinsame Nenner zwischen Staat und Kirche schien die Inschrift auf dem Denkmal: »Die Toten mahnen, für den Frieden zu leben.« Ob die 20 000 oder 40 000 Toten, die außerdem noch in den Wäldern verscharrt sind, auch hierhin umgebettet werden? Andenkenjäger stören ihre Ruhe. Sie suchen Koppelschlösser, Stahlhelme oder Orden mit Metallsuchgeräten. Selbst Waffen und Munition werden überall gefunden. Auf den Märkten werden sie zu Geld gemacht: Moderne Grabräuber ersetzen den Pastor. Niemand begehrt dagegen auf. Schilder weisen auf das Verbot von Grabungen in den Wäldern hin.

– Welcher unserer Politiker sollte es als erster wagen, der Toten hier zu gedenken? fragte ich mich.

»Die Zeit des Kriegsendes war doch eine Zeit der Befreiung!« Micha kniff die Augen zusammen und blickte die Grabreihen zwischen den Kiefern entlang. »Wir haben es in der Schule erörtert. Der Bundespräsident hat es zum 40. Jahrestag der Beendigung des Zweiten Weltkriegs selbst gesagt. In seiner differenzierten Rede, die in Deutschland und im Ausland ein überwiegend positives Echo fand, war auch der Satz enthalten: ›Der 8. Mai war ein Tag der Befreiung.‹«

Ich lachte. »Ist das denn zum Lachen?« fragte Micha erstaunt.

»Nein«, erwiderte ich ernst, »das ist nicht zum Lachen. Ich dachte nur, wo denn der Bundespräsident gewesen war, als viele seiner Kameraden hier den Soldatentod fanden.«[12]

Für Deutschland war 1945 die Niederlage total. Durch seine verbrecherische Politik hatte Hitler es den Kriegsgegnern ermöglicht, mit seinem Regime auch Deutschland zu vernichten. Die Folge war die Vertreibung von 14 Millionen Deutschen aus ihrer angestammten Heimat, von denen mehr als zwei Millionen umgekommen sind. Zu den Folgen zählen die Abtrennung Ostdeutschlands und des Sudetenlandes von Deutschland und die 45 Jahre Sowjetdiktatur, die jetzt zu Ende gegangen sind. Kein Anlaß zum Feiern und keine Befreiung.

»Ich weiß, daß viele der Meinung sind, die totale Niederlage mit allen schrecklichen Konsequenzen sei notwendig gewesen. Jeder deutsche Soldat sei, ob nun mit Begeisterung oder nicht, ein Rädchen im Getriebe der NS-Maschinerie gewesen. Aber mußten diese Rädchen dann selbst Jahre nach dem Kriege noch mit dem Leben dafür büßen, daß sie sich von ihrer Funktion nicht hatten freimachen können? Wer dieser Situation und einem solchen Friedhof mit Unverständnis begegnet, sieht die neuen Probleme nicht, die er damit heraufbeschwört. Wer so einäugige Positionen bezieht, wird sich über einäugige Rechte nicht zu wundern brauchen. Den Friedhof für die Demonstrationen des einen oder anderen Standpunkts in Anspruch nehmen können jedenfalls nur diejenigen, die das tatsächliche Geschehen nicht kennen.«

Micha schaltete deutlich ab.

»Es ist eine längere Geschichte, eine sehr zwiespältige. Ob man das Kriegsende überlebt hat und sich ›befreit‹ fühlen konnte, hing von vielen Unwägbarkeiten ab. Ich möchte versuchen, sie dir näherzubringen«, sagte ich, als wir uns dem Ausgang zuwandten.

Wir gingen zum Auto und fuhren durch den Ort noch einmal über die Bahnlinie zurück bis zum Wald, in dem ich noch in den fünfziger Jahren die zerschossenen Wehrmachtsfahrzeuge vom Zug aus gesehen hatte, dann wieder zurück über die Bahnlinie und langsam durch die trostlose Straße, in der sich im April 1945 grauenhafte Kämpfe ereignet hatten. Nichts war mehr davon zu sehen, nichts war von den Zerstörungen zu bemerken, wie in dem Städtchen Forst. Doch in meiner Erinnerung tauchten die Geschehnisse von damals auf. Unter schwerstem Beschuß war ich durch diese Straße gekommen mit einem Wall von Gefallenen und Verwundeten auf der linken Seite, begleitet vom Bersten und Krachen der Granaten und der Infanteriegeschosse, die in die Häuserwände klatschten. Dazu brummten die schweren Diesel der Sturmgeschütze.

Ich hatte den Wagen angehalten. Micha und ich waren ausgestiegen, um uns in der Straße umzusehen. »Kann ich Ihnen helfen?« hörte ich einen Mann fragen, der aus einem Gartentor gekommen sein mußte. Der fast 80jährige sah uns unter seinen buschigen Augenbrauen mit leicht gesenktem Kopf freundlich an. Ich sah sein Alter. »Vielleicht«, antwortete ich. »Hier ist 1945 gekämpft worden.«

»Sie sind dabeigewesen?« fragte er, und ohne die Antwort abzuwarten: »Ich auch, ich war damals hier. Während der

Kämpfe habe ich mit meiner Familie und Nachbarn in einem Haus dort drüben im Keller gesessen.« Er wies auf Häuser im Hintergrund, die wir nicht sahen. »Wann sind Sie hier durchgekommen?« fügte er hinzu.

»Zweimal in der Nacht vom 28. auf den 29. April. Ich kam von Märkisch Buchholz hinten im Wald vor der Eisenbahnlinie an. Ich bin nachts hier zweimal durchgekommen. Der Beschuß war stark. An der Seite lagen viele Tote und Verwundete. Die Straße war verstopft mit Panzern und anderen Fahrzeugen. Die Infanterie um die Fahrzeuge herum wartete, daß es weiterging. Ich kam noch vor ihnen in den Wald. Hinter der Biegung muß links ein Haus liegen. Dort bin ich in Gefangenschaft geraten. Es war der 29. April, morgens.«

»Glück gehabt«, sagte der alte Mann trocken. »Zweimal Glück sogar. Wenn Sie nicht gefangengenommen worden wären, hätten Sie die Kämpfe bis in die Nacht zum 1. Mai mitmachen müssen. Das war das Ende. Hier im Ort haben es nicht sehr viele Soldaten überlebt.«

»Was ist Ihnen passiert?« fragte ich, froh, jemanden getroffen zu haben, der selbst dabei war, und doch mißtrauisch über die trockene Reaktion des Alten.

Der Alte wurde sehr ernst. »Vom Kampf selbst haben wir nichts gesehen. Wir saßen im Keller des Hauses, hörten das Krachen und hatten selbst viele Treffer im Haus. Wir glaubten kaum, daß die Decke halten würde. Deutsche und Russen kamen vorbei. So ging es bis in die Nacht zum 1. Mai. Am Morgen aber lag dann eine Totenstille über dem Ort. Hier in der Kirchstraße sah es furchtbar aus. Die Straße war mit Fahrzeugen verstopft, überall lagen Tote. Noch schlimmer sah es in der Lindenstraße nach Teupitz aus.« Zu guter Letzt, als wir schon aufbrechen wollten, fiel ihm noch ein, daß der damalige Bürgermeister Haenecke seine Erinnerungen aufgezeichnet habe. »Er gibt Ihnen sicher auch gern Auskunft.«

Haenecke tat es gern. Er habe sich erst einen Tag später aus dem Keller gewagt, weil sich nichts bewegte, als er die Gegend mit dem Glas abgesucht hatte. Eine beängstigende Stille, so still, daß er ihr mißtraute und beschloß, noch einen Tag zu warten. Dann wollte er für die Kinder Milch holen und etwas zu essen auftreiben. Trotz der Stille war es gewagt. Er wußte nicht, wie die Russen reagieren würden, wenn ihnen plötzlich ein Zivilist begegnete. Er war in seiner Unterkunft der Jüngste, von den beiden älteren Männern wollte er dieses Wagnis nicht verlangen. So machte er sich am 2. Mai mit einer Milchkanne auf den Weg. Um möglichst unbemerkt zum Hof zu kommen, ging er nicht die Straße entlang, sondern hinten über den Wursthof, der so heißt, weil zur Zeit der Napoleonischen Besetzung die Franzosen dort Wurst gemacht hatten. Vom gegenüberliegenden Hof mußte er nur die Straße überqueren, um seinen Hof zu erreichen.

Als er über den Sportplatz kam, sah er die ersten Toten, neben den ausgebrannten Häusern neun SS-Männer, deren Gesichter schon ganz dunkelbraun waren. Dann sah er die Lindenstraße, ein Anblick, so grausam und entsetzlich, daß er, was er nie vergessen wird, vor Tränen in den Augen den Weg nicht mehr fand.

Durch diese Straße waren einige Tage zuvor die flüchtenden Truppenteile in fünf Kolonnen gezogen. Über diese gehetzte, wogende Masse hatte sich plötzlich ein Leichentuch gelegt. Alles war erstarrt. Es war kein Platz mehr zwischen den Toten. Dazwischen waren Fahrzeuge aller Art, tote Pferde und Panzer, die sich an den Bäumen im wahrsten Sinne des Wortes aufgebäumt hatten, auch Panzer der Russen. Nur in der Mitte der Fahrbahn war vom Nachschub alles breitgefahren worden. Was dort an Toten lag, in einer Schneise von drei bis vier Metern, war von den Fahrzeugen zerquetscht worden. Wer in seine Häuser oder was noch davon übriggeblieben war, zurückwollte, mußte sich überwinden und über die Toten hinwegsteigen.[13]

Welch ein Glück, daß ich nicht erneut zurückgegangen war, durch den Ort oder über die Bahnlinie zum Wald. Die Chance, das mörderische Feuer zu überleben, hatte in den beiden folgenden Tagen kaum einer. Die Verwundeten waren zum Sterben verurteilt, niemand konnte ihnen helfen.

Micha und ich fuhren noch ein kurzes Stück um die Biegung. Ich wollte das Haus wiederfinden, links im Wald, in dem ich gefangengenommen worden war. Es stand noch. Hinter dem Vorbau mit der Eingangstür führte, wie ich mich erinnerte, eine Kellertreppe nach unten zu einer Waschküche. Hier hatten mich am 29. April die Russen überrascht, als wir uns erschöpft in den Keller verdrückt hatten.

Die Erinnerung packte mich wieder einmal. In diesem Haus hatte das Inferno im Kessel von Halbe für mich sein Ende, aber es war eigentlich nur die letzte Szene in einem Drama mit vielen Akten. Der letzte Akt hatte bereits 1943 begonnen. Wir waren zur Schule gegangen und hatten nicht bemerkt, was geschah. Der Krieg schien noch weit.

KRIEG

Um die damalige Zeit zu verstehen, den Untergang eines Staates, die Brandmarkung eines Volkes nach seiner Volkszugehörigkeit – »Staatsangehörigkeit deutsch«! – denke ich an 1943, als Anfang des Jahres die Schlacht von Stalingrad tobte. Als Wendepunkt der Geschichte hat sie sich tief in das Bewußtsein unseres Volkes eingegraben. Der Propagandaminister des NS-Reiches hielt zu dieser Zeit – zehn Jahre nach der Machtergreifung der Nationalsozialisten – eine seiner leidenschaftlichen Reden im Sportpalast. Geradezu visionär rief er: »Stalingrad war und ist der große Alarmruf des Schicksals an die deutsche Nation.« Goebbels verkündete den totalen Krieg und versetzte seine Zuhörer in einen fanatischen Taumel. »Die Narren«, sagte er danach voller Verachtung, »sie hätten sich auch vom Fenster hinabgestürzt, wenn ich es ihnen befohlen hätte.«[14]

In Wirklichkeit war die Verkündung des totalen Krieges durch Goebbels eine Umkehrung der tatsächlichen Verhältnisse. Es waren die Alliierten, die den totalen Krieg führten. Deutschland konnte zwar seine Rüstungsproduktion noch um ein Mehrfaches steigern, wurde aber durch den härtesten Bombenkrieg immer unfähiger, den totalen Krieg zu führen.[15]

Solange selbst nicht unmittelbar betroffen, ist den Völkern der Blick für die Grausamkeit des Krieges wie für die fließenden Grenzen zwischen Kriegshandlungen und Kriegsverbrechen versperrt.

Jörg Friedrich hat in einem Buch über das »Gesetz des Krieges« Details zusammengetragen, die üblicherweise nicht in Geschichtsbüchern stehen. »Mein Gott«, rief Österreichs Marschall Daun gefangenen preußischen Offizieren bei Torgau zu, »warum opfert Ihr König soviel Leute, er sieht doch, daß es ihm nicht hilft.« Der österreichische Marschall Daun hatte am frühen Nachmittag des kalten 3. November 1760 über 5000 preußische Grenadiere binnen 30 Minuten unter der Artillerie seiner Zentralstellung sterben gesehen. Der überflüssige Tod dieser Männer empörte ihn.[16] Für verwundete Soldaten war solches keine Linderung. Wo sich noch ein Feind regte, wurde er, damals wie heute, oft mit Gewehrkolben erschlagen oder mit dem Bajonett erstochen. Jörg Friedrich gibt von der Schlacht bei Zorndorf den Bericht des Unteroffiziers Johann Wilhelm von Archenholz wieder: »Schwerverwundete Preußen vergaßen ihre eigene Erhaltung und waren immer noch auf das Morden ihrer Feinde bedacht. So auch die Russen. Man fand einen von diesen, der tödlich verwundet auf einem sterbenden Preußen lag und ihn mit seinen Zähnen zerfleischte.«[17]

Das Schlachtfeld am kommenden Morgen des 27. August beschreibt dort der Rittmeister von Prittwitz: »Tausende von Verwundeten, humpelnd an ihren umgedrehten Musketen, die mit dem Kolben unter den Achseln zu Krücken geworden waren, andere auf Händen und Füßen kriechend, aus Wasserlöchern schlürfend, andere in ihren letzten Zügen vor Angst und Schmerz sich in den Erdboden grabend, Pferde, die Därme hinter sich herschleppten oder auf drei Beinen springend, bei der Explosion von Munition und Pulverwagen verschmorte Artilleristen, die einen unangenehmen, brandigen Gestank von sich gaben ... Ich sah Stellen, wo die Kavallerie gemetzelt hatte und Menschen und Pferde untereinander lagen, wobei mir die Wut, die in den Gesichtern der Gebliebenen noch zu bemerken war, am meisten auffiel.«[18]

Verwundete Russen wurden von preußischen Soldaten und Bauern lebendig begraben. An Pflege und Betreuung dachte niemand. Viele schleppten sich Tage und Wochen umher, bis das Leben sie verließ, ihre Körper in der Sommerhitze zerfielen. Erbarmen fanden weder Freund noch Feind.»Soldaten, Troßknechte und Weiber schwärmten in dieser Blutnacht auf dem Walplatz herum und beraubten die Lebendigen und die Toten. Nicht das Hemd wurde den hilflosen Verwundeten gelassen«, schildert von Archenholz nach Jörg Friedrichs Ausführungen.[19]

Und doch erreicht erst die Massengesellschaft nach der Französischen Revolution in den kriegerischen Zeiten den äußersten Tiefstand unmenschlichen Verhaltens durch Rassenhaß und den Willen zur Vernichtung ganzer Völker. Den kriegerischen Auseinandersetzungen hatte sich das Mittel der Strafaktion und die Vorstellung vom gerechten Kriegsziel hinzugesellt. Dieser Wandel trat im amerikanischen Sezessionskrieg auf, als die Militärs der Nordstaaten die Bevölkerung der Südstaaten als Feinde in die kriegerischen Auseinandersetzungen einbezogen. Mit Ritterlichkeit konnte die Bevölkerung nicht mehr rechnen. Nach Shermans, eines Führers der Nordstaatenverbände, Vorstellungen war eine Rücksichtnahme auf die Zivilbevölkerung töricht:»Der Gatte und Vater tötet im Feld unsere Männer, und wir sind dazu da, ihm Haus und Familie zu hüten? Keineswegs. Je unerträglicher der Krieg für die Heimat, desto geschwinder kapituliert die Truppe. Was hält sie noch an der Front, wenn der Gegner die Heimat kontrolliert?« Shermans Marsch durch Georgia, den reichsten Staat der Sezession, führte die Übergriffe auf die Zivilbevölkerung vor Augen. Unter demokratischen Verhältnissen trägt die Wehrkraft aller den Krieg, darum müssen ihn alle zu spüren bekommen. Sonst verliert der fanatische Kriegsherr nicht seine Macht.[20] Deshalb gilt die Attacke dem Gegner und dessen Staatsvolk. Die Zermürbung der Zivilisten ist das

Ziel. Seinen Offizieren schärfte Sherman ein: »Er muß Zerstörung und Elend bringen, die Unschuldigen so wie die Schuldigen leiden lassen; er muß das Plündern und Töten mit sich bringen. Sonst taugt er nicht mehr als ein Mummenschanz.«[21]

Dieser Sezessionskrieg in Amerika war die Morgendämmerung totaler Kriegführung, von der man selbst bei Beginn des Ersten Weltkrieges nichts ahnte. Der Schauplatz lag zu weit entfernt. Die damals entstandenen US-Kriegsrechtsartikel von Lieber und Halleck, erste neuzeitliche Gesetzesvorschrift für Armeen im Feld, legten mit dürren Worten offen, was später brutalste Wirklichkeit werden sollte und sich auch durch die spätere Haager Landkriegsordnung von 1899 und 1907 nicht mehr mildern ließ, weil sie auch von den Siegermächten nicht mehr respektiert wurde, als Gefahr der Vergeltung von deutscher Seite nicht mehr drohte. Nach Lieber und Halleck erlaubt das Völkerrecht »jeder souveränen Regierung, gegen einen anderen souveränen Staat Krieg zu führen« (Art. 67). Die Kriegführung wendet sich gegen das gegnerische Staatsvolk. Die Menschen leben in Gemeinschaften und dulden ein gemeinschaftliches Los, im Guten wie im Bösen, im Frieden und im Krieg (Art. 20). Der Bürger des feindlichen Landes ist deshalb ebenfalls Feind »und als solcher den Härten des Krieges ausgesetzt« (Art. 22). Zwar sind Zivilisten im Gegensatz zu Bewaffneten zu schonen, »soweit die Erfordernisse des Krieges es zulassen«, Versklavung, Ermordung, Verschleppung, Folterung und Brunnenvergiftung sind verboten. Artikel 17 besagt aber, daß der Krieg nicht allein mit Waffen ausgetragen wird: Es ist rechtens, den gegnerischen Kriegführenden, ob bewaffnet oder unbewaffnet, auszuhungern, so daß es zur beschleunigten Unterwerfung des Feindes kommt. Wollen einzelne Zivilisten dem Hunger entfliehen und die Stadt verlassen, können sie zurückgetrieben werden, um die Kapitulation zu beschleunigen. Das Bombardieren ziviler Einrichtungen ist möglich. Empfohlen wird, die betroffene Ortschaft rechtzeitig davon zu unterrichten, um Frauen und Kindern die Gelegenheit zum Abzug zu geben (Art. 19). Eine Unterlassung einer Warnung ist jedoch keine Ungesetzlichkeit, denn »die Überraschung mag eine Notwendigkeit sein« (Art. 17).[22] Wo sollten in diesem kriegerischen Vernichtungswerk Grenzen gesetzt werden? »Ein Gesetz in diesem gesetzlosen Zustand zu denken«, höhnt Kant, sei dem Begriffe nach schwierig, »ohne sich selbst zu widersprechen«.

Bei der Belagerung von Paris im Januar 1870 war es Moltke mit Kruppschen Kanonen geglückt, aus einer Entfernung von sieben Kilometern, für Abwehrfeuer unerreichbar, in die Stadt hineinzuschießen.[23] Welche Steigerung des Willens zur Vernichtung auch der Zivilbevölkerung und des Erfolgs dabei konnte in den modernen Massengesellschaften bevölkerungsreicher europäischer Gebiete noch erreicht werden? Zwei Weltkriege haben es bewiesen. Und wie sich bei dem Beschuß von Paris im Januar 1870 mit 12 000 Granaten in der Bevölkerung keine Panik einstellen wollte, so erreichten die Alliierten mit der Hungerblockade im Ersten Weltkrieg und dem Bombenterror gegenüber der Zivilbevölkerung im Zweiten Weltkrieg ebenso wenig wie die deutschen Truppen mit Geiselerschießungen zur Abwehr und Vergeltung von Guerilla-Angriffen, die den Kriegsrechtsvorstellungen beider Seiten grundsätzlich entsprachen.

Theodor Spitta, von dessen Wirken in Bremen viele geistige Impulse ausgegangen sind, gehörte schon 1920 einer Landesregierung an und mußte 1933 dem Druck der Nationalsozialisten weichen. 1945 kehrte er, inzwischen 72 Jahre alt, wieder in den Senat zurück, dem er bis zu seinem 82. Lebensjahr angehörte. Er war verantwortlich für die Entwicklung der neuen Verfassung in Bremen und auch an der Erarbeitung des Grundgesetzes beteiligt. Noch im 69. Lebensjahr hatte er unter dem Eindruck der Zerstörung seines eigenen Wohnhauses Betrachtungen über die Rolle des Bürgertums geschrieben angesichts des sich ihm darstellenden grausamen Krieges. In den »Tagebuchbetrachtungen 1942« vermerkte er zu den obigen Überlegungen: »Die Humanisierung des Krieges war im 19. und 20. Jahrhundert ein Hauptanliegen des Bürgertums. Das Ziel war, die Kampfhandlungen auf die Wehrmacht der kriegführenden Länder zu beschränken und die übrige Bevölkerung sowohl an Leib und Leben wie an ihrem Besitz zu schonen, überdies auch für die Wehrmacht Schranken bei der Behandlung der Verwundeten und Gefangenen zu errichten. Internationale Abkommen, wie die Genfer Konvention, die Pariser Seemachtsdeklaration über Blockade, die Haager Landkriegsordnung usw., gingen in diese Richtung. Die auch vom Bürgertum geschaffene technische Entwicklung der Kriegswaffen, darunter Erfindungen wie das Flugzeug und das Unterseeboot, und die zunehmende Bedeutung und dementsprechend der zunehmende Einsatz der Wirtschaft und der zivilen Technik für den Krieg mit der Folge, daß im Kriegsfalle schließlich die gesamte Bevölkerung unmittelbar oder mittelbar für die Kriegsführung arbeitet, riefen Gegenströmungen hervor und verstärkten die auf anderem, mehr geistig-sittlichem Gebiete erwachsende Hemmungslosigkeit. Schon im Ersten Weltkrieg ist mit den humanen Gedankengängen des Bürgertums, wie sie in den erwähnten internationalen Abkommen ihren Ausdruck gefunden haben, vielfach gebrochen worden; die fraglichen Abkommen wurden in vielen Fällen verletzt und einzeln auch grundsätzlich verworfen. Die Hungerblockade Englands gegen Deutschland ... und ... der unbeschränkte U-Boot-Krieg Deutschlands gegen England gehören dahin. Der Zweite Weltkrieg brachte die Zerstörung der Städte einschließlich der Wohnviertel durch die Luftwaffe und die unmittelbare Beschießung von Zivilisten bei der Feldarbeit oder in den Straßen und Eisenbahnzügen durch Tiefflieger.

Dazu kamen Maßnahmen, wie die gewaltsame Abbeförderung oder Umsiedlung der Bevölkerung von Städten und größeren Gebieten und die Zerstörung von Ortschaften, die geräumt, die Verwüstung von Feldern in Gebieten, die preisgegeben werden müssen. Es ist ein Rückfall in eine hemmungslose Kriegsführung und in eine Grausamkeit, die dem Bürgertum fremd ist und die das Bürgertum überwunden wähnte.«[24]

»Dreimal täglich Suppe ...«

Was für die betroffene Bevölkerung ein moderner Krieg bedeutete, wußte die militärische Klasse nur zu gut. Vielleicht hoffte sie, daß das eigene Volk davon bis auf den Bombenterror nicht betroffen sein würde. Die Kriegsziele der Alliierten indessen schienen vielen hohen Offizieren der Wehrmacht verborgen geblieben zu sein, sonst hätten sie sich nicht noch am Ende des Krieges der Hoffnung hingegeben, von den westlichen Alliierten Hilfe zu bekommen. Die Stunde der Wahrheit hatte für die Deutschen bereits in Casablanca geschlagen. Am 23. Januar 1943, also einen knappen Monat vor der Rede von Goebbels im Sportpalast, war der amerikanische Präsident Roosevelt in Casablanca vor die Presse getreten und hatte verkündet, was am Ende des Zweiten Weltkriegs stehen sollte: die bedingungslose Kapitulation Deutschlands und seiner Verbündeten.[25] Spätestens von da an hätten auch die Deutschen, deren Städte unter den Luftangriffen gerade in Trümmer sanken, wissen müssen, daß es keinen Verhandlungsfrieden geben würde, sondern nur die Auslieferung an die Gnade oder Ungnade der Sieger. Sie hätten es wissen können, wenn ihnen internationale Nachrichten zugänglich gewesen wären. Doch die damaligen Möglichkeiten der Information waren gering, und das Abhören von sogenannten Feindsendern unter allerschwerste Strafe gestellt. Deren Glaubwürdigkeit erschien zudem zweifelhaft, weil diese so anderen Nachrichten von den Mächten verbreitet wurden, die Deutschland mit großer Brutalität bekämpften, indem sie auch die Zivilbevölkerung mit ihrem Bombenterror überzogen.[26]

Seit Roosevelt an jenem 24. Januar das Ziel der bedingungslosen Kapitulation verkündet hatte, ist diskutiert worden, ob dies den Krieg verlängerte, weil die Deutschen mit dem Rücken an der Wand kämpften. In seinen Memoiren bekennt Churchill freimütig, daß er mehrere falsche Erklärungen zum Thema ›Bedingungslose Kapitulation‹ öffentlich abgegeben habe, um diese Erklärung allein Roosevelt zuzuschieben, der damit vom offiziellen Text der Konferenz abgewichen war. Der Begriff der bedingungslosen Kapitulation kommt darin nicht vor. Roosevelt bekannte später einmal, daß ihm dieser Begriff »einfach so rausgerutscht« sei.

Verantwortungslos war die Äußerung Roosevelts, mit der er Weltpolitik gemacht hatte, schon deshalb, weil seinem Entschluß keine Vorberatung vorausgegangen war, wie sie bei Entscheidungen von solcher Bedeutung und Tragweite vorausgesetzt werden darf. Vor dem Koreakrieg 1951 holte Präsident Truman den Rat einer großen Anzahl von Mitarbeitern ein. Präsident Kennedy handelte genauso, als die Installation russischer Raketenbasen ein Vorgehen erforderlich machte, ebenso Präsident Johnson, als er sich darüber schlüssig werden wollte, ob die Truppenstärke in Vietnam, wie die militärischen Fachleute empfahlen, auf 525 000 Mann zu bringen sei. Gemessen an seinen drei Nachfolgern, machte sich Roosevelt die Sache leicht, obwohl es sich um eine der wichtigsten Entscheidungen des ganzen Krieges handelte. Er holte nicht einmal die Ansicht seiner militärischen Ratgeber ein.[27]

Viele von ihnen waren bestürzt, als sie davon hörten. Zu ihnen gehörten auf amerikanischer Seite die Generäle Marshall, Eisenhower und Wedemeyer, sämtlich Männer in Spitzenpositionen. Unter den Politikern waren es der Senator Taft und der zweimalige Präsidentschaftskandidat De-

50

wey. Das Kriegsziel kritisierten auf englischer Seite der Feldmarschall Smuts, die Generäle Ismay, Montgomery[28] und Fuller sowie der Minister Lord Hankey und der Unterstaatssekretär Sir Alexander Cadogan.

Der bekannte amerikanische Diplomat Charles E. Bohlen, der an den Konferenzen von Teheran, Jalta und Potsdam als Dolmetscher teilgenommen hatte und von 1953 bis 1957 Botschafter in Moskau war, bezeichnete die Klausel als »einen der großen Irrtümer des Krieges« und als »Torheit«. Ein anderer, der Journalist Hanson W. Baldwin, bezeichnete die Entscheidung als größten politischen Fehler des Krieges und als »politischen Bankrott«.[29]

Das so rigoros abgesteckte Ziel ersparte den Alliierten die schwierige Entscheidung, ob man vielleicht doch Vertreter eines anderen, besseren Deutschland als Verhandlungspartner hinzuziehen solle. Daß die Fortsetzung des Krieges noch Millionen Menschen das Leben kosten würde, war für Roosevelt und Churchill auf dem Weg zum Sieg kein Hemmnis.

Eine Politik, die den gegen Hitler eingestellten Kräften in Deutschland eine Chance gab, war Roosevelt und Churchill nicht in den Sinn gekommen. Daß es in dem mitteleuropäischen Kulturvolk der Deutschen tragende Bevölkerungskreise kultivierter Geisteshaltung gab, könnten sie wohl gesehen haben, aber daß diese auch Gelegenheit erhalten mußten, sich durchzusetzen, akzeptierten sie nicht.[30] Sie handelten nach der alten Verhaltensweise von Diktatoren: Wer nicht für sie war, war gegen sie. Damit machten sie es dem Regime Hitlers leicht, beide als Kriegsverbrecher darzustellen.[31]

Was das in Casablanca vorgegebene alliierte Kriegsziel für uns Schüler bedeutete, deren Schulzeit sich ihrem Ende zuneigte, davon hatten wir keinen Schimmer von Ahnung. Die Härte des Krieges, der Tod Hunderttausender Soldaten in einzelnen Schlachten und die Besetzungen von Ländern durch fremde Armeen überstiegen unsere Vorstellung. Erst im Laufe der Jahre nach dem Kriegsende verband sich das eigene Erleben mit einer Ahnung der geschehenen Grausamkeiten. Der Holocaust ist noch immer unfaßbar, aber er darf nicht andere Unmenschlichkeiten dieses Krieges der Aufmerksamkeit entziehen.

Wir sahen als Schüler unseres Internats die Trauer eines Schulkameraden, dessen Vater als Berufsoffizier gefallen war, und die einer Lehrerin, deren Mann in Stalingrad geblieben war. Rationiertes Essen und sonstiger Mangel beeindruckte uns junge Menschen, auch als dies immer spürbarer wurde, wenig. Die Bombenangriffe waren noch auf einige große Städte konzentriert und wurden in den staatlichen Medien überzeugend als Terrorangriffe bezeichnet. Wir waren, bevor wir Soldaten wurden, noch zu sehr in der Welt unserer Jugend gefangen, als daß wir bemerkt hätten, daß der Tod in Deutschland eine immer häufiger stattfindende Alltagsveranstaltung war. Daß die Nationalsozialisten nicht anders als die Feindmächte handelten und die eigene Bevölkerung in ihren Terror einbezogen, bedeutete für die Jugend unseres Alters keine unmittelbare Gefährdung, weil sie in diesem Staate umworben wurde. Wir benahmen uns mitunter durchaus oppositionell. Wir hörten amerikanische Jazzmusik und trugen lange Haare. Wir verachteten Parteibonzen, aber wir hatten keine Perspektive zu eigenem Handeln. Wenn wir sie in Gesprächen suchten, war uns nicht einmal bewußt, in welche Gefahr wir uns damit brachten. Wir handelten ratlos, aber nicht fanatisch.

Schon 1943 und während eines Urlaubs nach dem mißglückten Attentat vom 20. Juli 1944 hatte ich lange Diskussionen mit einem überzeugten Kommunisten über die Frage, was ein verlorener Krieg für uns bedeuten würde: Hoffnung und Zuversicht, gestützt auf den Kommunismus – oder Chaos und Untergang, wie ich meinte. Unverhohlen war auch von Aufstand und Aufruhr gegen das Regime die Rede. Ich konnte ihm entgegenhalten, daß Hitler legal an die Macht gekommen war. Welche Chance hätten die Aufrührer gehabt ohne den Anschein von Legitimität mitten im Kriege? Wir waren unterschiedlicher Meinung, doch der Gedanke ist mir nie gekommen, diesen Mann anzuzeigen. Ich weiß nicht, ob mir damals bewußt war, daß eine Anzeige ihn das Leben gekostet hätte, was heute viel wichtiger erscheint und mich erleichtert. Er schien dies auch nicht zu befürchten. Damals war mein Korpsgeist noch nicht erloschen und die Skepsis gegenüber der Führung noch nicht entwickelt. Die Behandlung der Männer des Attentates vor dem Volksgerichtshof durch Freisler hatte mich damals schon mit Abscheu erfüllt.

FRONTBEWÄHRUNG

Die letzte Szene im letzten Akt des Dramas »Zweiter Weltkrieg« 1945 traf mich vorbereitet. Der harte Drill der Offiziersanwärterausbildung hatte aus dem eher romantischen Jüngling einen Soldaten gemacht, der mehr geschliffen worden war als üblicherweise die Rekruten in Vorbereitung auf den Kriegseinsatz. Ich erlebte und beendete diese Zeit als Fahnenjunker-Unteroffizier. Die Bezeichnung Fahnenjunker stand für die Offizierslaufbahn, Unteroffizier für den erlangten Dienstgrad. Es war jener Teil der Ausbildung nach der Frontbewährung, der mit der Kriegsschule und der Ernennung zum Leutnant enden sollte. Statt auf die Kriegsschule schickte man mich in die Stadt Brandenburg, wo Verbände neu aufgestellt wurden.

Das Wetter in dieser ersten Monatshälfte im April des Jahres 1945 war sonnig und warm. Feindliche Flugzeuge, die, über die Stadt kommend, Berlin anflogen, lösten jedesmal Fliegeralarm aus, uns verschonten die Bomberverbände zunächst. Einmal sahen wir einen alliierten Piloten zur Erde stürzen, der seinen geöffneten, aber nicht entfalteten Fallschirm hinter sich herzog. Es dauerte lange, bis er hinter den Bäumen verschwand. Wir verfolgten seinen Weg in den Tod wie Soldaten, die wissen, daß sich da ein Soldatenschicksal vollzog. Um mich herum standen etwa 20 junge Soldaten. Keiner äußerte sich gehässig oder zufrieden.

Die Ausbildung wurde unterbrochen, wenn Angriffe auf den nahegelegenen Flugplatz das Rollfeld beschädigt hatten und es galt, die Landebahn wiederherzustellen. Bei einem Marsch dorthin sah ich, daß an der nahegelegenen Autobahn Panzersperren gebaut wurden. Sie waren nach Westen gerichtet, was mir geradezu unvernünftig schien. Schließlich wußten wir, daß die Amerikaner bereits an der Elbe standen, und wir waren der Meinung und der Hoffnung, daß man sie nicht hindern sollte, bis nach Berlin durchzustoßen und den Russen zuvorzukommen. Von den Absprachen der Feindmächte in Jalta wußten wir nichts. Es fehlte uns auch an Phantasie, uns auszumalen, daß sich noch in diesem Monat der Ring russischer Truppen um Berlin hier im Westen der Stadt schließen könnte und die Sperren nun gegen russische Panzer gerichtet sein würden.

Die Front im Osten erstreckte sich von der Insel Wollin an der Ostseeküste über Stettin, Küstrin und Frankfurt an der Oder und dann entlang der Neiße über Guben, Forst, Muskau bis Görlitz im Süden. Marschall Schukow war der russische Befehlshaber im nördlichen Abschnitt. Er war einer der wenigen, die Mitte der dreißiger Jahre die Säuberungen des militärischen Führungsapparates durch Stalin überlebt hatten. Er war zu dieser Zeit im Fernen Osten und entging vielleicht nur deshalb der Verfolgung. Den südlichen Abschnitt befehligte auf russischer Seite Marschall Konjew. Er war ein Mann des KGB.

Meine eigenen Erinnerungen an das Kriegsgeschehen beginnen mit der Zeit der letzten Schlachten der 9. Armee. Sie stand den Truppen Marschall Schukows gegenüber. Diese Armee war ursprünglich aufgestellt worden für den Feldzug gegen Rußland und hatte dort viele schwere Kämpfe bestanden. Vor den Toren der Reichshauptstadt schlug sie ihre letzte Schlacht und ging mit dem Reich, für das sie gekämpft hatte, zugrunde.[32]

Anfang 1945 stand die Armee noch an der Weichsel, wo sie am 13. Januar 1945 von den Russen, die dort einen Brückenkopf gebildet hatten, bei Magnuszew mit einer mehr als zehnfachen Übermacht überrannt wurde. Ich war als Reserveoffiziersbewerber (ROB) zu einem Lehrgang auf dem Truppenübungsplatz in Wandern abkommandiert, der genau in der Stoßrichtung der durchgebrochenen russischen Truppen zu Oder und Neiße lag. Für diesen Fall hatte die Heeresleitung bereits in den letzten Monaten des Jahres 1944 Eingreiftruppen vorgesehen, komplette Einheiten unterschiedlicher Größe. Auf das Stichwort »Gneisenau« sollten sich sämtliche Einheiten in kürzester Frist zu den befohlenen Zielen in Bewegung setzen.

Auch wir erhielten einen Einsatzbefehl. Unsere Inspektion, so nannte man eine Gruppe der Reserveoffiziersbewerber in der Größe einer Kompanie, wurde neu eingekleidet, empfing Waffen und Munition und marschierte in grimmiger Kälte und im Schnee ostwärts. Weit brauchten wir nicht zu marschieren, denn die Linie, in der auch Bunker vorbereitet sein sollten, führte über Schwerin südwärts an Meseritz vorbei und zwischen Schwiebus und einem Militärlager Tibor entlang zur Oder. Noch bevor wir unsere Bereitstellungsräume erreichen konnten, wurde der Befehl zur Front widerrufen. Die Angriffsspitzen der 1. Ukrainischen Front hatten einzelne Truppenteile bereits hinter sich gelassen, so daß Teile der 9. Armee eingekesselt zu werden drohten. Während wir, zunächst nach Wandern zurückgekehrt, in Richtung Westen abmarschierten, hatten wir das Glück, daß uns die russischen Einheiten nicht einholten.

Es war der 27. Januar 1945. Über Zielenzig und Drossen erreichten wir nach einem 50-Kilometer-Marsch Kunersdorf. Am frühen Nachmittag des 28. Januar verließen wir es wieder. Russische Panzer erreichten Kunersdorf bereits in den frühen Morgenstunden des 1. Februar 1945.

Der Marsch war anstrengend, mit Sturmgepäck und Karabiner. Einer der Reserveoffiziersbewerber erschoß sich während des Marsches. Ich hörte den Schuß vor mir und erfuhr auch bald, daß Erschöpfung die Ursache des Selbstmords gewesen war. Zum großen Teil blieben die Zivilisten zurück. Die Straßen waren überfüllt mit Pferdewagen der deutschen Bevölkerung der Ostprovinzen, die zu Hunderttausenden vor der Roten Armee flüchtete. Was der zurückbleibenden Bevölkerung bevorstand, überstieg jedermanns Vorstellungskraft.

Die Situation war deprimierend, aber ich versuchte, ihr noch ein eigenes Erleben abzugewinnen, und so schrieb ich in einer Pause ein naives Gedicht in mein Tagebuch:

> *»Hart knirscht das Leder bei unserem Schritt,*
> *Grau und trüb auf den Seiten*
> *Ziehen die Wolken mit uns mit*
> *Und der Regen peitscht kalt über Weiten.*
>
> *Stunden um Stunden ziehen wir dahin,*
> *Naß auf schlammigen Wegen,*
> *Müde sind wir, und auf uns rinnt*
> *Nieder der Regen, der Regen.«*

Für mich waren die Gedichte eine Überlebenshilfe, und so riß ich sie später aus dem Tagebuch und bewahrte sie auf. Was sich im Bereich der 9. Armee an der Oder und der Unteren Lausitzer Neiße sammelte, mußte neu formiert werden und bedurfte neuer Verbände. Dazu gehörte die Infanteriedivision 303 Döberitz. Sie wurde eiligst zur Verstärkung in Döberitz aufgestellt, und wir ROBs gehörten dazu. Unerwartet konnten wir in Frankfurt einen Zug besteigen, der uns über Berlin nach Döberitz brachte. Von dort kehrten wir nach der Aufstellung der Division Döberitz, die die Nummer 303 erhielt und wegen des taktischen Zeichens Blitzdivision genannt wurde, nach Osten zurück. In dem Zugabteil nebenan saß der Bataillonskommandeur Major Quetz. Er hatte es sich bequem gemacht und die Stiefel ausgezogen und verharrte in dieser entspannten Haltung, als schon Kanonendonner wie Trommelfeuer im Zug zu hören war.

Der Divisionsstab bezog bei Neutrebbin Quartier. Kommandeur war zunächst Generalmajor Hübner. Die Division hatte Befehl, mit anderen Verbänden im Oderbruch eine neue Front zu bilden. Sie versuchte deshalb, zwischen Neulewin und Kienitz den dort entstandenen Brückenkopf einzudrücken. Der Ortsname Sophiental ist mir als Kampfgebiet dabei noch in Erinnerung, ein schöner Name für ein verlassenes Dorf, über dem Brand- und Leichengeruch der vorangegangenen Kämpfe lag.

Für uns galt die Eingliederung in die Infanteriedivision 303 als Ausbildungsabschnitt:»Frontbewährung«, Dauer sechs Wochen bis drei Monate. Die Befristung half uns über diese Zeit ohne Alternative hinweg, der die Truppe unterlag. Was die Soldaten erwartete, klang in vielen Soldatenliedern mit, besonders solchen aus dem Ersten Weltkrieg:»... und hören von fern schon die Schlacht. Herr, laß uns stark sein und streiten, dann sei unser Leben vollbracht.« In einem Gedicht, das aus der Zeit des zweiten großen Krieges stammen dürfte, heißt es in der zweiten Strophe über die Freundschaft der Soldaten:»Eins in dreien sind Freunde, Brüder in der Not, Gleiche vor dem Feinde, Freie vor dem Tod.« Ich kann nicht leugnen, daß ich in dieser Zeit der Frontbewährung diese Freiheit kennengelernt und sogar geschätzt habe. Wahrscheinlich spricht das Gedicht aus, was den Soldaten aller Nationen half, das Unerträgliche zu ertragen.

Den Stäben unserer Armee gehörten auch Offiziere der Waffen-SS an. Einheiten der Waffen-SS, die in der Armee kämpften, verfügten über Zusammenhalt, Kampferfahrung, Waffen und technisches Gerät. Sie bewährten sich in den folgenden Kämpfen hervorragend. Ich habe sie selbst im Kampf gesehen. Von Grausamkeiten und Greueln habe ich nichts miterlebt. Sie haben das Ansehen dieser Truppe nicht nur bei den Gegnern, sondern auch im eigenen Lande in das Gegenteil verkehrt. Soweit Grausamkeiten von SS-Angehörigen begangen wurden, war die Ursache einerseits die Vorstellung der Besonderheit der eigenen Rasse, andererseits die Ideologie der Wertlosigkeit anderer Rassen. Der Führer der SS hielt am 4. Oktober 1943 in Posen eine Rede, in der er die Völker des Ostens als »Menschentiere« bezeichnete. Für den SS-Mann habe der Grundsatz zu gelten: ehrlich, anständig, treu und kameradschaftlich nur zu Angehörigen des eigenen Blutes zu sein und zu sonst niemandem.[33] Diese Einstellung mußte dazu führen, jeden als schädlich anzusehen, der den SS-typischen Anforderungen an Opferwillen und Kampfmoral nicht entsprach. Sie ist die ideologische Wurzel für die erbarmungslose Tätigkeit der Standgerichte, vor allem der SS, die das Kriegsrecht mit äußerster Härte anwandten und die jeder von uns zu fürchten hatte, der nicht in kritischen Momenten die Alternative für sich anerkannte, die auch die Russen praktizierten: »Entweder du bleibst vorn standhaft und stirbst einen ehrenvollen Tod, oder du weichst zurück und stirbst hinten einen schmachvollen.« Zahllose erhängte deutsche Soldaten in den folgenden Endkämpfen im rückwärtigen Terrain an bestimmten Brennpunkten waren die Folge. Junge Offiziere waren darunter, mit dem Ritterkreuz um den Hals, denen man vorgeworfen hatte, daß sie zurückgewichen waren, als es ihnen geboten schien.

Während der Kämpfe an der Oder und im Kessel zeigten die Truppen der Waffen-SS Kühnheit, Tapferkeit und Opfermut, auch wenn es um die Hilfe für andere Wehrmachtstruppenteile ging. Diese Opfer in dramatischer Situation waren deshalb sinnvoll, weil so deutsche Soldaten als Truppenteile in die Gefangenschaft von Amerikanern und Engländern überführt werden konnten und sie nicht russischer Gefangenschaft ausgesetzt wurden. Sowenig wir mit der SS zu tun haben wollten, sosehr wir ihre Härte und ihre Standgerichte fürchten mußten, so ist doch um der Wahrheit willen festzuhalten, daß die SS-Einheiten die Hauptlast der Kesselschlacht bei Halbe trugen und damit auch anderen Truppenteilen den Weg freihalten wollten, der vollständigen Vernichtung zu entgehen.

Keiner aus unserem damaligen Offiziersnachwuchs wünschte sich auch nur einen Augenblick, der SS anzugehören, aber wir betrachteten in diesem letzten Kampf mit Respekt ihren soldatischen Einsatz.

Die Soldaten von den einzelnen Heerestruppenteilen waren bunt zusammengewürfelt und ohne Kampferfahrung, bis auf einige Offiziere, ältere Unteroffiziere und Obergefreite. Der 9. Armee war ein Frontabschnitt von etwa 130 Kilometern Länge vom Oderbruch nördlich Küstrins bis zum Mündungsbereich der Neiße zugewiesen. Die Geländeverhältnisse dort waren sehr unterschiedlich. Das westliche Ufer bot gegenüber dem östlichen Ufer gute Beobachtungsmöglichkeiten und Stellungen für schwere Waffen. Nördlich von Küstrin, im Oderbruch, war das westliche Ufer eben und fast deckungslos, von Kanälen durchzogen und mit hohem Grundwasserstand. Schon im März zeichnete sich ab, daß der Angriffsschwerpunkt im Norden dieser Front nördlich von Küstrin liegen würde und im Süden südlich von Guben bei Forst.

Zunächst war der 9. Armee seit Anfang Februar 1945 die Verteidigung des Oderabschnitts von Schwedt bis Grünberg in Schlesien zugewiesen. Ihr unterstanden das Oderkorps, das 101. Armeekorps, das 5. SS-Gebirgskorps bei Frankfurt und ein Panzerkorps bei Crossen. Diesen Generalkommandos wurden alle verfügbaren Truppenteile, insbesondere Ersatzeinheiten und Volkssturmbataillone, zugeführt, um damit die Oderlinie zu halten. Dabei handelte es sich bei der Division 303 Döberitz, ebenso wie bei der Division 309 Berlin, um Ausbildungsdivisionen des Wehrkreises III (Berlin-

Gefangenschaft führen. Der Führer der 9. Armee, General Busse, der den südlichen Abschnitt der Heeresgruppe befehligte, war einmal Generalstabschef des Feldmarschalls von Manstein gewesen und hatte seit dem 21. Januar 1945 die 9. Armee aus Trümmern neu geschaffen. Er soll ein Mann von kräftiger Statur gewesen sein, wortkarg und schroff, aber mit einem Herzen für die Infanterie, aus der er stammte und der er sich verbunden fühlte. Seine Zuneigung nützte der Infanterie wenig; sie hatte die schwerste Last des Kampfes zu tragen, war unbeweglich und hatte mangels Artillerie- und Panzerunterstützung die größten Verluste.

Die anschließende Heeresgruppe Mitte mit der 4. Panzerarmee unterstand dem wegen seiner Härte bekannten Generalfeldmarschall Schörner. Der Frontabschnitt Forst-Muskau, aus dem heraus der südliche Angriff auf Berlin geführt wurde, gehörte zu dieser Heeresgruppe. Sie rechnete weniger mit einem Angriff auf Berlin als mit einem Umfassungsangriff in südwestlicher Richtung.

Die 9. Armee hatte von vornherein den Auftrag, den Durchstoß der 1. Weißrussischen Front auf Berlin zu verhindern und ihre Stellungen, koste es was es wolle, zu halten. Das Armeeoberkommando, ebenso wie die Truppe, stellte sich die Frage, welchen Sinn und Zweck dieser letzte Kampf hatte. Ältere Soldaten, die bereits russische Kampfmethoden und den Umgang mit der Zivilbevölkerung kennengelernt hatten, waren sich einig, daß versucht werden mußte, die Russen nicht weiter nach Deutschland hereinzulassen, um die Bevölkerung vor Grausamkeiten zu bewahren. Denn der militärische Kampf hatte sich bei den Russen in eine Orgie der Plünderung, der Schändung und der Trunkenheit gesteigert. Teile der deutschen Kriegsführung mögen sich im Osten vieler Kriegsverbrechen schuldig gemacht haben. Die kämpfenden deutschen Armeen waren aber nie ein Bündnis mit solchen Tätern eingegangen, wie es die Deutschen jetzt beim Einmarsch der sowjetischen Truppen erlebten und erlitten. Es ist verständlich, daß selbst die deutsche Armeeführung politische Entwicklungen für denkbar hielt, die den amerikanischen und britischen Truppen die Eroberung der Gebiete hinter dem Rücken der an der Oder stehenden Truppen ermöglichen würden, etwa nach der Devise des Generals Busse, der später schrieb: »Und wenn uns die amerikanischen und britischen Panzer in den Rücken fahren, während wir dem Russen jeden weiteren Schritt vorwärts verwehrt haben, so haben wir vor unserem Volk, unserem Gewissen und der Geschichte unsere soldatische Pflicht und Schuldigkeit getan.«[34] Wenn sich die 9. Armee in der Folgezeit noch tapfer gehalten hat, war es dieser Geist.

Als F. D. Roosevelt, der amerikanische Präsident, während der Endkämpfe 1945 starb, hofften viele militärische Führer mit Hitler, das Wunder des Hauses Brandenburg möge sich wiederholen: Nach dem Tod der russischen Zarin Elisabeth war im Siebenjährigen Krieg, als sich Friedrich schon entschlossen hatte, seinem Leben durch Gift ein Ende zu bereiten, ihr leicht schwachsinniger Sohn auf den Thron gefolgt. Er bewunderte Friedrich und zog sich aus den Kampfhandlungen zurück, noch ehe seine Frau, die große Katharina, ihn beseitigen ließ. Aber Geschichte wiederholt sich nicht in der von den Zeitgenossen erhofften Weise. Sie knüpft vielleicht später an Fäden an, die längst vergessen schienen, und zu Zeiten, in denen es niemand erwartet.

Die deutschen Generäle blieben ohne Einfluß. Mit ihrem Treueeid hatten sie die Nation und große Vorbilder deshalb schon verraten, weil sie wußten, daß Hitler als selbsternannter Oberbefehlshaber unfähig zur militärischen Führung war, je länger der Krieg dauerte.[35] Gerade Moltke hatte nachdrücklich betont, daß ein aussichtslos gewordener und seinem Zweck entfremdeter Krieg an Mord grenze. Die Besatzung einer Festung, die in aussichtsloser Lage die Übergabe ablehne, verwirke das Recht auf Gnade. Die deutschen Generäle hätten sehen müssen, daß der Sieg die Niederlage in sich trug. Zumindest konnten sie in der Endphase nicht übersehen, daß die Niederlage unabwendbar war. Ob sie von dem Hoffnungsschimmer wußten, der von Churchill ausging, kann man nur vermuten. Churchill wollte nach eigenem Bekunden mit allen Mitteln verhindern, daß die Sowjetunion ihren Machtbereich zu weit nach Europa vorschiebe. Dabei hatte er schon bald seine Pläne begraben, Polen und die Tschechoslowakei nach Westen zu orientieren. Er hatte erkennen müssen, daß die Sowjetunion die von ihr eroberten Gebiete auf dem Balkan nicht mehr freiwillig hergeben würde, aber er war doch, wie er 1954 schrieb, der Meinung, daß die westlichen Alliierten ihren Einfluß so weit wie möglich nach Osten vortragen müßten. Deshalb sollten die westlichen Alliierten in den Osten Deutschlands vormarschieren und Berlin unbedingt nehmen, wenn es im westlichen Zugriff läge.

Dementsprechend bemühten sich Churchill und Montgomery, die Amerikaner zu veranlassen, auf Berlin zu marschieren. Noch am 7. April 1945 erklärte General Eisenhower dem vereinigten Generalstab der Westalliierten: »Sofern sich nach der Einnahme Leipzigs herausstellt, daß man ohne große Verluste nach Berlin vorrücken kann, so will ich das tun. ... Ich bin der erste, der eingesteht, daß dieser Krieg politischer Ziele wegen geführt wird. Wenn der vereinigte Stab die Bemühungen der Alliierten um die Eroberung Berlins für wichtiger hält als die rein militärischen Erwägungen, so werde ich mit Freude meine Pläne und meine Denkweise ändern, um eine solche Operation durchzuführen.«[36]

Diese Äußerungen sind von Marschall Schukow wiedergegeben worden. Sie spiegeln zugleich die Hoffnung aller deutschen Soldaten wider, die dies, wie ihre Generäle, als Ausweg aus der totalen Niederlage sahen, mit der sie sich abgefunden hatten. Für die militärischen Führer bedeutete dies zugleich den Untergang ihrer eigenen militärischen Klasse. Vielleicht lag darin zunächst das Positive und eine der Zukunft zugewandte Erneuerung. Wenn es die Umstände erlaubten, trug diese militärische Führungsspitze ihren Untergang mit unglaublicher Gelassenheit. Als sich der Kampf um Berlin dem Ende zuneigte – am 19. April 1945 –, beauftragte ein Generalfeldmarschall seinen Adjutanten, in einem »erstklassigen« Hamburger Restaurant, »wo man endlich wieder einmal gut zu Mittag essen könne« für sich und seine Frau ein elegantes Séparée reservieren zu lassen. Sein eigener Sohn war in diesem Kriege als junger Offizier gefallen, und es starben täglich noch Zehntausende ... [37]

Trügerische Idylle hinter der Front

Die Russen, die an der Oder bereits Anfang Februar bei Küstrin im Oderbruch Brückenköpfe hatten bilden können, traten aus diesen Brückenköpfen heraus den weiteren Angriff auf Berlin zunächst nicht an. Ihr bisheriger Vormarsch hatte seine vorläufige Grenze an der Oder erreicht: Sie hatten für ihre Fahrzeuge nicht genug Treibstoff und für ihre Waffen nicht ausreichend Munition zur Verfügung. Als sie von der Weichsel aus aufgebrochen waren, hatten sie lange Verbindungswege zu überbrücken. Die Truppen erhielten damals von Stalin den Befehl, sich zunächst gegen die baltischen Provinzen zu wenden, und zogen deshalb einen Teil ihrer Einheiten dorthin ab.

Als wir von der Division Döberitz im Februar und März an der Oder um die Brückenköpfe kämpften und diese einzudrücken versuchten, hatten wir deshalb nicht mit der vollen russischen Kampfstärke zu tun. Trotzdem war es uns nicht gelungen, die Russen hinter die Oder zurückzudrängen. Vielleicht war dies von unserer Heeresleitung auch gar nicht erst erwogen worden. Wir hatten deshalb auch keine Vorstellung davon, welch ungeheure Streitmacht der Feind an der Oder aufmarschieren lassen würde: mehr als zwei Millionen sowjetische Soldaten. Ein großer Teil der russischen Militärfahrzeuge war amerikanischen Fabrikats, ein Teil der Truppen war mit amerikanischer oder britischer Kleidung und westlichem Schuhwerk ausgestattet. Die Sowjetunion war nach den Verwüstungen des Krieges nicht mehr in der Lage, die riesige Zahl von Soldaten aus eigener Kraft auszurüsten.

Meine Frontbewährung dauerte nur kurz. Laut Bataillonsbefehl Nr. 5 vom 13. März 1945 wurde ich mit Wirkung vom 1. März 1945 zum Fahnenjunker-Unteroffizier ernannt und befördert. Die erste Kompanie, der ich angehörte, war eine Kompanie mit Reserveoffiziersbewerbern. Ich hatte das Glück, sofort einen Marschbefehl zur weiteren Ausbildung zu erhalten und die Kompanie und das Bataillon verlassen zu können. Wir waren drei, Hotte, Heiner und ich.

Wir hielten uns um den 20. März 1945 noch immer im Bereich Seelow auf, als unser Bataillon mit Fahrrädern von Posedin über Letschin, Zechin und Golzow bis Gorgast die Oderbruch-Chaussee entlangfuhr. Das Bataillon, an dessen Kampfhandlungen ich nun nicht mehr teilnahm, löste dort Einheiten der 25. Panzergrenadierdivision ab und bezog im Raum des Gutes Altbleyen Stellung. Im Gut selbst befanden sich der Bataillonsgefechtsstand und der Verbandsplatz. Schützengräben waren vorhanden und auch Laufgräben, und südwestlich des Gutes standen zwei Infanteriegeschütze. Auch zwei schwere Maschinengewehre gab es, die nach der West- und der Südseite schießen konnten. Die Stellung sicherte die Versorgungsstraße zwischen Hinterland und der Festung Küstrin. Allnächtlich fuhren hier schwere deutsche Kettenfahrzeuge entlang zur Altstadt und wieder zurück. Die Stellung war ein Schlauch, der die Zufahrtsstraße nach Küstrin sichern mußte.

Am Morgen des 22. März 1945, einem Donnerstag, begann der zweite russische Großangriff auf die Festung Küstrin mit starker Artillerievorbereitung. Küstrin war ein Eckpfeiler der deutschen Verteidigung und die Zufahrtsstraße in hohem Maße gefährdet, aber das Bataillon sah zunächst, wie sich die Feuerwalze an seinen Seiten in Bewegung setzte, russische Infanterie vorging und hinter den Sturmtruppen bereits geschlossene Kolonnen folgten, in deren Mitte

Panjewagen mitgeführt wurden. Mit ihren Kampfhandlungen versuchten die Russen, die nördlich und südlich der Schlauchstellung gelegenen Brückenköpfe zu vereinen und Küstrin vom Nachschub abzuschneiden. Dementsprechend wurde das Bataillon schließlich auch angegriffen.[38]

Meine Beförderung war gerade rechtzeitig erfolgt, denn der Einsatz des Bataillons begann erst bei dieser Verlegung hart und verlustreich zu werden. Während wir alle noch hofften, daß die Amerikaner und Engländer nach Berlin vorstoßen und den Krieg beenden würden, bereiteten sich die Russen an Oder und Neiße vor, Hitler-Deutschland endgültig zu vernichten und zu zerstören; die Westalliierten akzeptierten nicht nur die grausame Vernichtungswut, sondern beteiligten sich bis zum letzten Sturm der Russen mit Luftangriffen auf die Städte, selbst wenn in diesen Städten erkennbar nur Zivilbevölkerung lebte oder wenn es sich um Städte von welthistorisch bedeutsamem Wert handelte. Dresden war nur ein Beispiel – wenn auch das furchtbarste.

Heute wird von den Leiden kaum mehr gesprochen, die von den Deutschen bei ihrer Vertreibung aus den Ostgebieten und dem Sudetenland ertragen werden mußten, obwohl die historischen Quellen sie bestätigen. Der russische Schriftsteller Ilja Ehrenburg, dessen Bücher sogar noch nach der Wende in der DDR angeboten wurden, entwickelte eine geradezu rassenkampfähnliche antideutsche Haßpropaganda. In einem Flugblatt wandte er sich im Sommer 1942 an die Rotarmisten:

»Die Deutschen sind keine Menschen. Von jetzt ab ist das Wort ›Deutscher‹ für uns der allerschlimmste Fluch. Von jetzt ab bringt das Wort ›Deutscher‹ ein Gewehr zur Entladung. Wir werden nicht sprechen. Wir werden uns nicht aufregen. Wir werden töten. Wenn Du nicht im Laufe eines Tages wenigstens einen Deutschen getötet hast, so ist dies für Dich ein verlorener Tag gewesen ... Wenn Du einen Deutschen getötet hast, so töte einen zweiten. – Für uns gibt es nichts Lustigeres als deutsche Leichen. Zähle nicht die Tage. Zähle nicht die Kilometer. Zähle nur eines: die von Dir getöteten Deutschen! Töte den Deutschen! – Dies bittet Dich Deine greise Mutter. Töte den Deutschen! – Dies bitten Dich Deine Kinder. Töte den Deutschen! – So ruft die Heimaterde. Versäume nichts! Versieh Dich nicht! Töte!«

An anderer Stelle hatte er gefordert:
»Soldaten der Roten Armee!

Tötet! Tötet! Kein Deutscher ist unschuldig – weder die Lebenden noch die Ungeborenen –. Folgt der Weisung des Genossen Stalin und vernichtet für alle Zeit die faschistische Bestie in ihrer Höhle. Gewaltsam brecht den Rassenstolz der deutschen Frau. Nehmt sie Euch in gerechter Revanche!«

In Ostpreußen betrat die Rote Armee im Herbst 1944 zum erstenmal deutschen Boden. Über die deutsche Zivilbevölkerung brach eine Sturmflut der Gewalt herein. Deutsche Verbände, denen es gelang, von Sowjets besetzte Ortschaften wieder zurückzuerobern, wie Nemmersdorf im ostpreußischen Kreis Gumbinnen, berichteten Grauenhaftes. Frauen waren nackt ausgezogen und gekreuzigt. Mädchen von acht bis zwölf Jahren, selbst eine alte blinde Frau von 84 Jahren, waren vor ihrer Ermordung vergewaltigt worden. Vergewaltigungen und blindwütige Massaker waren an der Tagesordnung.[39] Nach dem Bekanntwerden dieser Greueltaten entschloß sich die sowjetische Führung, die antideutsche Haßpropaganda zurückzunehmen, als deren Wortführer Ilja Ehrenburg galt. Doch gelang es nicht einmal nach dem Waffenstillstand, Exzesse einzelner Rotarmisten zu verhindern. Hierüber gibt es eine Dokumentation, die von der Bundesregierung einer breiten Öffentlichkeit nicht zugänglich gemacht worden ist.[40]

In Friedersdorf, in der Nähe von Seelow, befand sich das Schloß der alten preußischen Familie von der Marwitz. Schinkel hatte es dereinst umgebaut. Es enthielt eine von

Generationen zusammengetragene kostbare Bibliothek und Gemälde und Kupferstiche sowie kostbare Möbel. Die Familie hatte den Besitz verlassen. Ausgeharrt hatte lediglich der Herr von Friedersdorf, Bodo von der Marwitz, mit 52 Jahren ein Mann im besten Alter. Aus seinen Tagebuchaufzeichnungen der damaligen Zeit entnahm ich, wie er sich bis zum letzten Angriff um die Frühjahrsbestellung des Gutsbetriebes mühte, damit es auch im Jahre 1945 eine Ernte gab. Während ich mein Bataillon am 14. März 1945 verlassen hatte, packte der Gutsherr wieder einen Lastkraftwagen, dessen Ziel ein anderes Gut der Familie bei Potsdam war. 13 Säcke wurden mit Büchern gefüllt und damit die wohl ältesten Werte sichergestellt. Wäsche und Teppiche wurden ebenfalls mitgeschickt. Am 15. März 1945 war nach seinen Aufzeichnungen ein wunderbarer Frühlingstag und die Front still. Mit seinem Bericht kommt mir die Erinnerung zurück:

Am 16. März 1945 erfolgte ein Wechsel der Einquartierung in Friedersdorf. Die Division 303 Döberitz wurde in den mutmaßlichen Brennpunkt um die Seelower Höhen eingeschoben. Noch in dieser kritischen Situation bemühte sich der Gutsherr um die Rückstellung von Gutsarbeitern für die Landwirtschaft. Er verfolgte die Evakuierung von Seelow und wie die Landrätin sich die Berechtigung zu bleiben erkämpfte, damit Mädchen, die alle dem Bund Deutscher Mädchen (BDM) angehörten, unter ihrer Führung zur Sammlung von Spinnstoffsachen eingesetzt werden konnten. Der Gauleiter hielt die Gespanne der Evakuierten im Westteil des Kreises fest und verlangte, daß die Flüchtlinge mit nur 35 Kilogramm Gepäck weiter in den Raum Hannover-Braunschweig wanderten. Den Divisionskommandeur namens Scheunemann schilderte der Gutsherr als Oberst Mitte der 30, der sich aus dem Mannschaftsstand hochgearbeitet hatte, ein höflicher, umsichtiger Offizier, der die kommenden Schwierigkeiten richtig einschätzte. Man erwartete, daß stundenlanges Trommelfeuer aus über tausend Rohren den russischen Angriff einleiten werde. Die Soldaten schüttelten den Kopf, daß die Felder noch bestellt wurden und daß so viel Vieh auf den Weiden stand. Sie hielten dem Gutsherrn vor, daß es auf dem ganzen Rückzug so gewesen sei. »Blinde-Kuh-Spiele« bis zu dem Augenblick, da es zu spät war und immer mehr Vorräte in die Hände des Feindes fielen. Bereits am 18. März 1945 bemerkte von der Marwitz etwas mehr Artilleriefeuer, was aber aufschlußreicher war als die unheimliche Stille der letzten Tage.

Auch in seinen Tagebuchaufzeichnungen vom 22. März 1945 wird das Trommelfeuer der russischen Artillerie auf Küstrin und damit auch auf die Stellung des Füsilierbataillons 303 erwähnt. Selbst in Friedersdorf gab es Treffer. Schon einen Tag später wurde auch das Schloß getroffen. Noch am 26. März wurde auf den Feldern gedrillt, am 28. März im Schloß eine musikalische Veranstaltung gegeben, zu der eine Opernsängerin mit ihrem Mann eingeladen war. Der Ehemann rezitierte Gedichte von Münchhausen und Liliencron.

Die Frühjahrsbestellung wurde auf dem Gut auch noch am 29. März fortgesetzt. Noch am 31. März fand abends im Schloß ein Konzert statt, an dem der Divisionskommandeur und Regimentskommandeure teilnahmen. Sie mußten noch nachts in ihre Stellung zurückkehren.

Tags darauf war Ostern und das Drama um Küstrin völlig beendet. Bei jedem ihrer Einsätze hatten die Kompanien des Füsilierbataillons 303 die Hälfte des Mannschaftsbestandes verloren. Ihre Offiziere mußten wegen der Ausfälle mehrmals ersetzt werden. Um die Zeit des Osterfestes war die Verteidigung von Küstrin bereits zusammengebrochen. Der ROB-Kamerad Kohlase aus Wandern, Angehöriger des Füsilierbataillons, der nicht das Glück hatte, befördert und abkommandiert zu werden, schrieb diese Geschichte seiner Erinnerungen aus den Jahren 1944 und 1945. Danach erlebte er das niederdrückendste Osterfest seines bisherigen Lebens. Er war verwundet und gefangen und der Krieg für ihn verloren. Er stammte aus Forst und wußte, ebenso wie ich, nichts über das Schicksal seiner Familie.[41]

Es ist und bleibt erstaunlich, wie anders ein solches Geschehen von Menschen ertragen wird, die nicht unmittelbar betroffen sind. Als es in Friedersdorf noch kultiviert zuging, war auch unser Kasernenalltag in der Stadt Brandenburg fast idyllisch ruhig. Wir drei Fahnenjunker bildeten dort für kurze Zeit noch eilig einberufene Rekruten aus. Sie waren jung, 17 Jahre und kaum älter. Beim Unterricht fiel auf, daß sie wenig über die damaligen Größen des Staates wußten, auch nichts über die Dienstränge der Wehrmacht, und daß sie sich für beides kaum interessierten.

So ruhig war der Dienst in diesen Tagen Ende März, Anfang April 1945 in Brandenburg, daß mir zwei Ereignisse als unangenehm und belastend in Erinnerung geblieben sind. Eines Nachts hatte ich einen Fahnenjunker-Unteroffizier und vier Soldaten in einer Mannschaftsunterkunft zu bewachen. Sie standen wegen Fahnenflucht unter Arrest. Ich hatte die Tür hinter mir abzuschließen und mich in der Nacht im selben Raum mit ihnen aufzuhalten, bewaffnet mit einer Pistole. Auf Fahnenflucht stand Todesstrafe, und ich wußte nicht, ob sie sich nicht vielleicht zu einer Verzweiflungstat aufraffen würden. Sie hätten mich leicht überwältigen können, um aus dem Kasernengelände zu fliehen. In den Gesprächen, in denen wir zusammen peinlichst vermieden, von der Fahnenflucht zu sprechen, schienen sie verunsichert, aber mir gegenüber unbefangen. Die Nacht ging vorüber. Ich habe nicht gehört, was aus ihnen wurde. Ich glaube nicht, daß sie das nahe Kriegsende überlebt haben.

Ein anderes Mal, gegen zwölf Uhr mittags, waren die Pfeifpatronen vom Dach zu hören, abgeschossen von den auf dem Dach postierten Wachen. Für uns waren sie das Signal, sofort die Keller aufzusuchen, weil die feindlichen Flugzeuge in unmittelbarer Nähe waren. Gerade im Keller angekommen, ließen dumpfe, schwere Erschütterungen den Gebäudekomplex erzittern. Als der Angriff vorüber war, hatte das Stabsgebäude nebenan durch Bombeneinschläge solchen Schaden erlitten, daß es unbenutzbar geworden war und gesperrt werden mußte. Schlimmer aber war, daß eine Bombe in einen anderen Treppenaufgang unseres Kasernengebäudes eingeschlagen war und die dreigeschossige, aus Granitstufen bestehende Treppe bis in den Keller zerschlagen hatte. Vom Keller aus konnten wir unter den Stufen im Hintergrund Soldaten liegen sehen, Tote, wie wir meinten. Trotz aller Bemühungen, die schweren Granitstufen abzuräumen, dauerte es drei Tage, bis man zu ihnen vorgedrungen war und feststellen mußte, daß sie erst kurz zuvor gestorben waren.

Im obersten Dachgeschoß mühte sich währenddessen ein Feldwebel, die Möbel aus seiner zertrümmerten Wohnung zu bergen und in dem Schacht, der einmal das Treppenhaus gewesen war, abzuseilen.

Der Krieg hatte in das ruhige Kasernenleben eingegriffen. Bald hörten wir, daß der Russe an Oder und Neiße zu einem Großangriff angetreten war. Was mir im Februar, als wir uns zum erstenmal im Oderbruch hatten eingraben müssen, erspart geblieben war, erlitten nun die deutschen Truppen, die den weiteren Vormarsch der Russen verhindern sollten: pausenloses Trommelfeuer von Haubitzen und Flachbahngeschützen, die wir »Ratsch-bumm« nannten, weil zunächst der Einschlag und erst dann der Abschuß zu hören war, und den Raketenwerferbatterien, als »Stalinorgeln« gefürchtet. Auf einmal Stille, und dann tauchten aus Staub und Dämmerung die angreifenden russischen Truppen auf. Zunächst wurden sie von Maschinengewehren niedergemäht. Doch immer neue Angriffswellen folgten. Hinter ihnen schritten nicht mehr, wie früher, Kommisssare, die die Soldaten nach vorn trieben und jeden erschossen, der zurückwich. Die wenigen Sturmangriffe, die ich erlebte im Februar und März, hatten mich nicht so sehr erschüttert. Man gewöhnt sich daran, daß jeden Augenblick ein Trommelfeuer hereinbrechen und sich damit ein Ansturm ankündigen kann. Es wurde viel erzählt, aber wir waren doch nicht in der Lage, uns ein Bild von dem Geschehen zu machen. Wir konnten uns die Leiden der Soldaten beider Seiten nicht vorstellen. Daß zwei Millionen russischer Soldaten binnen eines halben Monats das Land bis zur Elbe überschwemmen würden – dazu reichte die Phantasie erst recht nicht aus. In der Stube, die ich mit drei anderen Fahnenjunkern teilte, spielte noch oft das Koffergrammophon. Es hatte nur eine Platte. Marlene Dietrich sang: »Johnny, wenn du Geburtstag hast ...«

Das Füsilierbataillon 303 der Division Döberitz gab es nicht mehr. Nur wenige waren aus dem Festungsbereich entkommen. ROB Fritz Kohlase schrieb seine Erinnerungen aus den Jahren 1944 und 1945, besonders auch an den Kampf um Küstrin auf. Zu den wenigen, denen der Durchbruch durch die russischen Linien gelang, gehörte auch der Festungskommandant von Küstrin, SS-Gruppenführer und Generalleutnant der Waffen-SS Heinz Reinefarth. Er konnte sich mit einem kleinen Teil der Besatzung von ursprünglich 11 000 Soldaten und 900 Volkssturmmännern retten.[42]

Was uns junge Soldaten und auch die noch übriggebliebenen, erfahrenen Frontkämpfer bewog durchzuhalten, hatte verschiedene Gründe. Halt gab in der Truppe vor allem der Kameradenkreis. Das galt besonders für die traditionellen Verbände der 20. und 25. Panzergrenadierdivision. Lebenserfahrung, Erziehung und das Wissen, sich im Kampf aufeinander verlassen zu können, ließen uns nicht aufgeben.

Wo die geforderte bedingungslose Kampfmoral nicht ausreichte, hatte das Regime Sicherungen eingebaut. Wer in die Räder dieser hinter der Front arbeitenden Organisation geriet, für den war der Kontakt mit dieser Maschinerie ebenso gefährlich wie der Einsatz an der Front. Das machte die Abteilung NS-Führung beim AOK 9 mit ihren Hinweisen Nummer 4 vom 26. Februar 1945 in aller Offenheit deutlich. In der Armee des Generals Busse wurde danach gefordert, den »Geist der Resignation und des Sichgehenlassens« rücksichtslos zu bekämpfen, wobei in jedem Falle »die nötige Härte stehen muß«. In dem Hinweis wurde weiter die »rücksichtslose Bekämpfung der Feigheit und Drückebergerei, die Ausmerzung von Verrätern und Schwächlingen und die Form ihrer Brandmarkung, die gleichzeitig als Abschreckung und warnendes Beispiel für andere wirkt« beschrieben. »Wer sich außerhalb der deutschen Sache stellt, hat ohnehin keinen Anspruch darauf, mit deutschem Maß gemessen zu werden.«[43] – »Wer mit der Waffe in der Hand tapfer und entschlossen kämpft, hat viel mehr Aussicht, sich dem Zugriff des Feindes zu entziehen, als derjenige, der seinen Posten verläßt und durch feiges Zurückgehen dem Feind die Mittel in die Hand gibt, die Stellung zu überrennen.«

Wie aus dem überlieferten Einsatzbefehl Nummer 6 des Feldjägerkommandos (MOT) III hervorgeht, war es der Heeresgruppe Weichsel zugeteilt und wurde im rückwärtigen Gebiet der 9. Armee eingesetzt. Ihm unterstellt waren das Feldregiment (MOT) III, der Auffangstab SS-Brigadeführer Fiedler und der Auffangstab SS-Brigadeführer Gudewill. Zu ihren Aufgaben gehörte das Auffangen von Einzelversprengten und Splittergruppen. In einem Fernschreiben forderte Generalfeldmarschall Keitel am 7. Februar von den Feldjägerkommandos in diesem Stadium des Krieges rücksichtslose Härte, Pflichterfüllung und Anwendung radikaler Mittel. Er erinnerte daran, daß »Wehrmachtsstreifenkommandeure berechtigt sind, unter den Voraussetzungen des § 13 a der Kriegsstrafverfahrensordnung Standgerichte zu bilden. Rcicht die Standgerichtsbarkeit nicht aus, ist rücksichtlos von der Waffe Gebrauch zu machen.«

Um die Wirkung der Strafen zu erhöhen, hatte General Busse, wie aus der Niederschrift eines undatierten Telefonats mit Himmler hervorgeht, durch seinen Befehl erreicht und in der Armeezeitung angeordnet, daß Exekutionen wegen Fahnenflucht und Feigheit öffentlich bekanntgegeben wurden.

Auch die Hoffnung der Bevölkerung auf Evakuierung erwies sich als trügerisch. Die deutsche Führung lehnte sie ab. Anfang März war auf einer Besprechung von Staatssekretären in Berlin festgestellt worden, daß im Osten eine weitere Evakuierung westlich der Oder nicht mehr möglich sei. An der Oderfront hatte Himmler am 3. Februar 1945 »eine völlig geregelte Evakuierung« der Frauen und Kinder aus dem Brückenkopf Schwedt in das Gebiet Angermünde/Prenzlau und später, entsprechend einem Befehl Hitlers, die Räumung einer Kampfzone 15 Kilometer hinter der Hauptkampflinie angeordnet. Ein großer Teil der Bevölkerung machte sich auch ohne staatliche Vorsorge, wenn diese überhaupt noch in die Tat umzusetzen war, auf den Weg nach Westen.

»KOMMT RÜBER,
DER PUDDING IST FERTIG«

Wie sich die Kämpfe im Hauptstoßbereich des Oderbruchs entwickelt haben, ist aus Berichten der russischen Armeeführer ersichtlich. An dem wichtigsten Kampfabschnitt der Heeresgruppe Weichsel stand die 9. Armee, die sowjetische Offensive abzuwehren und die Front zu halten. Die besten Divisionen und die größte Zahl der noch zur Verfügung stehenden schweren Waffen befanden sich in ihrem Bereich. Der Armee gegenüber standen im Angriffsbereich auf russischer Seite 768 100 Mann mit 1792 Panzern, 1360 Selbstfahrlafetten, 16 179 Geschützen und Granatwerfern und 1665 Flakgeschützen sowie 3188 Flugzeugen. (Darüber gibt es allerdings unterschiedliche Angaben, die sich vermutlich auf unterschiedliche Zeitpunkte beziehen.)
Die Eröffnung der Schlacht am 16. April 1945 in den Frühstunden war für den Gegner ein völliger Fehlschlag gewesen. Das Trommelfeuer war auf geräumte Stellungen niedergegangen. Die 143 sowjetischen Scheinwerfer im Abstand von rund 200 Metern richteten ihre Lichtkegel auf Qualm und Staub, den sie nicht durchdringen konnten.[44] Sie waren nicht auf die Wolken gerichtet wie bei der »Künstlichen-Mondlicht-Technik« der Engländer, sondern horizontal auf das Schlachtfeld. Die Scheinwerfer erzeugten Nachtblindheit und gaben der Truppe das unangenehme Gefühl, eine Silhouette für ein gutes Ziel abzugeben. Deshalb verlangten ihre Kommandeure auch das »Abschalten der Fest-

beleuchtung«. Bei Tagesanbruch hatten die Russen mit 455 Bombern und 730 Jagdflugzeugen im Gefechtsgelände keinen Erfolg, weil die Sichtverhältnisse nicht ausreichend waren.

Einen Überblick bieten die Darstellungen des Marschalls Schukow, der seinen Gefechtsstand auf einem Höhenzug der westlichen Oderseite, der Reitweiner Nase, errichtet hatte. Von hier konnte die sowjetische Heeresleitung das Gebiet übersehen, in dem die 8. Gardearmee in Richtung auf die Seelower Höhen vorging. Jede russische Armee hatte einen Geländestreifen von drei bis acht Kilometern Breite zugewiesen bekommen und stand damit wohl kaum mehr als zwei deutschen Divisionen gegenüber. Die Erfolge der Russen waren trotzdem nicht zufriedenstellend, denn ihre Angriffe blieben in dem überfluteten und sumpfigen Gelände vor den Seelower Höhen stecken und wurden noch verlangsamt durch das Eingreifen einer russischen Panzerarmee. Schukow hatte sie nicht zurückgehalten, sondern in die Schlacht geworfen und dadurch die rückwärtigen Nachschubstraßen verstopft.

Anders verlief der Angriff im Raum Forst-Muskau, wo der Oberbefehlshaber Konjew bereits gegen Abend die dritte Verteidigungslinie bei Cottbus-Spremberg angreifen konnte, wo sich die deutschen Truppen ungeordnet zurückgezogen hatten. Das Vordringen der 1. Ukrainischen Front südlich des Spreewalds führte zur Einkesselung der 9. Armee und zu ihrem Ausbruchsversuch bei Halbe.

Die 9. Armee verteidigte einen Frontabschnitt von 130 Kilometern Länge zwischen südlich Schwedts und südlich Gubens. Die weit unterlegenen deutschen Truppen wehrten sich trotz fehlender Luftunterstützung und Munitionsmangels mit äußerster Tapferkeit.

Der sowjetischen 8. Armee standen im Süden die Division 303 Döberitz mit einer Kampfstärke von 3474 Mann und die 20. Panzergrenadierdivision mit einer nur wenig größeren Kampfstärke gegenüber. Die Weißrussische Front (Front ist die russische Bezeichnung für den deutschen Begriff »Heeresgruppe«) konnte ihre 768 000 Soldaten voll einsetzen, weil mit Gegenangriffen von deutscher Seite nicht mehr zu rechnen war. Nach harten Kämpfen am 17. April konnten sich die Russen auf den Angriff gegen die Seelower Höhen, die sogenannte Hardenberg-Linie, vorbereiten. Der Angriff begann am 18. April 1945 und dauerte bis zum 20. April. Während dieser Kämpfe erlitten die Russen im Bereich der Seelower Höhen hohe Verluste – mindestens 33 000 Mann. Nördlich von Seelow wurde bereits im Bereich von Müncheberg gekämpft. Die Russen waren in Richtung Fürstenwalde in den Rücken der deutschen Truppen vorgestoßen. An einzelnen Stellen war ihnen der Durchbruch bereits am 18. April 1945 gelungen.

Bei Beginn des Angriffs wußte ich nur, daß er sich in der Nähe von Küstrin in Richtung auf die Seelower Höhen abspielte, dort, wo ich nach meiner Ernennung und Beförderung zwei bis drei Tage verbracht hatte. Ich wußte, daß der südliche Angriff bei Forst stattfand, das sechs Wochen lang Hauptkampflinie gewesen war. Telefonverbindungen gab es nicht mehr, aber ich war überzeugt, daß auch meine Mutter und meine Schwestern geflohen waren. Ich hoffte, daß sie in Sicherheit waren.

Wir hatten bereits während der Kämpfe Anfang Februar die Lautsprecherübertragungen der Russen in deutscher Sprache gehört, mit denen die deutschen Soldaten zur Desertion aufgefordert wurden. Wir hatten die gequälten deutschen Frauen in russischen Gräben schreien gehört. Und immer wieder die Aufforderung: »Kameraden, macht das Kochgeschirr klar, kommt rüber, der Pudding ist fertig.«

Anfang April kündigte ein propagandistisches Trommelfeuer die bevorstehende Schlacht an. Versteckte Lautsprecher verbreiteten Lageberichte. Die Wahrheit in diesen letzten Tagen der großen Schlacht war, daß die Alliierten über unerschöpfliche Reserven an Menschen und Material verfügten. Deutschland dagegen war am Ende, seine Rüstungsbetriebe waren, ebenso wie in vielen Städten die Wohnviertel, zerbombt. Greise und Volksschüler wurden zum Volkssturm einberufen.

Im Abschnitt des Hauptvorstoßes der Front, schreibt Marschall Schukow, standen pro Kilometer bis zu 270 Geschütze und Granatwerfer mit einem Kaliber von 76 Millimeter und darüber. Der gewaltigen Streitmacht Schukows stand General Busses 9. Armee mit zwölf Divisionen in Front und drei in Reserve gegenüber – insgesamt etwa 235 000 Mann. Die überlieferten Zahlenangaben mögen schwanken und ungewiß sein. Nach russischen Darstellungen betrug das Kräfteverhältnis zwischen der 1. und 2. Weißrussischen Front und der Heeresgruppe Weichsel an Oder und Neiße an Soldaten 2,5 zu 1, 2 500 000 Russen standen 1 000 000 Deutschen gegenüber. Das ungleiche Verhältnis bei Geschützen und Granatwerfern betrug 4 zu 1, bei Panzern und Sturmgeschützen 4,1 zu 1 und bei Kampfflugzeugen 2,3 zu 1, wobei die deutschen Flugzeuge wegen Treibstoffmangels kaum noch einsatzfähig waren.

Am 4. April 1945 hatte General Hasso von Manteuffel, Oberbefehlshaber der 3. Panzerarmee, die im Norden der Armee des Generals Busse stand, mit dem Chef des Generalkommandos des XXXXVI. Panzerkorps, General Gareis, bereits eine Besprechung über Fragen der Verteidigung. Beide stimmten nach dem Tagebuch des Generals Gareis überein, daß es bei einem Zusammenbrechen der Oderfront kein Halten mehr geben würde. Dann könne es nur noch das Ziel geben, Soldaten und Zivilbevölkerung nach Westen zu führen.

In den frühen Morgenstunden des 14. April 1945 brach ein eineinhalbstündiges Trommelfeuer über die deutschen Truppen im Oderbruch herein. Im Abschnitt Lebus wurde die 712. Infanteriedivision südlich von Küstrin angegriffen, konnte sich jedoch halten. Sie zählte an diesem Tage 500 gefallene russische Soldaten. Die nördlich davon stehende 169. Infanteriedivision wies ebenfalls mehrere von Panzern unterstützte Angriffe entlang der Bahnlinie Reitwein–Podelzig ab. Die wiederum nördlich davon in der Niederung liegende Division 303 Döberitz wurde von etwa drei Schützendivisionen und einer Panzerbrigade nach schwerer Artillerievorbereitung angegriffen. Der Division, bis zum Gut Sachsendorf zurückgedrückt, gelang es, den weiteren Durchbruch der russischen Verbände zu verhindern. In der Tagesmeldung hieß es dazu unter Nr. 8:

»Um Nennung im Nachtrag zum Wehrmachtsbericht wird gebeten: Die Sturmgeschützlehrbrigade 920, unter Führung ihres Kommandeurs Major Knapp, vernichtete am 14. April bei den Abwehrkämpfen im Raum Küstrin bei nur einem eigenen Verlust 36 Panzer, 2 schwere PAK und ein Flakgeschütz und schoß 3 weitere Panzer bewegungsunfähig.«[45]

Das von Vorposten der 303. Infanteriedivision Döberitz besetzte Dorf Alt Tucheband konnte gegen den übermächtigen Angriffsdruck nicht gehalten werden. Der Angriff zielte genau auf die Seelower Höhen.

Ihren Angriffsmethoden entsprechend setzten die Sowjets am 15. April die Angriffe nicht fort, sondern füllten ihre Verbände auf, schoben neue Divisionen nach und rüsteten zum letzten Schlag.

In dieser Nacht zum 16. April 1945, um 22.34 Uhr, erlebte Berlin den 378. Luftalarm des Krieges. In drei Wellen flogen 200 Flugzeuge der Royal Air-Force die Reichshauptstadt an und bombardierten sie. Von den Bränden war der Himmel so gefärbt, daß man den Feuerschein bis an der 60 Kilometer entfernten Oderfront sah.

In den Oderbrückenköpfen wurden die letzten Vorbereitungen zur »Operation Berlin« getroffen. Die Sturmtruppen nahmen ihre Ausgangsstellungen ein. Die Panzerfahrzeuge zogen vor. Die deutschen Truppen hörten das Dröh-

nen der Panzermotoren und wußten, daß die Geschütz-
mannschaften jetzt die Granaten zurechtlegten und gegen
Morgen das Trommelfeuer beginnen würde.

An diesem engen Frontabschnitt wurden in kürzester Frist
68 Schützendivisionen, 3155 Panzer und Selbstfahrlafetten
und 42 000 Geschütze und Granatwerfer für den Angriff zu-
sammengezogen. Oberbefehlshaber Schukow war davon
überzeugt, den Gegner in kürzester Zeit »zerschmettert« zu
haben. Etwa um 3.00 Uhr morgens begann das Feuer der
vielen tausend Geschütze, Granatwerfer und Katjuschas,
der auf Lastkraftwagen montierten Salvengeschützen, der
»Stalinorgeln«.[46]

Der Kommandant eines deutschen Tiger-Panzers der SS-
Panzerabteilung 502 hat dieses Inferno aus deutscher Sicht
beschrieben. Es sei gewesen, so schrieb er, als habe sich der
Vorhang zum letzten Akt des furchtbaren Dramas gehoben,
als im langsam aufdämmernden Morgen ein Trommelfeuer
von unvorstellbarer Wucht und Gewalt losbrach. Aus der
Oderbruchniederung, den Höhen dicht vor Lebus und Reitwein bis hinüber nach Seelow schien das ganze Land zu
brennen. Vor den Truppen und hinter ihnen lag ein mörde-
risches Stahlgewitter. 20, 30 schwarze Schatten von
Schlachtfliegern huschten über die Häuserruinen und warfen Traubenbündel schwerer Phosphor- und Sprengbomben
in jedes Waldstück, in die hinter Straßen und in Geländefal-
ten verborgenen deutschen Artillerie- und Flakstellungen
bis tief in das Land hinein. Vom vordersten Schützenloch bis
zum hintersten Graben harrten die Deutschen hinter ihren
Maschinengewehren, Kampfständen, Funkgeräten, Karten-
tischen der entscheidenden Stunde entgegen. Reserven
rückten in ihre Bereitstellungen und Verteidigungsräume.[47]

Beim Einsatz der russischen Scheinwerfer begannen die sowjetischen Sturmtruppen ihren Angriff. Mit ungeheurer
Übermacht warfen sie an verschiedenen Stellen die deutsche Verteidigung zurück. Es war ein heißer Kampf in son-

nigem Frühlingswetter. Die ersten Bruchstellen in der Front der 9. Armee zeigten sich beiderseits der Seelower Höhen.[48] Südwestlich von Frankfurt und der Autobahn zum Berliner Ring befand sich im Dreieck zwischen der Straße nach Müllrose und der nach Westen führenden Autobahn eine zweite Kampflinie bei Markendorf und Hohenwalde. Füsiliere und Soldaten der Waffen-SS hatten dort Stellung bezogen. Sie wurden am Morgen des 16. April von russischen Schlachtfliegern angegriffen und mit Bomben und Bordwaffen bekämpft. Am Vormittag stürmten dort Gruppen in deutschen Uniformen mit den Rufen: »Nicht schießen, Kameraden!« auf diese zweite Linie zu. Es waren Seydlitz-Leute, die auf russischer Seite kämpften. Die meist kampfunerfahrenen älteren Männer waren verwirrt, und ehe sie begriffen hatten, daß sie überrumpelt wurden, hatten sich die Seydlitz-Leute an mehreren Stellen in der Hauptkampflinie festgesetzt und das Feuer auf die Besatzungen der Sturmgeschütze und der Panzerabwehrkanonen eröffnet. Da es gelang, die Seydlitz-Leute zurückzuschlagen bzw. zu vernichten, wurde die folgende zweite Welle, ein russisches Regiment, völlig zusammengeschossen, da es mit der deutschen PAK und den Sturmgeschützen nicht mehr gerechnet hatte. Hier in diesem Raum entwickelten sich Kämpfe, bei denen motorisierte und gepanzerte SS-Einheiten zunächst ein weiteres Vordringen der Russen vereitelten.[49]

MARSCHBEFEHL –
RICHTUNG KANONENDONNER

Etwa am 16. oder 17. April erreichte mich und meine beiden Kameraden in der Stadt Brandenburg der Marschbefehl an die Front. Daß der Zusammenbruch nahe war, ahnten wir. Noch immer hofften wir, daß die Amerikaner und Engländer vom Westen her nach Berlin marschieren würden. Am 14. April hatte ein großer Fliegerangriff Potsdam zerstört. Als wir mit dem Bus durch die Stadt fuhren, um zur S-Bahn zu kommen, sahen wir die noch rauchenden Trümmer. Was an kulturellen Schätzen, an Bauwerken und unersetzlichen historischen Werten zerstört sein konnte, kam mir bei dieser Fahrt nicht in den Sinn. Sanssouci, den Park und das neue Palais kannte ich nicht. Erst 45 Jahre später, im Frühjahr 1990, sah ich das Schloß, die Halle, in der der König mit seinen Freunden zur Tafel gesessen hatte, und den Sessel, in dem er, von einem Kammerdiener gestützt, starb. Die Gemälde an den Wänden waren beschädigt. Nicht durch den Krieg, sondern in den Jahrzehnten danach, als die Mittel zur Instandsetzung fehlten, traten Beschädigungen auf.
Als ich an diesem Apriltage 1945 durch Potsdam fuhr, kannte ich auch das Schloß Cecilienhof noch nicht, das englischste der deutschen Schlösser, das noch während des Ersten Weltkrieges als Sitz des Kronprinzen erbaut worden war. Den drei Staatschefs der Siegermächte hat es nur drei Monate später als Versammlungsort der Potsdamer Konferenz gedient: Hier wurde die unselige Nachkriegsordnung Europas beschlossen.

Wie ich über Potsdam durch Berlin nach Osten gekommen bin, weiß ich heute nicht mehr, ob quer durch die Stadt oder über den S-Bahn-Ring, jedenfalls gelangte ich mit dem Marschbefehl nach Fürstenwalde und damit in den Kessel östlich Berlins, denn die Russen waren bereits in den Norden Berlins und im Süden bis Königs Wusterhausen durchgestoßen. Den Kanonendonner im Norden konnten wir hören. General Busse versuchte, die nun offene Nordflanke seiner 9. Armee gegen die sowjetischen Vorstöße in Richtung Fürstenwalde zu sichern. Die sowjetischen Verbände bedrohten den Rücken von zwei Infanteriedivisionen, die sich noch immer an der Oder im Bereich der Festung Frankfurt hielten. Da sich die Lage schnell verschlechtert hatte, galt es, die Rückzugstraßen über die Oder zwischen Frankfurt und Fürstenwalde offenzuhalten und das anschließende Gebiet zwischen Fürstenwalde und dem Müggelsee an dem natürlichen Hindernis der Spree, der Verlängerung des Oder-Spree-Kanals, abzusichern.

Wir drei Fahnenjunker, Heiner, Hotte und ich, hatten den Marschbefehl, uns beim Divisionsgefechtsstand zu melden, aber im allgemeinen Durcheinander weder die Möglichkeit noch Eile, dort anzukommen. Bei dem Versuch, uns im Durcheinander zu orientieren, wurden wir Gäste einer Fliegereinheit, die sich in der Mitte der beiden Frontlinien befand. Die Leute wirkten noch gelassen. Welche Aufgabe sie hatten, war für uns nicht erkennbar. Sie waren motorisiert und hielten sich dort auf, weil dies die beste aller Lösungen schien. Da wir wußten, daß die Russen bereits auf den Norden von Berlin zustießen und Strausberg erreicht hatten, waren wir mit unserem neuen Standort östlich von Berlin zufrieden, hatten wir doch die Hoffnung, uns in Richtung Berlin absetzen zu können. Wir waren noch am 21. April bei den Fliegern und hörten den Schlachtlärm von ferne. Wo wir bei dem allgemeinen Rückzug unsere Division suchen sollten, wußten wir nicht. Wir vermuteten richtig, daß uns drohte, vom Norden wie vom Süden her eingekesselt zu werden.

Der Vormarsch der 1. Ukrainischen Front des Marschalls Konjew entlang der Autobahn Cottbus – Königs Wusterhausen war für die Armeeführung bereits erkennbar, denn er sollte ein Ausweichen nach Süden verhindern. Auch diese Flanke mußte die 9. Armee neben der von ihr noch gehaltenen Oder-Neiße-Front abdecken. Ähnlich sah es an der Nordflanke der 9. Armee aus. Wir hörten am 21. April auch im Nordwesten Gefechtslärm, der, wie ich inzwischen weiß, von den Kämpfen mit der 3. Armee der Russen herrührte, die auf Prieros zustieß und von dort in den Süden von Königs Wusterhausen gelangte und die Einkesselung vollendete.

Unsere Gastgeber von der Luftwaffe wurden spürbar unruhig. Der Leutnant der Einheit hatte sich, ordentlich, wie es in einer Armee nun einmal zugeht, nach dem Divisionsgefechtsstand unserer Division erkundigt und kam an einem Nachmittag mit der Nachricht, daß er jetzt wisse, wo der Gefechtsstand sei; er werde uns, sobald es dunkel sei, dort hinfahren. Wegen der vielen sowjetischen Schlachtflieger war dies am Tage nicht mehr möglich. So brachen wir gegen Abend im Dunkeln auf und fuhren eine ganze Weile, bis der Wagen auf einer Chaussee hielt. Unser Gastgeber zeigte uns eine riesige Baumgruppe in ca. 200 Metern Entfernung, unter deren Umrissen man einen Bauernhof vermuten konnte. Dies, so sagte er, sei der Gefechtsstand unserer Division. Er wünschte uns viel Glück und verschwand nach einem fast kameradschaftlichen Abschied mit dem Wagen in der Dunkelheit. Ich glaube, er war auch froh, daß er uns los war, denn auch den Luftwaffenleuten drohte Infanterieeinsatz. Wir drei Infanteristen hätten bei der kleinen Einheit schon Hinweise für eine entsprechende Verwendung liefern können. Da standen wir nun auf der Chaussee und blickten auf die Baumgruppe, die in einer leichten Senke lag, und ahnten, daß da ein Gebäude war – der Gefechts-stand. Alles schien ruhig und friedlich.

Es muß entweder in der Nähe von Storkow oder Bad Saa-row gewesen sein, zwei Orten südlich der Autobahn von Frankfurt zum Berliner Ring und etwa 8 Kilometer ausein-ander. Storkow liegt etwa zehn Kilometer südlich des Oder-Spree-Kanals. Es könnte tatsächlich der Stab der Division 303 gewesen sein, denn am 22. April ist ihre Stellung am Oder-Spree-Kanal verzeichnet.

Uns war klar, daß uns drei Fahnenjunker nichts anderes als ein Einsatzbefehl erwartete. Wir hatten keine gute Vorah-nung, weil keine Bindung an einen bestimmten Truppenteil der Division, keine Kameraden, die man kannte und auf die man vertrauen konnte, mehr da waren. Ich fragte die beiden, ob sie das Haus mit dem Divisionsgefechtsstab sähen. Sie sa-hen es nicht. Wir gingen ein wenig im Kreis herum und sahen immer noch nichts – nichts rührte sich. Da wir nicht einmal auf Posten stießen, beschlossen wir, den nächsten größeren Ort aufzusuchen und kamen nach Storkow, wenn es nicht, woran ich mich nicht mehr erinnere, Bad Saarow gewesen ist. Weil wir den naiven Gedanken hatten, vielleicht einem Pan-zerjagdkommando zugeteilt zu werden, entgingen wir dem Befehl, uns den Resten unserer angestammten Division an-zuschließen oder einem anderen Truppenteil überstellt zu werden, der im weiteren Verlauf der Kesselschlacht stets Kontakt mit von Norden nachdrängenden russischen Trup-pen gehabt hätte. Der Westen, wohin wir wollten, wäre uns versperrt gewesen.

Unser Verhalten war rechtlich als Fahnenflucht zu werten. Um unseren Marschbefehl zu erfüllen, hätten wir nur das Gebäude betreten und uns melden müssen. Offen bleibt da-bei nur, ob in dem Gebäude tatsächlich der Stab unterge-bracht war. Ein Kriegsgerichtsverfahren hätte vielleicht mit einer Degradierung geendet. Ein Standgericht hätte uns auf der Stelle zum Tode verurteilt.

Über uns verfügten andere, und dagegen gab es nichts. Am deutlichsten wird unsere Hilflosigkeit am Verhalten des SS-Obergruppenführers Steiner dokumentiert, eines Generals der Waffen-SS. Steiner war junger Offizier im Ersten Weltkrieg gewesen, hatte im 100000-Mann-Heer gedient und war 1935 in die SS-Verfügungstruppe eingetreten. Bei Ausbruch des Zweiten Weltkriegs war er Regimentskommandeur und schuf 1941 die SS-Division Wiking, einen Verband von Freiwilligen aus sechs europäischen Ländern, die im Osten gekämpft hatten. 1943 stellte er das 3. SS-Panzerkorps auf. Er war eine Vatergestalt seiner Freiwilligen aus allen Teilen Europas. Er blieb bei seinen europäischen Freiwilligen, die er jahrelang geführt hatte, und wollte mit ihnen auch in die letzte Runde des Krieges gehen. Sein Truppenverband war nördlich der 9. Armee eingesetzt und bildete die Verbindung zu der nördlich davon eingesetzten 3. Panzerarmee des Generals Hasso von Manteuffel.

In der Tagesmeldung der Heeresgruppe, zu der die Armee Steiners gehörte, fehlten am 22. April Nachrichten von ihm. Am Nachmittag dieses Tages im Bunker der Reichskanzlei wurden Generaloberst Jodl und General Krebs in ihrem Lagebericht von Hitler mit der plötzlichen Frage unterbrochen: »Wo ist Steiner mit seiner Armee?« Erörterungen und Erklärungen, daß es Steiner kaum gelingen würde, in wenigen Stunden aus zusammengewürfelten Truppenteilen einen einigermaßen schlagkräftigen Angriffsverband zusammenzubringen, wollte Hitler nicht hinnehmen.

Noch am gleichen Tage, um 17.15 Uhr, ging ein Fernschreiben von der Reichskanzlei bei der Heeresgruppe Weichsel ein, wonach die Armee-Einheit Steiners sofort zum Angriff antreten solle. Der General Krebs werde sich noch mit Steiner in Verbindung setzen. Daraufhin ging um 22.25 Uhr ein Fernschreiben bei der Heeresgruppe Steiners ein, mit dem ihm befohlen wurde, in die Flanke des nach Westen vorstoßenden Feindes vorzudringen, ohne auf Verstärkungen zu warten. Wandlitz im Norden Berlins bei Oranienburg sollte erstes Angriffsziel sein. Noch am späten Abend des 22. April kam es zu einem Telefongespräch zwischen Krebs und Steiner, das General Steiner selbst als dramatisch und makaber bezeichnete. Krebs habe von der Entscheidungsschlacht um Berlin gesprochen, die unter persönlicher Führung Hitlers beginnen werde. Die 12. Armee unter General Wenck werde an der Elbe kehrtmachen und Berlin vom Südwesten her erreichen. Die 9. Armee unter General Busse habe den Auftrag, von Osten her auf Berlin zu marschieren und die Einschließung der Stadt von dort aus zu verhindern. »Und Sie«, fuhr General Krebs fort, »werden von Norden auf Spandau vorstoßen und damit den Ring um Berlin von Norden öffnen.«

Steiner widersprach, weil sich ihm die Lage ganz anders darstellte. Wenck besitze nur wenige Divisionen, davon nicht einmal eine voll kampfkräftige. Busse sei, soweit er orientiert sei, eingeschlossen und werde es schwer haben, den Einschließungsring zu sprengen. Gelänge es ihm, dann könnten sich nur noch Trümmer retten. Steiner wies darauf hin, daß er nur über drei Divisionen verfüge. Ein Angriff sei undurchführbar und sinnlos. In diesem Augenblick brach das Gespräch ab. Steiner wurde an diesem Tage bewußt, daß alle Bemühungen, Berlin den Kampf zu ersparen und die Stadt zur offenen Stadt zu erklären, von Hitler und Goebbels durchkreuzt werden würden.

Steiner, der bei Besprechungen mit Himmler, Dönitz, Göring und Heinrici lange vor dem russischen Großangriff hatte durchblicken lassen, daß der Krieg militärisch verloren sei, hatte inzwischen zu Generalfeldmarschall von Blomberg in Wiessee Kontakt aufgenommen und vorgeschlagen, gegenüber den Westmächten zu kapitulieren. Er trug sich auch mit dem Gedanken, einen Verband nach Berlin marschieren zu lassen, um Hitler festzusetzen. Steiner führte die nördlich Berlins im Kampf stehenden Truppen genauso wie General von Manteuffel kämpfend nach Westen, um sie in westliche Gefangenschaft zu verbringen. Heute weiß man, wie sich die Führer der großen deutschen Heeresverbände gegenüber der Lage und den jeder Realität widersprechenden Befehlen Hitlers aus dem Bunker der Reichskanzlei verhielten. Ihr Verhalten war unterschiedlich. Zwischen Generälen des Heeres und der Waffen-SS war dabei nicht zu unterscheiden. Sie verhielten sich, wie es ihrem Charakter und ihrer Persönlichkeit entsprach.

Wenn ich heute an die Szene auf der Chaussee und an das Gehöft, in dem wir den Gefechtsstand vermuteten, denke, erinnere ich mich, was ich inzwischen über die allgemeine Lage aus der Sicht des Befehlsbunkers unter der Reichskanzlei und das Verhalten der großen militärischen Führer gelesen habe. Diejenigen, die ideologisch Hitler verfallen waren und seinem engeren Kreis angehörten, unternahmen meist keinen Versuch, irgend etwas für das Volk in seiner verzweifelten Lage zu tun. Diejenigen militärischen Führer, die selbständig handeln konnten, verfolgten eigene Ziele, die der Fürsorge für die ihnen anvertrauten Truppen und Teile der Zivilbevölkerung dienten. Wenn sie nicht in den Endkampf um Berlin hineingezogen wurden oder sich nicht hineinziehen ließen, fiel ihnen diese Haltung leichter als denen, auf die Hitler und sein Führungsstab Einfluß nehmen konnten. Selbständigkeit bewahrten sich im Norden von Berlin der Chef der Heeresgruppe Weichsel, General Heinrici, sowie General von Manteuffel mit den nördlichen Teilen der Heeresgruppe Weichsel und den nach Norden abgesprengten Teilen der 9. Armee, außerdem noch General Steiner mit dem ihm nahestehenden SS-Führer Ziegler, im Süden General der Panzertruppe Wenck mit der 12. Armee. Schwierigkeiten hatte General Weidling, der sich widersprechenden Befehlen ausgesetzt sah. General Busse wollte die Stärkung der 9. Armee und Hitler den Einsatz in

Berlin; beide drohten mit Erschießung von Weidling.[50] Schließlich wurde er noch Kampfkommandant in Berlin. Ein Foto vom 2. Mai 1945 ist überliefert und zeigt, wie er vor einem Haltung annehmenden Rotarmisten den Bunker der Reichskanzlei verläßt. Seine eleganten Stiefel hatte er gegen einfaches Schuhwerk und Wickelgamaschen eingetauscht, wohl, wie man vermuten kann, in der Hoffnung, mit einigermaßen tragbarem Schuhwerk in Gefangenschaft zu gehen. Die Reitstiefel eines Generals hätten allzuleicht die Begehrlichkeit der Sieger wecken können.

Der Oberkommandierende der 9. Armee, General Busse, hatte bei den anstehenden Entscheidungen die schwerste Rolle. Am 21. April hatten die Russen bereits um 11.30 Uhr begonnen, das Stadtzentrum mit Belagerungsgeschützen und schwerer Artillerie zu beschießen. Während der Lagebesprechung im Führerbunker wollte Hitler einen Vorstoß der 9. Armee nach Norden, um so Schukows Angriff abwenden zu können. Hitler war auf die Verteidigung Berlins festgelegt. Sein Befehl lautete:

»Ein Ausweichen für alle Truppenteile nach Westen ist verboten. Offiziere, die sich dieser Anordnung nicht bedingungslos fügen, sind festzunehmen und augenblicklich zu erschießen. Sie selbst mache ich mit Ihrem Kopf für die Durchführung dieses Befehls verantwortlich. Von dem Erfolg Ihres Auftrags hängt das Schicksal der deutschen Reichshauptstadt ab.«

Keiner der Anwesenden wagte es zu widersprechen. General Steiner war über die ihm erteilten Befehle entsetzt. Wesentliche Teile von Steiners Truppe standen bereits im Kampf. Als sich daraufhin General Heinrici mit General Krebs, Generalstabschef des Heeres, über die Befehle gegenüber der Armeeabteilung Steiners unterhielt, verlangte Heinrici die Zustimmung Hitlers zum sofortigen Rückzug der 9. Armee, weil Schukows Angriff auf Königs Wusterhausen bereits die Verbindungswege der 9. Armee nach

Berlin abgeschnitten hatte. Heinrici erreichte nur, daß sein Chef des Generalstabs, General Kinzel, durch Generalmajor von Trotha, einen überzeugten Nationalsozialisten, ersetzt wurde.

Die Einschließung der 9. Armee war vollendet. Die Truppen der beiden russischen Fronten waren nur noch durch ausgedehnte Wasserläufe voneinander getrennt. Konjews Befehl hatte gelautet, die Einschließung der deutschen Kräfte im »Spreewaldkessel« bis zum 24. April zu vollenden. Dazu hatte er außerdem zwei Infanteriedivisionen im Raum Baruth in Bereitschaft gestellt, um einen eventuellen Ausbruch nach Westen oder Südwesten zu verhindern. Die Sicherungskräfte sollten alle möglichen Ausfallstraßen für Infanterie und Panzer sperren. Konjew mußte bei einem Durchbruch der 9. Armee im Bereich der Autobahn Berlin–Dresden–Cottbus befürchten, daß seine für die Versorgung der kämpfenden Truppe wichtige rückwärtige Front gefährdet war.

Mit der 9. Armee waren Zehntausende aus den östlichen Reichsprovinzen in die in der Nähe liegenden Wälder des Spreewaldes geflüchtet. Weitere Flüchtlinge aus der unmittelbaren Umgebung des Kampfgebietes waren hinzugekommen. Zwar herrschte an Verpflegung kein Mangel, aber die Nachrichtenverbindungen der einzelnen Teile im Kessel verschlechterten sich. Militärische Einheiten und Gruppen von Zivilisten waren kaum führbar gemischt. Neben Treibstoff fehlte es seit dem 21. April an Artilleriemunition. In dieser Situation riet der Chef der Heeresgruppe Weichsel, General Heinrici, dem General Busse, sich vom Feind zu lösen und Hitlers Befehl, die Oder zu halten, zu ignorieren. Am 22. April erhielt Heinrici aus dem Führerbunker auf nachdrücklichen Vorhalt die Erlaubnis für den Rückzug der Besatzung der »Festung Frankfurt«. Ihr Kommandant konnte sich nach wirkungsvoller Verteidigung gegen eine vielfache Übermacht mit seinen tapferen Soldaten zur 9.

Armee zurückkämpfen. Ein Durchbruch wurde der 9. Armee weiterhin verweigert. Vielmehr erhielt sie gegen Abend einen Führerbefehl, auf der Linie Cottbus – Fürstenberg – Müllrose – Fürstenwalde eine Abwehrstellung zwischen Königs Wusterhausen und Cottbus zu errichten. Sie sollte dazu dienen, mit Unterstützung der 12. Armee des Generals Wenck wiederholt massive Angriffe auf die Flanke des von Süden auf Berlin vorstoßenden Feindes zu führen. General Busse hatte zu diesem Zeitpunkt bereits eigenmächtig gehandelt und den Durchbruch seiner Armee nach Westen eingeleitet.

Ebenfalls am 22. April versammelte General Weidling seine Regimentskommandeure auf dem Gefechtsstand in Kaulsdorf bei Karlshorst und eröffnete ihnen, daß General Busse ihn erschießen lassen wolle, wenn es ihm nicht gelänge, die Verbindung zur 9. Armee zu halten bzw. wiederherzustellen. Hitler habe ihm das gleiche Schicksal angedroht, wenn er nicht umgehend zur Verteidigung in die Stadt einrücke. Man beschloß, die jetzige Stellung in den südöstlichen Vorstädten zu halten, um der 9. Armee den Rückzug in dieser Richtung zu ermöglichen.

FÜHRERBEFEHL!
»BERLIN ERWARTET EUCH!«

In dem Ort, den wir am 22. April in der Dunkelheit erreichten, Storkow oder Bad Saarow, mußten wir uns zunächst eine Legitimation für den Aufenthalt beschaffen. Wir meldeten uns unter Vorlage der Marschbefehle bei der Feldgendarmerie. Zu unserem Glück wußte dort niemand, daß unser Divisionsgefechtsstand nur ein paar Kilometer entfernt war. Wir verlangten und bekamen ein Quartier mit ordnungsgemäßem Quartierschein. Am nächsten Morgen wurden wir durch Gefechtslärm geweckt. Sowjets waren vereinzelt in den Ort eingedrungen. Sie waren schon in den Straßen und weckten uns durch Gewehrfeuer. Wir waren gezwungen, unser Quartier durch das Fenster zum Garten hin zu verlassen. Mir später bekannt gewordenen Aufzeichnungen habe ich entnommen, daß sich am 25. April bei Storkow noch einmal eine Hauptkampflinie bildete. Es kann deshalb sein, daß wir uns doch in Bad Saarow befanden, denn dieser Ort muß vorher von den Russen besetzt gewesen sein. Die Front des Kessels befand sich am 25. April jedenfalls schon am südlichen Ende des Scharmützelsees, an dessen nördlichem Ende Bad Saarow liegt. Inzwischen hatte der Kessel kaum mehr als einen Durchmesser von 30 Kilometern und erstreckte sich zwischen Storkow im Nordosten und Märkisch Buchholz/Halbe im Südwesten.
In Berlin hatte die Goebbelssche Propaganda inzwischen versucht, den Widerstandswillen der Verteidiger zu stärken. Feldgendarmerie, Angehörige der SS- und Parteiformatio-

nen wurden in den Bezirken und der Stadtmitte eingesetzt, um Deserteure aufzuspüren und eine Flucht der Soldaten zu verhindern. Für schuldig befundene Deserteure wurden in Standgerichten auf der Stelle zum Tode verurteilt und am nächsten Laternenpfahl gehenkt – mit Bekenntnisschildern auf der Brust:

»Ich bin aufgehängt worden, weil ich zu feige war, die Reichshauptstadt zu verteidigen.« – »Ich bin gehängt worden, weil ich ein Defätist war.« – »Ich bin aufgehängt worden, weil ich nicht an den Führer geglaubt habe.« – »Ich war ein Deserteur, deshalb werde ich die Schicksalswende nicht miterleben.«

Um den Terror zu rechtfertigen, wurde der Vormarsch der 12. Armee auf Berlin als zukunftsverheißende Tatsache hingestellt und ein Aufruf an die Soldaten der Armee Wenck scheinbar unabsichtlich in Berlin bekanntgemacht. Es handelte sich um einen Führerbefehl vom 23. April 1945 mit folgendem Wortlaut:

»Soldaten der Armee Wenck! Ein Befehl von größter Tragweite hat Euch aus Euren Aufmarschräumen gegen unsere westlichen Feinde herausgerufen und in Richtung nach Osten in Marsch gesetzt. Euer Auftrag ist klar: Berlin bleibt deutsch. Die Euch befohlenen Ziele müssen unter allen Umständen erreicht werden, denn auch aus anderer Richtung sind Operationen mit dem Ziel im Gange, im Kampf um die Reichshauptstadt den Bolschewisten die entscheidende Niederlage beizubringen und damit die Lage Deutschlands grundlegend zu ändern. Berlin kapituliert nie vor dem Bolschewismus. Die Verteidiger der Reichshauptstadt haben bei der Nachricht von Eurem schnellen Aufmarsch frischen Mut gefaßt mit Trotz und Verbissenheit in dem Glauben, bald das Donnern Eurer Geschütze zu hören. Der Führer hat Euch gerufen, und Ihr seid wie in alten Zeiten des Sieges zum Sturm angetreten. Berlin erwartet Euch, Berlin sehnt Euch mit heißem Herzen herbei.«[51]

Selbst die nähere Umgebung Hitlers berauschte sich an dieser Zuversicht. Generalfeldmarschall Keitel, der während der nächsten Tage eine Frontfahrt unternahm, Einheiten und Stäbe besuchte, blieb von der tatsächlichen Lage unbeeindruckt, obwohl sie ihm unübersehbar vor Augen geführt wurde.

Keitel besuchte das Hauptquartier Wencks in den Wäldern östlich von Magdeburg unter großen Schwierigkeiten zur Nachtzeit. Gegen 1.00 Uhr des 23. April händigte er General Wenck den Führerbefehl aus und wartete, bis Wenck seine Befehle schriftlich niedergelegt hatte, damit er eine Durchschrift für Hitler mitnehmen konnte.

Gefangenschaft bei den Russen oder bei den westlichen Alliierten, das war keine Frage, über die es nachzudenken galt, auch wenn Keitel das nicht begreifen wollte. Wenck betrachtete es als seine Hauptaufgabe, das Tor für den allgemeinen Exodus aus dem Gebiet der späteren sowjetischen Besatzungszone offenzuhalten. Er hatte längst damit begonnen, die Flucht der Bevölkerung durch sein Gebiet zu erleichtern, und eine Lebensmittelversorgung organisiert. Seine Befehle richteten sich darauf aus, zu versuchen, einige tausend mit der 9. Armee eingeschlossene Soldaten und Zivilisten zu retten und ihnen zusammen mit den eigenen Truppen die Flucht über die Elbe zu ermöglichen. Seine Truppen in Berlin für eine hoffnungslose Sache zu opfern, lehnte General Wenck ab. Er erwies sich auch im Untergang als selbständiger Militärführer.

Keitel traf sich unterwegs mit Jodl, dem er über seine Eindrücke an der Front berichtete. Hitler und seine Umgebung sollen noch immer dem Wunschtraum einer Wende nachgehangen haben, während Keitel dagegen gewußt haben muß, daß weder die 12. noch die 9. Armee in der Lage waren, sofort in das Kampfgeschehen um Berlin einzugreifen. Um diese Zeit berichtete General Weidling, daß er seine Truppen zur Unterstützung der 9. Armee gemäß Busses Befehl nach Süden in Richtung Königs Wusterhausen verlegen werde. Daraufhin hob General Krebs im Führerhauptquartier den Befehl auf, weil die Truppen in Berlin gebraucht würden, und General Weidling erhielt den Befehl über die südlichen und südöstlichen Verteidigungssektoren Berlins. Seine eigenen Truppen wurden später auf nur noch etwa 20 000 Mann geschätzt. Die ihm nun überstellte Streitmacht betrug etwa 60 000 Mann – vier bis fünf Divisionen – und 50 bis 60 Panzer. Es handelte sich meist um schlecht ausgerüstete und stark dezimierte Einheiten.

Für uns war es eine Überraschung, mit welcher Überlegenheit die russische Luftwaffe in die Kämpfe eingriff. An der Oder war sie im Februar und März nicht zu sehen gewesen. Die zu unserer Luftunterstützung eingesetzten Stukas – Sturzkampfflugzeuge vom Typ Ju 87 – operierten unbedrängt von feindlichen Flugzeugen. Doch plötzlich gab es eine russische Luftwaffe, die ihre Einsätze gegen die 9. Armee rund um die Uhr flog, manchmal mit 60 bis 100 Maschinen gleichzeitig. An der Nordflanke der 9. Armee bekamen wir zunächst davon nichts zu spüren. Die Angriffe konzentrierten sich mehr auf den südlichen Bereich des Spreewaldes, wo sich Zehntausende von Flüchtlingen aus Ostdeutschland, aber auch aus dem unmittelbaren Kampfgebiet, versammelt hatten. Sie drängten sich mit den militärischen Einheiten auf engstem Raum zusammen. Von meiner Familie glaubte ich nicht, daß sie sich unter diesen Flüchtlingen befinden könne. Wie sich herausstellen sollte, war sie rechtzeitig ins Erzgebirge zu einer Freundin meiner Mutter geflohen. Sie konnte sich von dort zu den nahen Amerikanern retten. Unter den Flüchtlingen befand sich vermutlich aber Vero Gerlach mit ihrem Vater, der sich unter dem Eindruck des Geschehens entschlossen hatte, mit seiner Tochter vor den Russen zu fliehen.

In dieser Situation hatte General Busse beschlossen, Hitlers Befehl, die Oderlinie zu halten, nicht mehr zu befolgen, sich vom Feind zu lösen und den Durchbruch zu versuchen. In zwei Tagen, in denen der Kessel immer mehr eingedrückt wurde, bewegten wir uns in südlicher Richtung. Zahlreiche größere und kleinere Seen verschafften uns ein wenig Ruhe und Schutz. In Erinnerung ist mir geblieben, daß wir auf oder neben Feldwegen marschierten. Die Truppen hatten keine Führung. Niemand war zu sehen, der Anspruch erhob, leiten oder organisieren zu wollen. Mit Soldaten, die neben einem hertrotteten, tauschte man Erfahrungen und Informationen über die Schlacht an der Oder aus, doch das alle beherrschende Thema war der Durchbruch nach Westen.

Wenn eine tiefhängende Wolkendecke die russischen Flugzeuge behinderte, marschierten wir bei Tage, sonst nur nachts. In den klaren Nächten kam der »UvD« (Unteroffizier vom Dienst), wie wir die Doppeldecker der Russen nannten, frühere Postflugzeuge, aus denen nach Weltkriegeins-Methode per Hand kleine Granaten oder Fliegerpfeile über Bord geworfen wurden. Sie waren in der Lage, einen Stahlhelm zu durchschlagen. Der russische Pilot stellte den Motor ab, um nach unten besser hören zu können. Die Truppen blieben stehen und verhielten sich ruhig und löschten die Zigaretten. Im Gestänge des segelnden Flugzeuges hörten wir den Wind pfeifen.

Nachts auf dem Marsch traf ich zwei Angehörige meines Bataillons. Sie erzählten mir, was mit dem Bataillon geschehen war, als ich das Kampfgeschehen von Seelow aus hören konnte. Unser Füsilierbataillon war nach Westen hin abgeschnitten worden und hatte sich in die Festung Küstrin durchgeschlagen. Nur 40 von etwa 500 Männern erreichten nach harten Kämpfen die eigenen Truppen. Der Bataillonskommandeur Major Quetz, die Kompanieführer und der Bataillonsadjutant sollen gefallen sein. Anfang 1945 wurde die Lebenserwartung eines jungen Leutnants im Graben auf durchschnittlich sechs Wochen geschätzt. Unser junger Bataillonsadjutant soll mit einer Panzerfaust auf einen Pan-

zer zugesprungen und dabei von einer Maschinengewehr-
garbe getroffen worden sein. Ihm verdankte ich die schnelle und, wie ich heute weiß, auch rechtzeitige Beförderung.
Da ich bei allen Einsätzen getan hatte, was er von mir verlangte, zweifelte er nicht, daß ich zum Soldaten taugte. Er
hatte dafür gesorgt, daß ich zu den ersten drei Fahnenjunkern gehörte, die zur Kriegsschule abkommandiert wurden.
Ich wußte in diesem Augenblick noch nicht, daß es mit der
Kriegsschule nichts mehr werden würde. Auch daß ich ein
furchtbares Kriegsfinale mitzuerleben und durchzustehen
hatte, überstieg meine Vorstellungskraft. Ich ahnte nicht,
was mir noch bevorstand.

Auf der Straße von Storkow, die durch Münchehofe führt
und auf Märkisch Buchholz zuläuft, durchquerten wir
schützenden Wald. Wir hörten Explosionen in der Nähe, bis
wir neben der Straße auf Lkws stießen, deren Motoren
durch aufgesetzte Hafthohlladungen zerstört worden waren. Es hatte sich herumgesprochen, daß ein Durchbruch
bevorstand. Fahrzeuge, die aus Spritmangel oder sonstigen
Gründen liegengeblieben waren, wurden unbrauchbar gemacht. Wenn am 25. April noch eine Art Frontlinie bei Storkow und am Südende des Scharmützelsees bis hin zum
Schwielochsee bestanden hatte, so war der Kessel tags darauf von etwa 30 Kilometer auf etwa 15 Kilometer Durchmesser – von Behrensdorf bis nördlich von Neu Lübbenau
– zusammengedrückt. Im offenen Gelände gerieten wir –
Heiner, Hotte und ich – um den Ort Birkholz in Kämpfe an
der südöstlichen Frontlinie des Kessels.

Ich erinnere mich an einen noch ruhigen, sonnigen Tag, an
dem wir uns eingraben mußten und eine zweite Linie bildeten. Vor uns kämpfte eine Einheit der Hitlerjugend, die wir
der SS zuordneten, junge, kaum 17jährige Jungen, aber von
unglaublicher Härte. Ich habe die Kindergesichter und die
Art, wie sie kämpften, nie vergessen können. Einer der Jungen kam zu Fuß verwundet zurück. Eine Kugel aus einer

Maschinenpistole hatte ihm den Brustkorb durchschlagen. Auf dem Weg ins Lazarett war er schon eine Weile gelaufen. Er zeigte mir stolz die Kugel, die hinten wieder herausgekommen war. Ich war überzeugt, daß er bald ordnungsgemäß versorgt werden würde, und wundere mich heute über die Naivität, daß ich in einer derartigen Situation daran glauben konnte. Denn die Lage änderte sich, ohne daß ich mir darüber klar war, so schnell, daß nur noch der Durchbruch als Ausweg aus dem Kessel blieb.

Der Gutsherr Bodo von der Marwitz hatte sich noch vor dem Beginn der Kämpfe um Friedersdorf mit einem Treck seiner Leute zu dem ihm ebenfalls gehörenden Gut Groß Kreuz durchgeschlagen. Er erlebte diese Tage bereits unter russischer Besetzung. Mit der Haltung eines Landedelmanns und der tiefen Gläubigkeit eines Christen versuchte er, der Dorfbevölkerung und seinen Leuten zu helfen. Der Hunger drohte. Es fehlte an Brot. Im Dorf waren die Frauen immer wieder vergewaltigt worden. Man beklagte allgemein das Verhalten der polnischen Landarbeiter, die jede Gelegenheit nutzten, zu plündern und zu stehlen. Seine Töchter hielt von der Marwitz so versteckt, daß kaum jemand von ihrer Existenz erfuhr. Schon am 25. April wurde wieder auf dem Gut gearbeitet. Es gab sogar Diskussionen mit den Fremdarbeitern, Franzosen und Holländern. Als die ersten Kommissare mit ihren Dolmetscherinnen eintrafen, verliefen die Diskussionen mit Hilfe der Franzosen und Holländer sachlich, fast wohlwollend. Die Bewohner im Schloß und im Gut wurden rücksichtsvoller behandelt als im Dorf. Man bemühte sich, den Gutsbetrieb wieder in Gang zu bringen, obwohl Pferde und Vieh von den Weiden requiriert worden waren. Es gelang sogar, den russischen Kommandanten an die Gutstafel zu bitten. Dem schmeckte zwar nicht die deutsche Küche, aber um so mehr der Wein. Eine Verständigung war jedoch kaum möglich. Die Russen berichteten, daß das Ende der Feindseligkeiten nahe bevorstand. Himmler führe mit dem schwedischen Grafen Bernadotte an der holsteinischen Grenze Verhandlungen über eine bedingungslose Kapitulation. Von Hitler war bereits an diesem Tage keine Rede mehr. Vielleicht lebte er schon nicht mehr?

In unseren Stellungen an der Südostseite des Kessels machten wir in diesen Tagen, als die Russen Berlin bereits eingeschlossen hatten und im Westen der Stadt standen, die Bekanntschaft mit russischen Schlachtfliegern. Es hieß, daß sie an der Unterseite gepanzert seien. Wenn sie ihre Bomben abgeworfen hatten, konnten sie nach hinten heraus gezielt mit Raketen schießen.

Die Sonne schien. Ich kann mir heute vorstellen, wie schutzlos die Flüchtlinge den Fliegerangriffen ausgesetzt waren. Viele Frauen, Kinder und Greise sind bei den Fliegerangriffen elend umgekommen. Wir lagen in der Randzone dieser Angriffe und spürten, wie der Sandboden unter den nahen Bombeneinschlägen »schwamm«. Zuerst sah ich den Fliegern nach den Explosionen hinterher, bis ich merkte, daß sie nun erst ihre Raketen abschossen. Nach einem Bombeneinschlag, kaum 20 Meter von mir entfernt, lag direkt neben meinem Loch der Unterkörper eines Soldaten, der von dem Bombentreffer in der Mitte zerrisssen worden war. Das vergißt man ein Leben lang nicht.

In der Nacht zum 27. April, am vorletzten Tage meiner aktiven Militärdienstzeit, fand ich mich mit meinen Kameraden in einem Wald bei Märkisch Buchholz wieder. Wir bildeten nicht mehr die zweite oder dritte, sondern die erste Linie und hatten fast immer Feindberührung. Die Russen waren immer in unserer Nähe, aber wenn wir angriffen, wichen sie zurück. Wir konnten uns, völlig übermüdet, kaum noch auf den Beinen halten, durften aber auch nicht schlafen, um nicht im Schlaf überrascht zu werden. Unser Glück in dieser kritischen Nacht zum 28. April war, daß nicht allzuviel geschah.

Der Kessel war jetzt auf einen Durchmesser von kaum mehr als 8 Kilometer geschrumpft. Wir lagen an seinem östlichen Rand. Eine eigentliche Kampfführung gab es in unserem Bereich nicht mehr. Wir drei hielten uns inmitten von Soldaten mit teilweise großer Kampferfahrung, sahen jedoch keine Offiziere, die uns über die Lage und den beabsichtigten Durchbruch informieren konnten. Wir wußten nur, daß wir den Kessel nach der rückwärtigen Seite sicherten, also nach Osten und Nordosten hin. Daß der Kessel inzwischen auf das Waldgebiet zwischen Löbten, Hermsdorf, Märkisch Buchholz und Halbe zusammengeschmolzen war, drang nicht zu uns durch.

Hermsdorf, von den Russen schon besetzt, wurde noch einmal von einem Bataillon der 32. SS-Division zurückerobert, obwohl die Lage undurchsichtiger denn je war. In Hermsdorf lag nach der Rückeroberung der Divisionsstab der 32. SS-Division. Im Ort regelte ein SS-General mit der Pistole in der Hand den Verkehr. Er verhinderte dadurch eine Panik, so daß der Fahrzeugstrom zu einem neuen Sammelpunkt abfließen konnte. Nur wenig von uns entfernt, am nördlichen Rand des Kessels, sammelten sich in zugewiesenen Räumen rund um das Forsthaus Klein-Hammer Truppen hauptsächlich der Waffen-SS, die noch in festen Verbänden geführt wurden. Dort fand sich auch der Stab der 9. Armee mit General Busse ein.

Im Laufe des Tages mußte Hermsdorf wieder geräumt werden. 2000 Verwundete mit Ärzten und Sanitätern der 32. SS-Division wurden zwangsweise zurückgelassen. Sie fielen in die Hände der Russen. An diesem 28. April hingen die Wolken tief und schützten uns vor den russischen Flugzeugen, denen ein gezielter Bombenabwurf nicht möglich war.

DAS NADELÖHR HALBE

Obwohl der Krieg für alle ersichtlich verloren war, wurde zur Verteidigung des »Heimatbodens« durch Führererlaß vom 25.9.1944 eine Truppe aus bisher nicht eingezogenen Männern zwischen 16 und 60 aufgestellt, der »Deutsche Volkssturm«.

Zum »zweiten Großeinsatz unseres Volkes« wurde festgelegt: Die Gauleiter sind als Reichsverteidigungskommissare des Volkssturms verantwortlich, die Partei mit ihren Gliederungen hat jede Hilfe zu leisten, Reichsführer SS Himmler übernimmt die militärische und Reichsleiter Bormann die politische und organisatorische Leitung.

Betroffen waren rund sechs Millionen Männer, die in drei Aufgebote gegliedert wurden: Alle bisher aus Alters- oder Gesundheitsgründen vom Waffendienst freigestellten Männer der Jahrgänge 1884 bis 1924, Durchschnittsalter 52 Jahre. Aus beruflichen Gründen bisher unabkömmliche Wehrpflichtige. Die Jahrgänge 1925 bis 1928, die in Wehrertüchtigungslagern der HJ oder vom Reichsarbeitsdienst militärisch geschult werden sollten.

Sie hatten Panzersperren zu errichten und Schützengräben zu bauen. Märkisch Buchholz war zur Festung erklärt worden. Rings um Halbe waren ebenfalls Schützenlöcher ausgehoben und hinter Palm-Schmalenberg war eine Panzersperre errichtet worden.

In den Wochen vor der Katastrophe waren Flüchtlinge als aktuelle Boten des kommenden Kampfgeschehens eingetroffen. Täglich war ein Treck von etwa 1000 Menschen für eine Nacht unterzubringen. Die meisten kamen mit Pferdegespannen. Ihre Wagen bargen an Wertvollem, was sie hatten mitnehmen können. Viele Flüchtlinge zogen einen Handwagen mit nur wenig Gepäck hinter sich her. Jeweils am folgenden Tag mußte der Ort bis 10.00 Uhr geräumt werden. Nachmittags zog der nächste Treck ein. Die meisten hatten kein bestimmtes Ziel, nur weiter nach Westen – weg von den Russen.

Im Laufe der folgenden Kampfhandlungen war der Ort Halbe, ein Dorf mit etwa 400 Einwohnern, von der Waffen-SS besetzt worden, die entschlossen war, den Ort ohne Rücksicht auf die Zivilbevölkerung zu verteidigen. Was nicht zu halten war, sollte niedergebrannt werden. Der Bürgermeister von Halbe, Willi Haenecke, versuchte zu retten, was zu retten war. »Wer uns hindert, wird erschossen!« Die SS ließ keine Zweifel aufkommen, daß sie es ernst meinte.[52] Einheimische und Flüchtlinge hörten hin und wieder, wie sich an der Front Kanonendonner verstärkte. Wohin fliehen, das war die Frage. Wertvolle Sachen hatten sie in Kisten gepackt und vergraben. In den Wäldern waren Unterstände gebaut worden, in denen die Bevölkerung das Ende des Krieges abwarten wollte. Mancher Pferdebesitzer belud seinen Wagen, um im letzten Augenblick vor den Russen zu fliehen. Weil niemand die Situation überblickte, versuchten einige, mit den Truppen zu fliehen, selbst als sich der Kessel bei Königs Wusterhausen bereits geschlossen hatte.

Einwohner in Halbe hatten erkannt, daß der Aufenthalt in ihren Häusern in der Nähe der Provinzial-Chaussee höchst gefährlich werden konnte. Eine Armee, die zurückweicht, mußte solche Straßen benutzen; mit Schlachtfliegern und Straßenkämpfen war also zu rechnen. Der Bürgermeister hatte seine Familie bei Nachbarn abseits der Hauptstraße in einem Keller unterbringen können. Hier erlebte er den ersten geglückten Durchbruch durch Halbe. Viele Opfer hatte dieser gekostet, denn die deutschen Truppen sahen sich bereits einem weiträumig eroberten und besetzten Gebiet gegenüber. Nachdem am 19. April Spremberg und Forst verlorengegangen waren, hatten die Russen schon am 23. April Königs Wusterhausen erreicht. Nach dem Bericht des Oberkommandos der Wehrmacht waren Panzerspitzen russischer Truppen bis zur Linie Beelitz – Trebbin – Teltow und am 24. April von Jüterbog nach Wittenberg vorgestoßen. Am 25. April 1945 um 17.20 Uhr meldete das Armeeoberkommando 9 der Heeresgruppe Weichsel durch Funkspruch Nr. 538:

»Zur Durchbruchsrichtung Mitte Maerk. Buchholz Luckenwalde erfolgversprechend angesetzt und Vereinigung Wenck Gebiet Luckenwalde erstrebt.

Busse, Gen. d. Inf.«

Um diese Zeit hatte sich die Masse der Soldaten der ehemaligen Südgruppe der 9. Armee im Raum Münchehofe – Birkholz – Löpten – Prieros – Stregans – Groß Eichholz gesammelt und lagerte in den Wäldern. Da es an Funkgeräten und Telefonverbindungen mangelte, waren die Stäbe unfähig, die ihnen noch verbliebenen Einheiten zu führen. Die Kommandeure handelten deshalb aus Fürsorge für die eigene Truppe selbständig. Einzelne Einheiten begannen, sich in Richtung der 12. Armee abzusetzen. Dazu zählte auch die Kampfgruppe der 21. Panzerdivision. An Einzelheiten ihrer selbständigen Absetzaktion konnte sich General Busse angeblich später nicht mehr erinnern. Sie riß ein nicht mehr zu schließendes Loch in die Abwehrfront zwischen Königs Wusterhausen und Teupitz. Die Nachbareinheiten waren von dem vorgesehenen Abmarsch nicht unterrichtet worden.

Das 5. Armeekorps versuchte am 25. April mit seinen Resteinheiten einen geschlossenen Ausbruchsversuch nördlich von Lübben. Der den Ausbruch führende Kommandeur der 35. SS-Polizeidivision wurde dabei vermißt gemeldet. Die

Reste der Ausbruchstruppen schlugen sich in den Raum südlich von Märkisch Buchholz durch. Sie gliederten sich in die Abwehrfront ein, bis sie schließlich restlos vernichtet wurden. Im Kessel von Halbe hatten sich schon viele kleinere Kessel gebildet, teilweise hatten sie miteinander noch Verbindung. Häufig hatten die deutschen Stellungen aber keinen Anschluß zu ihren Nachbareinheiten.

Bürgermeister Haenecke in Halbe beobachtete von seinem Hof aus die Lindenstraße. Auf ihrer Breite von 37 Metern zogen fünf Marschkolonnen nebeneinander nach Westen: deutsche Soldaten auf der Flucht – Kompanien in einer Reststärke von 20 bis 30 Mann, geführt von einem Unteroffizier, SS-Einheiten, Polizeireserve, Infanterie und dazwischen Fahrzeuge aller Art. Die Soldaten ahnten nicht, daß sie bereits eingeschlossen waren. Haenecke sah ihnen an, daß sie völlig demoralisiert waren, seit Tagen vom Gegner gehetzt. Von ihnen war kein Widerstand mehr zu erwarten. Deshalb überraschte es den Bürgermeister, daß es in den folgenden Tagen noch zu heftigen Kämpfen kommen sollte.[53]

Der Bürgermeister flüchtete wieder zu seinen Nachbarn in den Keller. Mehrere Paare mit Kindern und Enkelkindern harrten dort angstvoll aus. Das Haus wurde mehrfach getroffen. Die Bewohner fragten sich, wie lange die Kellerdecke den Treffern noch standhalten würde.

Über den Hof der Familie Haenecke flutete nach den Flüchtlingen nun viel Militär: Angehörige der Wlassow-Armee, Russen, die auf deutscher Seite kämpften, und deutsche, aber auch russische Soldaten. Sie alle wußten, daß nun der Durchbruch bei Halbe bevorstand. An der Chaussee hatten die Russen die Einwohner aus den Kellern geholt und sie in die Nachbardörfer geschickt. »Dawei, morgen bum bum«, hatten sie, offenbar aus Mitleid, gesagt. In der russischen Mentalität wechselten Mitleid und Grausamkeit nur zu schnell. Das Haus, in dem Haenecke Unterschlupf gefunden hatte, war bereits so zerstört, daß niemand vermutete, daß sich dort noch Menschen aufhalten könnten. Die Insassen gehörten schließlich zu den wenigen, die den Kampf um Halbe überlebten. Zeugen, denen das Entsetzen lange den Mund verschloß.

Als russische Soldaten den Keller entdeckten, gelang es, sich mit ihrem Anführer auf polnisch zu verständigen: »Keine Soldaten hier.« Die Deutschen boten den Russen Pfeifentabak an, und die revanchierten sich mit einer Schachtel Zigaretten. Der Stoßtruppführer war jung. Schweiß lief ihm an beiden Wangen hinunter. Er war mit seinen Leuten über den Schulacker langsam, nach allen Seiten sichernd, zu dem Haus gekommen. Seine Anspannung war zu spüren. Die deutschen Bewohner waren froh, daß er und seine Soldaten die Nerven behalten hatten. Weitere Russen kamen, auch sie benahmen sich einwandfrei. Doch dann folgten russische Truppen, die unerbittlich nach Frauen suchten. Noch immer wurde gekämpft.

Im Wald bei Märkisch Buchholz wußten wir am 28. April noch nichts von den Kämpfen in Halbe. Von irgendwoher tauchten russische Truppen auf. Hinter jedem Baumstumpf, jedem Holzstoß und in jeder Schneise mußten wir sie nun vermuten.

Ein erster Ausbruchsversuch am 28. April 1945 begann morgens, 6.00 Uhr, aus dem Raum nördlich von Halbe. Er kam bis über die Autobahn bei Teupitz und scheiterte zwischen den südlichen Seen. Nur einige gepanzerte Fahrzeuge kamen durch. Die nachgeordneten Einheiten traten nicht mehr an oder zogen sich in das Waldgelände östlich des Bahnhofs Halbe zurück. Das 21. Schützenkorps der 3. sowjetischen Gardepanzerarmee soll dabei 3000 Gefangene gemacht und 15 Panzer sowie 68 Geschütze erbeutet haben. Die eingekesselte Truppe der 9. Armee verharrte noch in dem Raum Märkisch Buchholz – Halbe – Löbden – Streganzer Berg – Münchehofe – Neuendorfer See.

Jüngere Offiziere sollen um diese Zeit den Oberbefehlshaber Busse gezwungen haben, der Armee den Ausbruch zu befehlen.[54] Wie schon bei der Räumung der Festung Frankfurt, hatte er tagelang gezögert. Mangelhafte Planung und eine unentschlossene Führung hatten zu großen Verlusten geführt.

Nach dem mißglückten Ausbruchsversuch vom Morgen wurden Stimmen laut, die eine Kapitulation oder ein geschlossenes Überlaufen forderten. Seydlitz-Leute, die in die deutsche Front eingedrungen waren, hatten sich dafür stark gemacht. Jüngere Einheitsführer der Waffen-SS stellten ein Ultimatum, geschlossen auszubrechen oder mit einzelnen Kampfgruppen auf eigene Faust den Ausbruch zu wagen. In der Nähe der Försterei Klein-Hammer wurde bei einer Lagebesprechung beschlossen, gegen 18.00 Uhr über Halbe in Richtung Westen zur 12. Armee im Raum Beelitz durchzubrechen. Aber auch daraus wurde keine geordnete und generell durchgeführte Aktion.[55]

Es spricht vieles dafür, daß das Konzept der Armeeführung darin bestand, den Stäben den Weg durch motorisierte Kampffahrzeuge freizukämpfen, damit sie möglichst ungehindert die 12. Armee erreichen konnten. Diese Planung hatte jedoch furchtbare Folgen für die meist führungslosen Truppen, für die Verwundeten und die Flüchtlinge. Ein »wandernder Kessel« hätte vielleicht Erfolg gehabt – eine wirkliche Führung vorausgesetzt.

Was über den Durchbruch bisher veröffentlicht worden ist, enthielt sich jeder Kritik. Eine wahre Beurteilung des Geschehens in und um Halbe weist jedoch eindeutig die Schuld der Armeeführung zu. Im Chaos der letzten Tage des Dritten Reiches hätte sich General Busse über Hitlers Befehle hinwegsetzen müssen, wie andere Armeeführer es getan haben.[56]

Da die Führungsstäbe des V. SS-Gebirgskorps und des V. Armeekorps nicht erreichbar waren, erhielt das XI. SS-Panzerkorps den Befehl, die Lücke für den Durchbruch zu öffnen. Der Kommandierende General dieses Panzerkorps, Kleinheisterkamp, rief alle erreichbaren Kommandeure bis zum Bataillonskommandeur in die Försterei Klein-Hammer und besprach mit ihnen, daß die noch kampffähigen Teile der Panzergrenadierdivision Kurmark und die SS-Panzerabteilung 502 die Spitze zu bilden hätten. Das Nahziel hieß Halbe. Durch dieses Nadelöhr mußten die Truppen hindurch.[57]

Halbe, dieser kleine märkische Ort inmitten ausgedehnter Kiefernwälder nahe der Autobahn Cottbus–Berlin, war inzwischen bereits wieder von starken russischen Kräften besetzt. Sie deckten die rechte Flanke der auf Berlin vorstoßenden sowjetischen Gardepanzerarmee östlich der Autobahn Cottbus–Berliner Ring. Die Russen wußten längst, daß die 9. Armee in diesem Abschnitt erneut zwischen Oderin, Halbe und Teupitz durchbrechen wollte. Als sie dem Bürgermeister und einigen Bewohnern von Halbe geraten hatten, in andere Dörfer zu fliehen, erwarteten sie harte Kämpfe.[58]

Bei der letzten Befehlsausgabe des Kommandierenden Generals Kleinheisterkamp konzentrierten sich alle Hoffnungen auf die letzten Panzer des Generalmajors Langkeit, die kampfkräftigen Teile der Panzergrenadierdivision Kurmark und auf die schwere SS-Panzerabteilung 502, die sich in einen nördlichen und einen südlichen Stoßkeil aufteilten und hinter denen sich verschiedene Stäbe, auch der Stab der 9. Armee, eingliedern sollten.[59]

Das Artillerieregiment Kurmark und alle Einheiten mit schweren Waffen erhielten den Befehl, den Ausbruch mit einem Feuerschlag auf Halbe zu beginnen. Wenn die Munition verbraucht war, sollten sie die Geschütze sprengen und sich den Ausbruchsgruppen anschließen. Nur die unbedingt notwendigen Kampffahrzeuge, Munitions- und Betriebsstoffwagen, Sanitäts- und Führungsfahrzeuge sollten mitgenommen werden.[60]

Die SS-Panzerabteilung 502 hatte noch 14 »Tiger«, 72 Tonnen schwere, äußerst stark gepanzerte Fahrzeuge.[61]

Nach späteren Berichten war während der erneuten Ausbruchsvorbereitungen geplant, die Nachhuten und Sicherungen im Nordosten und Osten auf die Linie Kleine Mühle an der Dahme – Wegspinne nördlich Hermsdorf – Dahme nördlich von Märkisch Buchholz zurückzunehmen. Diese Nachhuten, denen wir angehörten, sollten sich am 29. April gegen 5.00 Uhr morgens vom Feind lösen, den am Ausbruch beteiligten Einheiten folgen und ihnen dabei die Flanken und den Rücken freihalten. Weil die Russen erneut die Vorbereitungen bemerkt hatten, drückten sie sofort auf die schwachen rückwärtigen Sicherungen und auf den noch gehaltenen Brückenkopf östlich der Dahme.

Von all dieser Planung wußten wir nichts, und es tat sich auch nichts, was uns Hinweise hätte geben können, außer den Kämpfen mit der russischen Infanterie. In einer Zeltbahn wurde ein Verwundeter vorbeigetragen, und es hieß, daß es der Major sei, der diesen Abschnitt befehligte. Aus der geschlossenen Zeltbahn klang lautes Stöhnen: Bauchschuß. An ärztliche Versorgung war nicht mehr zu denken. Er wird langsam und qualvoll gestorben sein. Dann wurden zwei gefangene Russen nach hinten getrieben, die ihre Angst durch Grinsen verdeckten. Im Wald stieß ich später auf zwei tote Russen, wußte aber nicht, ob die dort liegenden jungen Burschen sofort nach ihrer Gefangennahme erschossen worden waren. Das drohte ihnen, wenn sie geplündertes Gut bei sich hatten. Unser Bataillon hatte an der Oder einmal Russen gefangengenommen, die an Schnüren um den Hals Hunderte von Eheringen trugen – sie waren auf der Stelle erschossen worden. Bei den Kämpfen um Halbe sollen häufiger auf beiden Seiten keine Gefangenen gemacht worden sein ...

Gegen Nachmittag verstärkten sich die Angriffe der Russen, die damit den Durchbruchsversuch stören wollten, und

wir formierten uns zu einem Gegenangriff. In das »Urrah«
der Russen mischte sich das deutsche »Hurra«. Die trübe,
fast mutlose Stimmung wich dem Angriffsgeist, den man
uns eingedrillt hatte. Wir drei Fahnenjunker, immer noch
zusammen, stürmten vorneweg und rissen die Soldaten mit.
Im Vorwärtslaufen zog ich noch einen Ring vom Finger,
weil er so fest saß, daß ich fürchtete, russische Soldaten würden mir den Finger abschneiden, wenn ich ihnen in die Hände fiele. Weil ich ihn an meiner Tasche vorbeisteckte, blieb
er irgendwo im Wald bei Märkisch Buchholz liegen. Ich sehe ihn noch heute vor mir, den Konfirmationsring meines
Vaters mit einem blauen Stein. Er hatte ihn mir mitgegeben.
Im Vorwärtsstürmen sah ich unmittelbar vor mir einen Russen hinter einem Holzstoß, das Gewehr auf mich gerichtet.
Ich warf mich hin und landete in Deckung hinter einer winzigen Bodenerhebung. Entweder hatte mich der Russe bereits verfehlt, oder er wollte mich noch näher herankommen lassen. Ich brachte mein Sturmgewehr in Anschlag und
schoß Einzelfeuer auf ihn. Auf eine Distanz von etwa 80 bis
90 Metern ist eine maschinenpistolenartige Waffe einem
Gewehr an Treffsicherheit jedoch unterlegen, und bald
spritzte mir der Sand ins Gesicht – der Russe hatte unmittelbar vor mir in den Sand geschossen. Das brachte mich zur
Besinnung, und ich ging hinter dem Hügel voll in Deckung.
Als die Russen sich wieder zurückzogen, hatten wir Fahnenjunker Gelegenheit, uns zu beraten. Wir kamen überein,
daß unser Heldentum schon deshalb nicht zeitgemäß war,
weil wir ja vorhatten, uns nach Westen durchzuschlagen. Da
begann gegen 18.00 Uhr in der Ferne ein Feuerschlag
schwerer deutscher Waffen. Das Ziel war Halbe. Gegen
18.30 Uhr traten dort in der Nähe zusammengezogene
Truppen zum Angriff an. Die Motoren der schweren »Tiger« dröhnten auf. Mit aufgesessener Infanterie fuhren sie
auf Halbe zu.

AUSBRUCH AUF EIGENE FAUST

Die Aktivitäten, die der Chef des Oberkommandos der Wehrmacht, Generalfeldmarschall Keitel, an diesem 28. April noch entfaltete, sind dokumentiert.

In den Morgenstunden des 28. April war er zu einem Frontbesuch im Bereich nördlich Berlins unterwegs. Um 4.00 Uhr suchte er General Steiner auf, um mit ihm entlastende Angriffe zu erörtern. Dabei wußten weder Keitel noch Steiner, daß Hitler am vorangegangenen Abend, verärgert über das Zögern Steiners, Generalleutnant Holste beauftragt hatte, an Steiners Stelle den Angriff zu befehligen. Auf dem Rückweg zu Jodls Hauptquartier wurde Keitel bewußt, wie es um die 7. Panzer- und die 25. Panzergrenadierdivision stand, und er erkannte, daß auch die 3. Panzerarmee zurückging. Das geschah ohne Genehmigung des Oberkommandos der Wehrmacht (OKW), es stand sogar in direktem Widerspruch zu Hitlers Befehlen. Außer sich unterrichtete er Jodl und befahl danach die Generäle Heinrici und von Manteuffel zu einem Treffen an einer Straßenkreuzung nordwestlich von Neubrandenburg. Von Manteuffels Chef des Generalstabs, Generalmajor Müller-Hillebrand, der von Keitel nichts Gutes für seinen Befehlshaber erwartete, legte vorsorglich die Offiziere seines Stabes am Treffpunkt in einen Hinterhalt.

Keitel klagte die Generäle bei dieser denkwürdigen Begegnung der Feigheit und des Verrats an. Heinrici entgegnete, daß er von einem Oberkommando der Wehrmacht, das die

wahre Lage offensichtlich nicht kenne, keine Befehle ent-
gegennehmen könne. Keitel schrie ihn an, es hätte keinen
Rückzug gegeben, wenn er nur den Mut aufgebracht hätte,
einige tausend Deserteure zu erschießen oder an den Bäumen aufzuhängen. Heinrici mußte sich den Vorwurf anhören, daß es ihm an Härte und Entschlossenheit von vornherein gefehlt habe. Nur deswegen sei es zum Desaster an
der Oder gekommen.

General Heinrici wahrte eiserne Beherrschung. Er wußte
sich im Recht. In Keitel äußerte sich nur eine Geistesver-
fassung, die in wenigen Tagen zum Bankrott des Reiches
führen würde. Heinrici wies auf die Marschkolonnen der
Soldaten. Ohne Geschütze und ohne Munition, ohne Fahrzeuge und ohne Panzer, im Rücken eine vielfache Übermacht, wüßten sie nicht, wohin ihr Weg sie führen würde.
Sollten sie geopfert werden? »Herr Feldmarschall«, sagte
General Heinrici und wies mit der Hand auf die Kolonnen,
»wenn Sie die dort erschießen wollen, dann fangen Sie bitte
an.«

Mit dem Befehl, die 25. Panzergrenadierdivision sofort wieder dem befohlenen Angriff zuzuführen, und der Andro-
hung schärfster Maßnahmen für jede weitere Befehlsver-
weigerung fuhr Keitel davon. Die anwesenden Stabsoffiziere fragten General Heinrici, warum er Keitel nicht einfach
verhaftet habe. Der soll die Antwort gegeben haben: »Wozu?«[62]

Heinrici hielt an seinen Befehlen und Entschlüssen fest und
hatte noch einige Auseinandersetzungen mit Jodl, der ihm
ebenso wie Keitel gedroht hatte, daß er dafür zur Verantwortung gezogen würde.

Er befahl schließlich noch die Räumung Swinemündes und
hatte sich dafür abermals mit Keitel auseinanderzusetzen,
der inzwischen erfahren hatte, daß Heinrici auch die Befehle Jodls nicht beachtet hatte.[63] Sowohl Keitel als auch Jodl
hatten Ordonnanzoffiziere an die Frontgebiete geschickt,

um zu überprüfen, ob ihre Befehle befolgt würden. Bei der telefonischen Auseinandersetzung benutzte Keitel offenbar eine Sprache, wie er sie aus dem Munde Hitlers gewohnt war. Die Gründe für die Räumung Swinemündes interessierten ihn nicht, die Stellungnahme des Kommandierenden Admirals in Swinemünde erklärte er für unmaßgeblich. Er sagte, er könne es dem Führer gegenüber nicht vertreten, daß der letzte Stützpunkt im Gebiet der Oder freiwillig aufgegeben würde. Der Hinweis auf den Zustand der Besatzung fruchtete nichts. Als Heinrici es ablehnte, die Rekrutendivision in einem offensichtlich zwecklosen Festungskampf untergehen zu lassen, drohte Keitel mit Kriegsgericht unter Hinweis auf die Strafe, die auf Verweigerung des Gehorsams vor dem Feinde stehe.

Damit war nun allerdings das Maß voll. Aus der Antwort des Oberbefehlshabers konnte Keitel unmißverständlich erkennen, wie die Heeresgruppe über ihn und seine Anordnungen dachte. Als Heinrici erneut erklärte, daß er für seine Person den Befehl zur Verteidigung von Swinemünde nicht geben werde, erklärte ihn Keitel für abgesetzt. Die Form, in der sich die Absetzung vollzog, ließ Schlimmeres befürchten. Als der Oberbefehlshaber der 3. Panzerarmee, Hasso von Manteuffel, davon erfuhr, bot er dem abgesetzten Oberbefehlshaber eine Schutzwache an.[64] Heinrici nahm die Absetzung hin, ohne dagegen aufzubegehren. Es schien ihm unvertretbar, das Oberkommando der Wehrmacht zu beseitigen, ohne es ersetzen zu können. Als einzige Führungsstelle übersah es alle Kriegsschauplätze. Als letzte Instanz allein würde es in der Lage sein, ein Ende des Krieges für alle herbeizuführen.

Daneben spielte aber auch das Wissen eine Rolle, daß keine Macht der Welt, kein Befehl auch der höchsten Stelle, ob von Hitler oder Keitel, an dem weiteren Ablauf der Ereignisse etwas ändern konnte. So blieb denn auch die Handlungsweise von Keitel nicht nur für Swinemünde, sondern auch für den allgemeinen Ablauf der Dinge in Mecklenburg ohne Folgen.

Noch in der Nacht vom 28. auf den 29. April wurde der Generaloberst der Luftwaffe und bisherige Oberbefehlshaber der 1. Fallschirmarmee Student mit der Nachfolge Heinricis beauftragt. Für Keitel und Jodl war er ein Mann blinden Gehorsams.[65]

Wir drei Fahnenjunker hätten uns die Auseinandersetzungen zwischen den deutschen Heerführern am Tage des Durchbruchs bei Halbe nicht vorstellen können, auch nicht, wie führungslos das Armeeoberkommando der 9. Armee handelte. Wir hatten keine Hoffnung, daß am Ablauf bis zum Kriegsende noch etwas zu ändern wäre. Wenn ich heute an den Nürnberger Prozeß zurückdenke, empfinde ich kein Bedauern mehr darüber, wie Keitel und Jodl abgeurteilt wurden, obwohl ich meine, daß es eigentlich Sache der Deutschen gewesen wäre, diese Männer ihrer gerechten Strafe zuzuführen.

Wir wollten jedenfalls aus dem Kessel ausbrechen. Der dritte von uns, Hotte Nawoi, war ein Berliner und wollte nach Berlin, so daß wir uns trennten. Heiner Lüdemann war Bremer und wollte nach Westen, ich war aus Forst, wollte aber ebenfalls nach Westen.

Forst hielt ich für zerstört; auch Goyatz, das kaum mehr als 40 Kilometer entfernt war, kam uns nicht in den Sinn.

Das Ausmaß der Katastrophe glich dem Bruch eines riesigen Staudamms, dessen Wassermassen ein Tal verwüsten und alles mit sich in den Tod reißen, was ihnen im Wege steht. Wir befanden uns erkennbar am Rande dieses alles mitreißenden Stroms. Ein unvorsichtiger Schritt hätte uns unrettbar mitgerissen, denn in einer solchen Situation kann niemand damit rechnen, daß sich noch ein rettender Ast ergreifen ließe.

Heiner und ich wollten nur nach Westen. Wir beschlossen,

es auf eigene Faust zu versuchen. Beim Marsch von Storkow in die Wälder von Märkisch Buchholz hatten wir von anderen Soldaten gehört, wie wir uns verhalten sollten. Ein älterer Leutnant empfahl uns, auf eigene Faust abseits von der Durchbruchsstelle unser Glück zu versuchen. Das alles war gut gemeint, aber kein sicherer Wegweiser nach Westen. Wir wollten die Spitze des Durchbruchs erreichen, statt nach hinten zu sichern, und verließen die Truppe. Das hätte uns als Fahnenflucht ausgelegt werden können, weil es uns unbekannte Befehle gab, die besagten, daß jeder, der eine Waffe tragen konnte, irgendwo einem Truppenteil zugeordnet wäre und dort zu kämpfen hätte.

Erstaunlich für uns war, daß wir auf zwei starke Linien von Soldaten trafen. Sie wollten uns nicht durchlassen, weil sie befürchten mußten, den Russen direkt gegenüberzustehen. Mit dem energischen Hinweis auf unsere Marschbefehle konnten wir sie beeindrucken, so daß sie uns schließlich den Weg freigaben. Der lichte märkische Kiefernwald grenzte an eine Straße, auf der wir in kurzer Zeit nach Märkisch Buchholz gelangten.[66] Die Straße durch dieses große Dorf war mit Fahrzeugen verstopft. Inzwischen war es dunkel geworden, aber man sah, daß alle auf den Beinen waren. Wir hörten auch den Namen dieses Ortes. Er klang vertraut, aber wir wußten doch nicht, wo wir uns befanden.

Wir waren erschöpft, da wir nun zwei Nächte nicht geschlafen hatten. Doch die ständige Anspannung machte uns bewußt, daß es galt, wach und besser nicht im Ort zu bleiben. Wir folgten dem Fahrzeugstrom, der wie in einem Stau stand. Der Ort war lang. Wir wunderten uns über die vielen Lastkraftwagen, eine Kolonne ohne Ende. Dabei hatten wir schon zwei Nächte vorher Soldaten beobachtet, wie sie die Motoren der Fahrzeuge mit Hafthohlladungen sprengten. Stundenlang hatten uns die Explosionen der panzerbrechenden Hafthohlladungen begleitet.

Kaum aus dem Ort heraus, führte uns der Weg über einen

Fluß in märkischen Kiefernwald. Im Dunkeln gingen wir an stehenden Fahrzeugen vorbei. Von ferne hörten wir noch immer heftiges Geschützfeuer, auch das Rattern von Infanteriewaffen. Der Gefechtslärm nahm mehr und mehr zu, und obwohl wir genau darauf zuliefen, machte sich unter uns Erleichterung bemerkbar. Wir wollten mit denen, die vor uns kämpften, die russischen Linien durchbrechen – hin zu den Amerikanern. Wir hatten nur das Ziel, nicht in russische Gefangenschaft zu kommen. Wo vor uns das Geschützfeuer aufleuchtete wie Götterdämmerung, erwartete uns Freiheit. Dort mußten wir hindurch – lebend. Die Richtung stimmte, als wir auf den von Fahrzeugen verstopften Waldwegen zwischen Märkisch Buchholz und Halbe weiterliefen, auf das Kampfgebiet zu.

Im Bereich von Halbe wurde seit Stunden gekämpft. Die Masse der Soldaten war erschöpft und nicht mehr bereit zu kämpfen. Es war nur noch ein entnervter, führungsloser Haufen. Viele Unterführer und Offiziere hatten sich bereits die Rangabzeichen abgetrennt. Verantwortung wollten sie nicht übernehmen, es gab keine geordnete Führung mehr. Neben den Linien kämpfender Einheiten, meist der Waffen-SS, bewegte sich ein Heerwurm fast unbewaffneter Soldaten. Neben den Panzern herlaufend, gelang es ihnen, die russische Front am Ortsrand von Halbe zu durchbrechen. Freund und Feind waren in der Dunkelheit kaum zu unterscheiden.

Nach einer Stunde – oder waren es zwei? – erreichten wir die Straße, die kurz vor dem Ortseingang von Halbe in freies Gelände führte. Dantes Phantasie hätte kaum ausgereicht, die Hölle zu schildern, die uns nun erwartete. Es erscheint mir noch heute wie ein Wunder, daß wir überlebten, beide unverletzt, aber ohne das geringste Wissen, was um uns herum geschah. Tatsächlich hatte zwei bis drei Stunden vorher der Angriff zum Durchbruch begonnen.

EIN KUGELSICHERER DAMM

In der Armeeführung konnte niemand mehr daran glauben, daß der Durchbruch die gesamte Armee retten würde. Dazu war es bereits zu spät. Übrig geblieben war lediglich der Wunsch, die Armee nach Südwesten in Richtung Jüterbog durchbrechen zu lassen oder weiter nördlich, nachdem die 12. Armee des Generals Wenck mitgeteilt hatte, daß sie der 9. Armee nicht mehr zu Hilfe kommen konnte. Nach einem Befehl des Oberkommandos des Heeres vom 23. April 1945, als das Armeeoberkommando den Durchbruch auf eigene Faust bereits beschlossen hatte, sollten beide Armeen dann von Süden her Berlin entlasten.

Nach späteren Aufzeichnungen von General Busse war geplant, den Durchstoß so rasch vorzunehmen, daß die Russen zu wirksamen Gegenmaßnahmen nicht fähig sein sollten.[67] Nach welchem Zeitplan das erreicht werden sollte, ist schwer vorstellbar, denn der Kessel war in diesem frühen Zeitraum noch sehr groß, und der größte Teil der Truppen nicht motorisiert. Der breite Waldgürtel zwischen Halbe und Kummersdorf bis nördlich von Luckenwalde bot sich dafür an. Dadurch würde das sumpfige Gelände um Baruth gemieden, das für gepanzerte Fahrzeuge nicht geeignet war. Dieser Entschluß läßt sich mit der Nachricht von der 12. Armee vereinbaren, daß sie nicht nach Osten, sondern nach Nordosten in Richtung Beelitz angreifen würde. Von einem entlastenden Gegenstoß war dabei nicht mehr die Rede.

Am 25. April 1945 erließen Truman, Churchill und Stalin ein

– uns unbekannt gebliebenes – Sonderkommuniqué: »Truppen der amerikanischen und der sowjetischen Armee haben sich bei Torgau an der Elbe vereinigt.« Es waren sehr ungleiche Bundesgenossen, die sich in Mitteldeutschland die Hand reichten. Zwei Jahre später sollte der kalte Krieg beginnen.

Das XI. SS-Panzerkorps bildete die Spitze des Vorstoßes bei Halbe und nördlich von Halbe. Es sollte als erstes die russischen Linien durchbrechen. General Busse gab etwa zehn Jahre später an, daß das V. Armeekorps gleichzeitig den Schutz der Südflanke zu sichern hatte. Dies ist kaum zutreffend. Bereits am 25. April hatte es mit seinen Resteinheiten einen geschlossenen Ausbruch aus dem Raum nördlich Lübbens versucht – vergeblich. Der Rest der Truppe wurde später bei Märkisch Buchholz aufgerieben. Bei der Besprechung in der Nähe des Forsthauses Klein-Hammer war dieses Korps schon nicht mehr vertreten. Das 5. SS-Gebirgskorps sollte, so Busse, den Ausbruch nach Osten und Nordosten abschirmen, aber auch von diesem Korps war bei der Lagebesprechung bei Klein-Hammer niemand anwesend. Entweder gab es keine Vorbereitung oder nur eine Planung, die von vornherein zum Scheitern verurteilt war. Nur die Angriffsspitzen, in die sich die Führungsstäbe einreihten, hatten Aussicht voranzukommen.

Eine spätere Schilderung von General Busse widerspricht dem nicht. Danach wurde die noch kampfbereite Artillerie beiderseits Halbe aufgestellt. Sie verfügte nur noch über wenig Munition. Alle nicht zum Kampf benötigten motorisierten Fahrzeuge wurden, auch um ihren Treibstoff für die Kampffahrzeuge zu übernehmen, ebenso zerstört wie die Waffen, für die nach dem Vorbereitungsfeuer keine Munition mehr vorhanden war. General Busse schrieb, daß alles, was Waffen hatte, einschließlich der Stäbe und Armeetruppen, als Kampfeinheiten formiert wurde. Das konnte praktisch nur bedeuten, daß alle diesem Bereich zugeordneten

Stäbe, Offiziere und Mannschaften bewaffnet und ausgerüstet antraten.

In den folgenden zwei Tagen sollte die Lage der Truppen des 5. SS-Gebirgskorps im Bereich des Flüßchens Dahme und in den Wäldern um Märkisch Buchholz, von denen wir uns beim nächtlichen Marsch nach Halbe getrennt hatten, noch kritischer werden. Sie wurden dort eingekesselt und konnten sich nicht mehr den allgemeinen Durchbruchsversuchen etwa 20 Stunden später anschließen.

Kommandostellen waren aufgegeben worden, benachbarte Einheiten wie vom Erdboden verschwunden, nur der Flüchtlingsstrom ebbte nicht ab. Schlachtflieger und Artilleriefeuer trafen hilflose Opfer. Aus dem Westen hörte man Kampflärm. Heute nennt man das Gebiet um das Forsthaus Klein-Hammer und Märkisch Buchholz den »Wald der namenlosen Toten«. Sie sind nicht begraben, sondern in die Schützenlöcher und in Massengräber geworfen und verscharrt worden.

Unter den bewaffneten Kräften der 9. Armee, die am Abend des 28. April in der Angriffsspitze waren, befanden sich Zehntausende von Zivilisten, die entschlossen waren, den Ausbruch mitzumachen. Ich glaube, sie wußten so wenig wie wir, wie gering ihre Chance eigentlich war. Zu optimistisch klang das Wort »Ausbruch«, und zu entsetzlich erschien die Aussicht, den Russen in die Hände zu fallen. Für die Truppen in der Angriffsspitze war es hinderlich und bedrückend, daß Frauen und Kinder mitliefen – direkt in den Tod. Die russische Luftaufklärung hatte den Ausbruch frühzeitig festgestellt und das Artilleriefeuer und die Lufteinsätze gegen die Konzentrationspunkte gelenkt.

Die russischen Kräfte standen im Wald gegenüber von Halbe bereit. Ihre Front verlief von der Straße Halbe–Teupitz zu dem Dorf Teurow und von dort entlang des Flüßchens Dahme. In der Feldmark im Dahmetal war russische Artillerie dicht aufgefahren. Sie traf die Deutschen auf engstem

Raum um Märkisch Buchholz und Halbe. Die Russen versuchten, den deutschen Verteidigungsring von Nordosten aufzubrechen, also von dort her, wo wir im Wald gekämpft hatten.

In der Nacht des 28. April gelang es dem XI. SS-Panzerkorps, Halbe zu durchstoßen. Die Angriffsspitze war in einen südlichen und einen nördlichen Stoßkeil geteilt. Sie bestand aus der schweren SS-Panzerabteilung 502 und Teilen der Panzergrenadierdivision Kurmark sowie Resten einer Fahnenjunkerkompanie.[68] Der südliche Stoßkeil erreichte Halbe etwa um 20 Uhr und wurde an einer Panzersperre aufgehalten, hinter der die Russen eine Falle aufgebaut hatten. Dort befand sich der Gefechtsstand einer deutschen Polizeieinheit, vermutlich Seydlitz-Leute, denn sie erklärten Halbe als feindfrei. Doch dann brach über die deutsche Panzerspitze die Hölle herein. Phosphor- und Sprenggranaten prasselten auf die »Tiger«. Als die Infanterie eingriff, war die Straße nach Teupitz in Halbe von Panzern, Lkw und Pferdegespannen, Soldaten und Zivilisten verstopft.

Halbe war in der Stoßrichtung und zu beiden Seiten von Russen umstellt. Pausenlos schlugen Granaten ein. Ständig wurden die Truppen auch von der Seite angegriffen. Selbst in den Häusern dieser Straße hatten sich Russen in den oberen Geschossen verschanzt. Bei der herrschenden Dunkelheit waren sie nicht auszumachen. Beiderseits Halbe wurde versucht, die russischen Riegel aufzubrechen. In dieser Situation fuhr der kommandierende General des XI. SS-Panzerkorps, Kleinheisterkamp, gegen 20 Uhr von der Nachhut zur Spitze vor. In seinem Führungsspähwagen befanden sich sein Chef des Stabes, Oberst Giese, und einige andere Offiziere. Der Spähwagen wurde von den Russen abgeschossen. Seitdem verlor sich jede Spur von ihm und Oberst Giese. Nur ein Offizier geriet in russische Gefangenschaft. Er entkam später.

Deutsche Panzer trafen hinter Halbe auf die dort warten-
den deutschen Einheiten. Andere Panzer des Angriffsspit-
zenzuges umfuhren den Ort. Es gab auch in dieser Situation
noch energische Führer, die ihre Einheiten zusammenhiel-
ten und durch Mut und Tapferkeit Versprengte mitrissen.
Als sie den Ort verließen, wurden die deutschen Truppen
aus einem Waldstück nördlich von Halbe heftig beschossen.
Wegen der starken russischen Abwehr bildeten sich drei
Keile, die an verschiedenen Stellen auf die Autobahn zustießen. Als nächster Sammelpunkt war das Forsthaus Massow südwestlich der Autobahn verabredet. Hier sollten sich
Gruppen, Züge und Kompanien wieder zusammenfinden.
Hier wurde für die Führung auch das Ausmaß der Verluste
in der blutigen Nacht von Halbe sichtbar.
Die Panzerspitzen mußten auf dem Weg zum Forsthaus die
Autobahn unter schwerem Beschuß überqueren. Auch der
Oberbefehlshaber der 9. Armee, General Busse, rettete sich
hier aus dem Kessel. Hinter ihm hatten die Russen bald danach die Durchbruchstelle wieder abgeriegelt.
Unsere Hoffnung, daß die Durchbruchstelle bei Halbe offen war, erwies sich als Irrtum, ohne daß wir dies bemerkten. Wir wußten nicht, daß die Russen die Lücke bereits
wieder mit Gegenangriffen geschlossen hatten. Das alles
begann in der Nacht vom 28. auf den 29. April, als wir von
Märkisch Buchholz aus auf die Durchbruchstelle in Halbe
zuliefen. Auf der Straße dorthin waren wir durch den Wald
geschützt, aber als er kurz vor dem Ort aufhörte, wollten wir
auf einen Lkw aufsitzen, weil wir glaubten, dem Inferno in
Halbe schneller entrinnen zu können. Doch alle Wagen waren mit Verwundeten belegt. Sie kamen auch nicht von der
Stelle. Es war unser Glück, daß wir zu Fuß weiterkommen
mußten. Schon wegen der Höhe der Fahrzeuge wären wir
ein leicht zu treffendes Ziel gewesen.
Der Lärm der Schlacht wurde stärker, als wir uns dem
Bahndamm der Eisenbahnlinie näherten, die von meiner

Heimatstadt Forst über Cottbus durch den Spreewald und über Königs Wusterhausen nach Berlin führt. Wie oft war ich mit dem Zug auf diesen Gleisen ins Internat gefahren! Sie mußten überquert werden. Der Bahndamm wurde mit Maschinengewehrfeuer bestrichen. Wir hatten den Eindruck, daß es von beiden Seiten kam, vor allem von Süden. Dort hatten die Russen nach inzwischen vorliegenden Aufzeichnungen Infanterie und Artillerie in der Niederung des Flüßchens Dahme in Stellung gebracht, so daß sie in Richtung Bahnlinie nach Halbe schießen konnten. Wir mußten nicht mehr über den Bahndamm robben – wir konnten ihn kriechend überqueren, denn inzwischen waren hier so viele Soldaten gefallen, daß sie uns wie ein kugelsicherer Damm, breit und hoch, nach beiden Seiten hin abschirmten. Kein Lebenszeichen war mehr zu hören – sie waren wohl alle von Kugeln geradezu durchsiebt.

Rechts lag der Bahnhof. Die Straße gabelte sich. Hier trafen wir auf Einweiser. Sie sorgten dafür, daß sich die Truppen auf der Straße nach Teurow weiterbewegten. Von den Einweisern erfuhren wir, daß sich der General der Armee mit einem Tiger-Panzer an die Spitze gesetzt habe und durchgebrochen sei – abgehauen, wie es im Landserjargon hieß.

Die Einzelheiten des Durchbruchs erfuhr ich erst jetzt, aber ich war erstaunt, daß sich Nachrichten in einem solchen Chaos, in dem der Lärm der Schlacht fast taub machte, so schnell verbreiten konnten. Auf dieser Straße in Halbe wußte ich noch nicht, daß der Ausbruch aus dem Kessel aussichtslos geworden war. Wir wähnten die Führung weiter vorn. Die Truppen auf der Straße konnten nicht führerlos wie Lämmer auf dem Weg zur Schlachtbank sein. Und doch waren sie es, im wahren Sinne des Wortes. Es spricht alles dafür, daß die Einweiser, die da so gelassen die Richtung in die Kirchstraße angaben, Seydlitz-Leute in deutscher Uniform waren.[69] Sie sollen an einer Stelle gestanden haben, die nicht von den Russen beschossen wurde. Die Deutschen wurden so direkt vor die russischen Maschinengewehre geführt. Die Russen hatten die Kirche rechts an der Straße besetzt und schossen vom Kirchturm.

Obwohl es dunkel war, blieben die Bilder in der Erinnerung haften – nicht das ohrenbetäubende akustische Geschehen. In der Straße von einigen hundert Metern Länge standen die meisten Häuser auf der rechten Seite. In der Dunkelheit schien es so, als ob überhaupt nur die rechte Seite bewohnt sei. Der linke Straßenrand nahm die Toten auf. Sie wurden beiseite geschleppt, um die Straße freizuhalten. Wie auf dem Bahndamm bildeten sie einen Wall entlang der Straße. Mehrere tausend Gefallene sollen in dieser kurzen Straße auf nur wenigen hundert Metern gelegen haben. Ich sah nichts von den verstümmelten und zerfetzten Körpern, aber ich hörte das Wimmern, Stöhnen und die Hilferufe. Doch jeder war mit sich selbst beschäftigt, spähte nach russischen Schützen in den Fenstern der Häuser oder paßte auf, von wo am meisten geschossen wurde. Panzer und Troßfahrzeuge standen auf der Straße, weil der Angriff stockte.

Ganz vorn standen »Hetzer«. Sie hatten keinen drehbaren Turm, so daß sie mit dem ganzen Fahrzeug gerichtet werden mußten. Die Soldaten hielten sich im Schutz der Panzer. Sie liefen hinter den drei, vier Hetzern her, weil sie annahmen, daß der meiste Beschuß von vorn drohte. Wir dagegen hatten den Eindruck, daß das Feuer hauptsächlich von rechts aus den Hauslücken oder den Häusern selbst kam, und hielten uns seitlich links von einem Panzer, und das war richtig. Es gab keine Panik, nur abgestumpfte Routine. Jeder informierte jeden, worauf zu achten war. Es wurde nicht geraucht, weil Streichhölzer oder Zigaretten uns in der Dunkelheit verraten hätten. Ein Beiwagenkrad wurde von einem der Tanks so eingeklemmt, daß der Sozius beim nächsten Anfahren zerquetscht worden wäre. Erst nach quälend langen Minuten konnte die Besatzung darauf aufmerksam gemacht werden. Schläge gegen das Fahrzeug hatten nichts genutzt, für die Besatzung hörten sie sich wie Einschläge von Infanteriegeschossen an. Alle hofften auf das befreiende Anfahren der Kolonne, als wäre vorn nur geringer russischer Widerstand zu brechen.

Wir vermuteten die Angriffsspitze unmittelbar vor uns in der leichten Biegung der Straße. Wir wußten nicht, daß die Straße von den Russen in Teurow abgeriegelt war. Da es nicht voranging, machten wir eine Pause. Durch ein offenes Fenster kletterten wir in eines der Häuser auf der rechten Straßenseite. Im Dunkeln merkten und ertasteten wir, daß es vollständig von Soldaten besetzt war. Nur zwei Plätze am Fußboden waren frei, genau dem Fenster gegenüber, an der gefährlichsten Stelle im Raum. Auf einem Stuhl saß ein Soldat, aber das merkte ich erst, als ich mich setzen wollte. Kurz danach wurde das Haus von einer Granate getroffen. Der Raum war in Staub gehüllt. »Ist jemand verwundet?« rief einer. Vom Fußboden, wo etwa 15 bis 20 Mann dicht nebeneinander hockten, kam die Antwort: »Nein.« Ich spürte auf meinem Stahlhelm bröselige Feuchtigkeit und riß ein Streichholz an. Da sah ich, daß dem Soldaten auf dem Stuhl der Kopf fehlte. Es war der Soldat, der auf dem Stuhl saß, auf den ich mich hatte setzen wollen. Schon im nächsten Moment ließ mich lautes Protestgeschrei das Streichholz löschen. Heiner und ich blieben nicht länger. Auf der Straße fühlten wir uns zwar nicht sicherer, aber wir hofften voranzukommen. Da der Angriff noch immer stockte, gingen wir noch einmal zur Bahnlinie zurück und krochen erneut über den stark beschossenen Bahndamm bis zum Waldrand. Doch als wir nirgendwo Informationen über die Lage erhielten, kehrten wir wieder um, zurück in das Chaos der Straße mit den vielen Toten und Verwundeten, in der es kein Vor und Zurück mehr gab, obwohl alle nach vorn und nur durch wollten.

Wo der Ort endete und die Straße in eine Chaussee überging, war linkerhand ein lichter Kiefernwald. Wir kamen gut voran. Jedes Schützenloch oder was auch nur so aussah, wurde genau untersucht. So ging es einige hundert Meter weiter bis zu einem Haus an der Chaussee. Seine Treppe führte von außen in eine Waschküche.

Was wir nicht wissen konnten: 3000 bis 4000 Meter von uns entfernt überquerten die Truppen mit allen verfügbaren schweren Panzern und fast allen Sturmgeschützen unter großen Verlusten die Autobahn. 30 000 bis 40 000 sollen es nach Angaben von General Busse gewesen sein. Es war der Durchbruch.

»Raufkommen, der Iwan ist da«

Völlig übermüdet hockten wir in der Waschküche des Hauses und glaubten, einen sicheren Unterschlupf gefunden zu haben. Jeden Augenblick konnte uns die Gefangennahme drohen. Wir überlegten, wie die Russen reagieren könnten. Als Fahnenjunker-Unteroffiziere hatten wir auf unsere Uniformjacken keine Tressen mehr nähen lassen. So brauchten wir nur die Schulterklappen mit den Rangabzeichen abzuknöpfen.

Es dämmerte bereits, als wir die Kellertreppe hinuntergestiegen waren. Obwohl wir mit einer Gefangennahme rechneten, kam sie schneller, als wir dachten. Nach etwa 20 Minuten wurden wir auf deutsch aufgefordert:»Raufkommen, der Iwan ist da, Waffen unten lassen!« Seydlitz-Leute?

Als ich nach oben kam, sah ich nur russische Uniformen und mongolische Gesichter. Einige der Soldaten hatten nur einen Strick statt eines Koppels umgebunden. Einer nahm mir meinen Finndolch mit einer schön geschmückten Lederscheide ab, den ich am Koppel trug und vergessen hatte wegzustecken. Dafür versetzte er mir einen Stoß mit dem Gewehrkolben. Im Hintergrund sah ich russische Soldaten in Schützenlinie durch den Wald in Richtung Halbe vorrücken.

Den Gegenangriff in der Morgendämmerung hatten wir nicht bemerkt. Wir Gefangenen – etwa zehn Mann – marschierten nun in die Richtung, in die wir eigentlich wollten, aber in einer Begleitung, die wir unbedingt hatten vermeiden wollen. Es ging noch einige hundert Meter durch den Wald, an gefallenen deutschen Soldaten vorbei. Wir waren überrascht, wie weit sie gekommen waren. Wir wußten nicht, daß sie während der Nacht beim Durchbruch durch die russischen Linien gefallen waren.

Die aus dem Kessel entkommenen Teile der Armee sammelten sich zu dieser Zeit in dem etwa sieben Kilometer südwestlich von Halbe auf der anderen Seite der Autobahn gelegenen Forsthaus Massow, wo nur noch Artilleriefeuer zu hören war. General Busse beriet dort mit den Truppenführern, »wie es weitergehen soll«. Um die Zurückgebliebenen kümmerte sich niemand mehr. Der schnelle Zusammenschluß mit der Armee Wenck war das Ziel. Bei der Begegnung mit dem Obersturmführer Bärmann, der ein Sturmgeschütz führte, wurde erörtert, wie weit es noch bis zur Armee Wenck sei. »60 Kilometer«, meinte General Busse. Als er hörte, daß der Sprit der Panzerfahrzeuge nicht für 60 Kilometer reichen würde, hatte er nur die Lösung parat, daß sich die Panzerbesatzungen den Sprit mit Gewalt besorgen müßten. »Wenn die 9. Armee durchkommen soll«, so der General, »dann müssen die Panzer die Speerspitze bilden.«[70] Der Sturmbannführer, dessen schwere SS-Panzerabteilung 502 noch 13 »Tiger« hatte, schlug als nächsten Sammelpunkt das Forsthaus Wunder westlich der Straße Baruth–Zossen vor.

Der sowjetische Schriftsteller Konstantin Simonow erreichte als Kriegsberichterstatter die Stelle an der Autobahn bei Halbe-Teupitz einige Stunden nach dem Durchbruch. Er berichtete, daß besonders die Schneise, die in Richtung Autobahn von den deutschen Truppen benutzt wurde, mit zerschossenen Panzern und Kraftfahrzeugen restlos verstopft gewesen sei. Überall hätten Berge von Leichen und Verwundeten gelegen. Die Kolonne war in das geballte Feuer der sowjetischen Artillerie geraten, die über die Autobahn herangeschafft worden war.[71]

Wir Gefangenen wurden durch russische Linien geführt. Stundenlang liefen wir durch verschiedene Dörfer und hatten das Gefühl, daß man uns hin und her führte, um uns den Siegern vorzuführen. Wenn ich heute die Karte betrachte, sind es auf dem Weg südlich von Halbe die vier Dörfer Teurow, Freidorf, Briesen und Oderin gewesen. Die Niederung des Dahmetals war ein offenes Gelände. Weitere Gefangene kamen hinzu. Frauen in den Dörfern an der Straße sprachen mit uns und steckten uns Brot zu. Sie berichteten von Vergewaltigungen und dem merkwürdigen, fremden Verhalten der Soldaten. Lebensmittel wurden ihnen weggenommen, um sie großzügig anderen Deutschen zu schenken. Auch Gefangene in der Sowjetunion haben die »russische Seele«, die Gutmütigkeit neben der Brutalität, erlebt. Am frühen Nachmittag des 29. April, dem dritten Tag ohne Schlaf, kam der Gefechtslärm wieder so nah, daß wir an einen deutschen Gegenstoß dachten. Wir befanden uns an der Mauer eines kleinen Dorffriedhofs auf einer leicht abschüssigen Wiese. Man hatte uns befohlen, uns hinzusetzen. Unsere acht oder neun Bewacher waren bedrohlich erregt. Sie luden ihre Maschinenpistolen durch. Ich hatte das Gefühl, daß sie uns erschießen wollten, und einer der Mitgefangenen, der Russisch verstand, bestätigte, daß unsere Bewacher befürchteten, in einen Gegenstoß zu geraten. Da sie einen Halbkreis gebildet hatten, sah es so aus, als ob sie jeden Augenblick auf uns schießen würden. Ich mußte mir helfen lassen, eine Zigarette zu drehen, so zitterte ich. Warum wir nach einer halben Stunde wieder aufstehen und weitermarschieren durften, blieb mir verborgen. Als wir schließlich zu einem Sammelpunkt kamen, waren wir 50 Gefangene. Viele andere waren dort schon zusammengetrieben worden. Die Gefangennahme hatten wir überlebt. Anderen widerfuhr dieses »Glück« nicht. Es gab Stäbe der SS, deren Offiziere sofort bei der Gefangennahme liquidiert wurden. Nur der Chef der Einheit wurde lebend abgeführt, um in der

Sowjetunion irgendwelcher Greuel beschuldigt, zum Tode verurteilt und öffentlich gehenkt zu werden.[72]

Für Angehörige der Waffen-SS bestand die Bedrohung ihres Lebens auch später noch, für uns nicht. Das Schicksal, das uns drohte, war ein anderes: Zwangsarbeit über viele Jahre mit karger Versorgung, mit Hunger und Verzweiflung in der Abgeschiedenheit der russischen Weite oder der Hungertod. Die Verfassung der UdSSR schrieb keine Menschenrechte fest. Nach Artikel 12 war Arbeit Pflicht und Ehrensache: »Wer nicht arbeitet, soll auch nicht essen.« Und: »Jeder nach seinen Fähigkeiten, jeder nach seiner Leistung.«

Heute weiß ich, daß die Gefangenen dagegen völlig rechtlos waren. Ihr Leben galt nichts. Sie wurden geschoren wie Tiere und untersucht wie Sklaven im alten Rom. Durch Kneifen ins Hinterteil wurden sie in Kategorien bis hin zur Arbeitsuntauglichkeit eingestuft. Dazu kamen die Verhöre, die auch das Innenleben der Gefangenen ans Licht zu zerren suchten. Es wurde gebrüllt, beschimpft, geschlagen und sogar gefoltert. Es gab Schaumärsche, bei denen deutsche Kriegsgefangene durch russische Städte getrieben wurden, wie die über 50 000 Gefangenen der Heeresgruppe Mitte durch Moskau.

Für viele Gefangene bedeutete dies einen Schock, gefolgt von »stiller Panik«. Der Mensch erschien als verabscheuungswürdiges Subjekt. »Der Hunger als der ursprünglichste, stärkste Trieb demaskierte den Menschen in grauenhafter Weise«, so hat es Graf von Einsiedel gesagt; er offenbarte die Hinfälligkeit der durch Konvention anerzogenen Sitten menschlicher Gesellschaft, die wie schlechte Tünche abbröckelten.

Wie hätte ich mich verhalten? Graf von Einsiedel erinnert an Odysseus, dessen Gefährten auf der Insel der Halbgöttin Circe in Hühner, Enten und Schweine verwandelt wurden, nur nicht der starke und kluge Odysseus, der sein menschliches Wesen, seine Würde und seinen Willen behielt. Am besten überstanden die etwa 30jährigen die Jahre russischer Gefangenschaft. Pflichtgefühl oder religiöse Bindung ließen die Gefangenschaft leichter durchstehen. Je uninteressierter ein Kriegsgefangener war, desto schneller erlag er Hungerproblemen und Epidemien. Als niederdrückend und widerwärtig wurden Opportunisten, antifaschistische Aktive, Lagerfunktionäre, aber auch entwürdigende Behandlung und Vernehmungen empfunden. Belastet haben auf die Dauer die primitiven Lebensumstände, die versuchte politische Beeinflussung durch die Antifaschisten und das Nationalkomitee »Freies Deutschland«, mehr noch die Spitzel.

Alles, was wir über Deutsche wußten, die auf russischer Seite kämpften, erschöpfte sich in dem Begriff »Seydlitz-Leute«. Sie galten als Verräter. Tatsächlich gab es, was wir nicht wußten, verschiedene Entwicklungen und Richtungen, an denen Deutsche beteiligt waren. Deutsche Exilkommunisten übernahmen mit ausdrücklicher Billigung des Zentralkomitees der KPdSU die Organisation.

Die Vernichtung der 6. Armee bei Stalingrad leitete diese Entwicklung ein. Stalingrad hatte gezeigt, daß deutsche Soldaten bis zum Äußersten kämpften und nicht überliefen. Die Russen setzten auf die deutschen Offiziere in ihren Händen. Im Mai 1943 bildete sich das Nationalkomitee Freies Deutschland (NKFD). Seine Fahne wurde die schwarz-weiß-rote des ehemaligen deutschen Kaiserreichs. Versprochen wurde die Amnestie für Hitler-Anhänger, wenn sie sich lossagten und der Bewegung anschlossen, verbunden mit dem patriotischen Appell, das von Hitler ins Unglück gestürzte Vaterland zu retten.

Erwiesen ist, daß das Nationalkomitee keine Generäle und höheren Stabsoffiziere zu einer Zusammenarbeit bewegen konnte. So gewann es zunächst auch bei den Gefangenen nicht an Gewicht. Um ihnen die gewünschte Richtung vorzugeben, brauchte man die gefangenen Offiziere. Die Haltung Hitlers gegenüber der 6. Armee in Stalingrad hatte Zweifel an einem Sieg und an den Fähigkeiten Hitlers geweckt. So wurde auf sowjetische Anregung der »Bund Deutscher Offiziere« (BDO) gebildet, dem die Sowjets zusagten, sich für ein Reich in den Grenzen von 1937 einzusetzen. Eine schriftliche Zusage, obwohl gewünscht, machten sie nicht. General von Seydlitz, der in Stalingrad gefangengenommen wurde, hatte zunächst keinen Erfolg. Der Bund Deutscher Offiziere, im September 1943 gegründet, erschien vielen als eine Abgrenzung zum Nationalkomitee Freies Deutschland.[73]

Auch im Kessel von Halbe lehnten deutsche Truppen in aussichtsloser Lage ein Überlaufen ab. Sie verachteten die Verräter. Auf der Konferenz von Teheran erklärte Stalin, daß die Deutschen »wie die Teufel« kämpften. Selbst Deutsche auf russischer Seite sprachen von geradezu selbstmörderischem Widerstand. Nur wenige kämpften für einen Sieg der nationalsozialistischen Idee. Sie kämpften für ihre Heimat, deren Bevölkerung der Roten Armee auf Gedeih und Verderb ausgeliefert war. Im April 1945 wußten auch die deutschen Soldaten, daß am Verlauf des Krieges nichts mehr zu ändern war. Sie hielten durch in der Hoffnung, daß nur bei den westlichen Alliierten eine Chance zum Überleben bestand. In diesem Bewußtsein kämpften auch die Truppen der 9. Armee, am Ende führungslos geworden, bis zu ihrem Untergang.

Bei ihrem Durchbruch kamen die gepanzerten Verbände und die Stäbe der 9. Armee am Nachmittag des 29. April vor einer Sperrlinie der Russen an der Straße Zossen–Baruth zum Stehen, so, wie es der an der Spitze kämpfende Sturmbannführer der »Tiger« vorausgesehen hatte. Er kannte das Gelände aus seiner Dienstzeit bei den Panzern in Wünsdorf und erteilte nach genauer Geländebeschreibung einem SS-

Offizier den Befehl, mit seinem Zug »Tiger« nach rechts auszuscheren und die Straße an einer günstigen Stelle nach Norden abzusichern. Die drei Tiger-Panzer fuhren daraufhin entlang der Bahnlinie nach Norden, um die Stellung befehlsgemäß bis 18 Uhr einzunehmen.

Auf diese Sicherung bauend, setzte sich die Masse der Truppen des Generals Busse wieder in Bewegung. Als der erste »Tiger« die Reichsstraße 96 zwischen Wünsdorf und Baruth überquerte, wurde er aus der rechten Flanke unvermutet abgeschossen. Was war mit dem Zug der drei »Tiger« geschehen, die das Überwechseln über die gefährdete Straße decken sollten?

Am nächsten Tag meldete sich der Obersturmführer bei der Panzerabteilung zurück und erklärte, warum er die angegebene Stellung nicht eingenommen hatte. Ein Oberst habe ihn in ein anderes Gelände eingewiesen. Er habe sich anfangs dagegen gesträubt, doch der Oberst habe ihm mit dem Kriegsgericht gedroht. War das eine der vielen Aktionen der Seydlitz-Leute? Die Beteiligten waren davon überzeugt.[74] Die Hauptausbruchsgruppe drängte gegen den Bahndamm und die dicht dahinter verlaufende Straße Zossen–Baruth. Hier erwarteten stärkere russische Verbände die vorgestoßenen Teile der 9. Armee. Russische Panzer und Panzerabwehrgeschütze beherrschten mit Flankenfeuer von Norden und Süden die Straße. Für die deutschen Truppen gab es auf ihrem Weg nach Westen keine Wahl – sie mußten dort durch.

Wieder war der die Spitze führende Sturmbannführer vorn, obwohl er seinen Spähwagen bereits verloren hatte. Nach seinen Befehlen scherten »Tiger« nach Norden und Süden aus und bekämpften die russischen Panzer und PAK, während andere Panzer Bahnkörper und Straße überrollten und in dem dahinterliegenden Wald beim Forsthaus Wunder erneut einen Brückenkopf bildeten. Die mühsam hergestellte Ordnung anderer Durchbruchsgruppen ging dabei verloren. In kleineren Gruppen versuchten sie weiterzukommen und wurden, wenn sie zu weit nach Süden, in Richtung Baruth, abkamen, eingekesselt. An der Straße von Baruth hatte die 3. Gardearmee ihre stärksten Riegel aufgebaut. Hier waren auch die Seydlitz-Leute voll in Aktion und brachten die Ausbruchsgruppen durcheinander. Ein SS-Grenadier schilderte, wie ein Heeresoffizier vor der Försterei Wunder das Kommando solcher Gruppen übernahm und versuchte, sie zu ordnen. Als die Soldaten folgten, gab es nach einiger Zeit einen unerwarteten Halt. Der Offizier hielt eine Ansprache. Von »Krieg zu Ende«, von »Nach Hause« und »Kein Blutvergießen mehr« war die Rede. Als einige Soldaten im Hintergrund schlecht getarnte russische Fahrzeuge und Panzer erkannten, die sich merkwürdig ruhig verhielten, setzten sie sich von der Gruppe ab und versuchten ihr Glück auf eigene Faust.

Beim Forsthaus Wunder sammelten sich größere Gruppen, darunter die »Tiger« der Waffen-SS und Teile des Panzerregiments Kurmark. In die Diskussion einiger Offiziere mischte sich ein unbekannter Oberst ein, da er einen sicheren Weg kenne. Wieder gab es Diskussionen, bei denen der Offizier in den Verdacht geriet, ein Seydlitz-Mann zu sein. Man stellte ihm Fangfragen, und der Oberst wurde schließlich erschossen. Ähnliches geschah mit einem Unteroffizier und einem Feldwebel. Als Seydlitz-Leute erkannt, wurden sie niedergeschossen. Die Soldaten hatten für ihren Argwohn Anhaltspunkte. Sie achteten auf die Uniformen. Gute und saubere Uniformen waren ein Anzeichen dafür, daß solche Leute die letzten Tage nicht bei den Truppen verbracht hatten.[75]

In der Nacht zum 30. April sollten die Truppen den Artillerieschießplatz Kummersdorf erreichen. Dorf und Militärlager sollten im Sturm genommen werden, danach sollten sich die Gruppen über den ganzen 30. April zum letzten Durchbruch neu ordnen, um am Morgen des 1. Mai zur 12. Armee des Generals Wenck durchzubrechen.

Alle Kämpfe waren mit großen Verlusten verbunden. Sie berührten uns Gefangene nicht. Infanteriefeuer hört man ohnehin je nach Windrichtung höchstens bis zu einer Entfernung von fünf Kilometern. Was zu uns drang, waren ausschließlich Gefechte im Kessel.

FLUCHT IN DIE KUSSELN

Ich vermute heute, daß es der Ort Briesen war, dessen Ortsrand wir am späten Nachmittag des 29. April erreichten. In einem Haus schien es ruhig, bis aus den oberen Fenstern heraus deutsche Soldaten um Hilfe schrien. Der Grund kann eigentlich nur akute Lebensgefahr gewesen sein. Ich kann nicht sagen, daß uns dies beeindruckt hätte – wir waren selbst viel zu erschöpft und deprimiert. Zwei Kommissare untersuchten unser Gepäck. Diese Arbeit überließen sie nicht den einfachen Soldaten. Sie suchten nach Beute. Ich hatte einen russischen Leutnant bemerkt, der mit seinen Soldaten zusammenstand, die ihn umringten wie Küken eine Henne. Der Offizier machte einen ausgezeichneten und intelligenten Eindruck. Von den beiden Kommissaren, pockennarbig und finster, konnte man das nicht sagen. Als sie bemerkten, daß ich sie bei ihrer Unterhaltung musterte, wurden sie unruhig und fuhren mich in barschem Ton an. Mir war sofort klar, daß sie argwöhnten, ich könne Russisch und hätte angehört, worüber sie sich unterhielten. Das konnte für mich schlimme Folgen haben. Ruhig und unbeeindruckt versuchte ich, ein dummes Gesicht zu machen, und tatsächlich ließen sie von mir ab. Unbeobachtet ließ ich meinen Marschkompaß fallen und drückte ihn mit dem Stiefel in die Erde, damit er nicht mehr zu finden war. Meine goldene Armbanduhr, ein Geschenk meiner Großmutter, die bei meiner Einberufung an einem Herzinfarkt gestorben war, hatte ich in meiner Mütze versteckt. Als die Untersuchung begann, hatte ich die Mütze vor mich hingeworfen, so daß sie nicht untersucht wurde. Die Uhr hätte später beinahe meinen Tod verschuldet, sie rettete mir jedoch zugleich das Leben.

In der folgenden Nacht unter freiem Himmel nach drei schlaflosen Nächten hätte ich eigentlich fest schlafen müssen, aber ich bemerkte wie im Unterbewußtsein, daß sich Russen unter uns Gefangenen bewegten und nach Beutegut suchten. Einzelnen Soldaten zogen sie die Stiefel aus, wenn sie von ihnen für gut befunden wurden. Einige der Beraubten schrien nach ihrem Leutnant wie ein Kind nach seiner Mutter. Den Betroffenen war klar, daß sie mit Ersatzschuhwerk nicht rechnen konnten. Ihre Chance zu überleben verringerte sich – lange Märsche standen bevor.

Als es am nächsten Morgen weiterging, waren wir gezählt worden. Es hieß, daß es nach Forst in ein Sammellager ginge. Unter solchen Umständen hoffte ich nicht, meine Geburtsstadt wiederzusehen – Heiner und ich wollten bei nächster Gelegenheit fliehen. Sie bot sich in der märkischen Landschaft. Der Zug der Gefangenen, inzwischen auf viele hundert angewachsen, bewegte sich südostwärts durch die Kiefernwälder. Der Karte nach muß es der Staakower Forst gewesen sein, östlich der Autobahn. Er bestand aus lichtem hohem Kiefernwald und aus mittelhohen Kiefern mit einem gut einsehbaren, aber schlecht begehbaren Unterholz. Wichtiger für uns waren die Waldstücke aus Jungkiefern, die wir Kusseln nannten. Diese Kiefern sind bis unten hin dicht. Sie waren meist unregelmäßig gewachsen, aber man konnte sich hinter den jungen Bäumen verstecken. Unsere Flucht bereiteten wir während des Marsches vor: Was klappern konnte, ließen wir fallen. Einem Feldwebel der Waffen-SS, der merkte, was wir vorhatten, war das Risiko zu groß. Er war verheiratet und hatte Kinder. Was mit uns geschehen würde, wenn wir bei der Flucht gefaßt würden, war uns gleichgültig. Auf dem mühsamen Weg durch Halbe hatten wir versprochen, daß jeder den anderen erschießen würde, wenn er verwundet wäre und sich nicht mehr selbst töten könne. Zu oft hatten wir das Leiden hilfloser Verwundeter mit ansehen müssen, um dieses Schicksal teilen zu wollen. Die Gefahr, von den Posten bemerkt und erschossen zu werden, schien uns kaum bedrohlicher als das, was wir gesehen und erlebt hatten.

Wir hatten uns von hinten dicht an den vor uns gehenden Bewacher herangemacht und warteten darauf, daß der Waldweg abknickte oder eine so scharfe Biegung machte, daß der Posten, etwa 25 Meter hinter uns, nichts sehen konnte, weil die Kusseln ihm den Blick versperrten. Als die Gelegenheit kam und unser Bewacher wie bisher vor sich hin trottete und nach vorn sah, die Maschinenpistole mit der Trommel vor sich um den Hals gehängt, sprangen wir hinter die Büsche, hockten uns nieder und unterdrückten fast das Atmen. Wir sahen unter den Bäumen die Füße der Gefangenenkolonne wie einen Lindwurm endlos langsam vorbeiziehen, keine fünf Meter von uns entfernt. Wir zählten mindestens 20 russische Bewacher als Begleitung auf unserer Seite.

Wir waren frei, hatten die Gunst des Augenblicks genutzt, ahnten aber nicht, was das wirklich bedeutete. Heute weiß ich, daß große Teile der 9. Armee in diesen Stunden, im Kessel eingeschlossen, dem mörderischen Feuer zum Opfer fielen und daß die nach Südwesten vorstoßenden Teile der 9. Armee in heftige, verlustreiche Kämpfe verwickelt waren.

Der Teil der 9. Armee, dem der Ausbruch bei Halbe geglückt war, hatte sich der 12. Armee genähert und bereitete den letzten Durchbruch vor. Man hatte ständige Funkverbindung mit dem Armeeoberkommando der 12. Armee und dabei erfahren, daß der günstigste Punkt für den Durchbruch in der Gegend südlich von Beelitz bis Wittbrietzen lag. Um die letzten »Tiger« fahr- und kampffähig zu halten, wurden wieder andere Fahrzeuge leergetankt. Gegen

Abend des 30. April setzten sich diese Reste der 9. Armee wieder in Bewegung. Eine Gruppe scherte zur Seitensicherung nach Norden aus und bekämpfte wiederholt russische Panzer und PAK. Die Hauptgruppe – darunter »Königstiger« der SS-Panzerabteilung 502 und Sturmgeschütze der Sturmartillerie-Lehrbrigade 920, die bei den Kämpfen um Seelow zum XI. SS-Panzerkorps abgedrängt worden und so in den Kessel geraten waren – überwand die Reichsstraße 101 und die dahinterliegende Bahnstrecke Luckenwalde–Trebbin und erreichte den Raum Liebätz.

Bei diesen übersichtlichen Verkehrsadern hatten die Russen ein großes Aufgebot an Panzern und Panzerabwehrkanonen in Stellung gebracht, da sie wußten, wo sich die Hauptgruppe des deutschen Vorstoßes befand. Die Straße zwischen Luckenwalde und Trebbin ist dort schnurgerade. Die gute Panzerung der »Tiger« schaffte eine gewisse Überlegenheit, so daß sich die Truppenteile von dort aus etwa bis auf zehn Kilometer der Armee Wenck nähern konnten. Diskussionen während der Nacht über das Wann und Wie des letzten Durchbruchs endeten, als die Panzerspitze einfach anfuhr und den Heerwurm automatisch hinter sich herzog. In dieser Nacht wurde in Berkenbrück schwächerer russischer Widerstand schnell gebrochen. Auf der nordwestlich auf Beelitz zuführenden Straße ging es zügig weiter. Gegen 3.30 Uhr am Morgen des 1. Mai kam es zum Durchbruch durch Hennickendorf. Dort fiel der Kommandeur der Aufklärungsabteilung der Panzergrenadierdivision Kurmark, Major Otto-Christer von Albedyll, als er seinem verwundeten Adjutanten, dem Leutnant Wiebe, zu Hilfe eilte. Major von Albedyll stammte von Gut Klessin bei Lebus, dem Kampfgebiet an der Oderniederung. Er soll ein tapferer und umsichtiger, allseits beliebter Truppenführer gewesen sein. Seine Kameraden bereiteten ihm – trotz der allgemeinen Erschöpfung – ein Grab am Wegesrand.[76] Von Hennickendorf aus richtete sich der Strom kämpfender

Truppen gegen russische Sperren auf dem Weg nach Dob-brikow.

Am Morgen des 1. Mai blieben einzelne Panzerverbände stehen – der Treibstoff war ihnen ausgegangen. Die Besatzungen vernichteten die Panzerfahrzeuge und setzten ihren Marsch als Infanteristen fort. Als es hell wurde, griffen auch wieder russische Flugzeuge die nach Westen strömende Infanterie an. Rieben wurde im Sturm genommen. Immer wieder trafen die Deutschen auf russische Sperren. Zwischen Rieben und Zauchwitz bewegte sich der Heerwurm nach Westen. Bei Beelitz erreichte er die 12. Armee des General Wenck.

Doch wie sah die Auffangstellung der 12. Armee aus? Auf etwa einen Kilometer kamen drei deutsche Soldaten, meist Flakhelfer oder Männer vom Reichsarbeitsdienst (RAD).[77] Als General Busse die Reste seiner Armee an sich vorbeiziehen sah, soll er Tränen in den Augen gehabt haben. Eine geschlagene Armee, waffenlos, die meisten Soldaten verwundet, zog weiter nach Westen in Richtung Elbe. Am 5. Mai sollte sie in amerikanische Gefangenschaft gehen.

Wie viele seiner Soldaten hatte General Busse bei Halbe zurückgelassen?

Das Schicksal der 6. Armee in Stalingrad ist als Wendepunkt im Kriegsgeschehen dieses zweiten großen europäischen Krieges oft beschrieben worden. Schriftsteller haben sich redlich bemüht, den Untergang dieser Armee aufzuzeichnen und darzustellen. Das Schicksal der 9. Armee, die in Halbe verblutete, ist der Tragödie in Stalingrad vergleichbar. In Stalingrad gingen etwa 110 000 deutsche Soldaten in russische Gefangenschaft. Nur ein paar Tausend überlebten und kehrten zurück. Wieviel Soldaten die 9. Armee hatte, als der Kampf um die Seelower Höhen begann, ist nicht genau bekannt. Die Angaben sind schwankend. Die Truppen im Kessel hatten einschließlich der Reste der 4. Panzerarmee noch etwa 200 000 Mann. Nach den Angaben von General Busse soll 40 000 der Durchbruch gelungen und etwa 30 000 sollen nach Westen entkommen sein. Nach Angaben von Marschall Konjew soll nur etwa 4000 davon die Vereinigung mit der 12. Armee des Generals Wenck im Südwesten Berlins gelungen sein.

Nach der Darstellung des Generals Busse strömten also rund 40 000 Mann und einige tausend Flüchtlinge »völlig erschöpft hinter die rettenden Linien der 12. Armee. ... Die 9. Armee hatte damit aufgehört zu bestehen! ... Der letzte heldenhafte Kampf der 9. Armee vor den Toren Berlins wird, das steht außer Zweifel, in der Geschichte die ihm gebührende Würdigung erfahren.«[78]

Der Chef der Armee, General Busse, vergaß bei dieser Würdigung den Rest von 160 000 Mann, die im Kessel – meist führerlos – geblieben waren; Offiziere sah man unter ihnen kaum noch. Etwa 60 000 sind gefallen. Sie liegen auf dem Waldfriedhof in Halbe und in den Wäldern dieses Gebiets begraben oder verscharrt. Mindestens eine gleiche Anzahl von Soldaten ging in russische Gefangenschaft, und wenn sie auch nicht so ausgezehrt waren wie die Stalingrad-Kämpfer nach monatelanger Kesselschlacht, so war doch ein großer Teil von ihnen verwundet. Als er zehn Jahre nach der Schlacht seinen Bericht schrieb, hätte General Busse von diesen Spätheimkehrern erfahren können, wo seine Soldaten geblieben waren.

Wenn das Schicksal der 9. Armee bisher kaum zur Kenntnis genommen worden ist, so liegt das daran, daß der Kampf um Berlin mit dem Sturz der Hitlerdiktatur als Befreiung des deutschen Volkes gedeutet worden ist. Die entsetzlichen Ereignisse dieses gänzlich anders motivierten Endkampfes sind dadurch verdeckt worden. Halbe – wer kennt diesen Ort schon und weiß von 60 000 meist namenlosen Gräbern? Der Kampf der 9. Armee, die das Gebiet an Oder und Neiße östlich von Berlin zu schützen hatte, erfährt eine historische Fehldeutung, wenn man nicht berücksichtigt, daß ihre Angehörigen, bis hin zum einfachen Soldaten, von dem Wunsch und der Hoffnung beseelt waren, mit ihrem Kampf Berlin den westlichen Truppen der damaligen Feindmächte zu öffnen und die Russen fernzuhalten. Eine solche wahrheitsgemäße Würdigung ließ auch die Broschüre »Halbe mahnt« über den Zentralfriedhof vermissen, die mit Unterstützung des Bundesministeriums für innerdeutsche Beziehungen entstanden ist. Sie enthält noch weitere lückenhafte Darstellungen und Fehldeutungen. Es fehlt auch der Hinweis, daß sich General Busse aus dem Kessel absetzte und das Gros seiner Truppen zurückließ. Wie ein Kapitän, der sein sinkendes Schiff mit einem der ersten Rettungsboote im Stich läßt. »Rette sich, wer kann« – der General an der Spitze, das ist kein Ruhmesblatt.[79]

Noch im Frühjahr, als die Sowjets an der Oder verharrten, hätte man Zeit genug gehabt, deutsche Soldaten vor sowjetischer Gefangenschaft zu bewahren, aber damals funktionierte die deutsche Militärhierarchie noch. Kein deutscher General hätte sich dafür hergegeben oder eingesetzt. Im April und Anfang Mai war das Verhalten dieser Militärführer bestimmt von der Gewißheit, daß das Kriegsende nahe und der totale Zusammenbruch nicht mehr aufzuhalten war. Deshalb war das Verhalten des Generals Busse und seiner Stabsoffiziere auch kein Einzelfall.

Hitlers Tod – »Gitler kapuut«

Da hockten wir beiden Fahnenjunker im Kiefernge-
büsch, das gerade dicht genug war, um sich sicher darin zu verbergen. Eine richtige Deckung, aus der wir hätten
entkommen können, gab es nicht. Als es am Nachmittag des
30. April still wurde, krochen wir noch weiter von dem
Waldweg weg in die Kusseln, denn wir fürchteten, daß nachfolgende Gefangenentrupps oder den Wald durchkämmen-
de russische Truppen uns entdecken könnten. So nahe am
Weg wäre das leicht möglich gewesen. Wir zogen es deshalb
vor, in der Deckung liegenzubleiben.

Bevor wir uns »verdrückten«, hatten die Russen uns freundlich, fast gutmütig, Hitlers Tod vermeldet: »Gitler kapuut«
oder so ähnlich klang das. Vermutlich hatten wir sie falsch
verstanden, denn Hitler sollte sich erst am 30. April erschießen. Der Tod Hitlers berührte uns überhaupt nicht. Wir
quittierten die Nachricht mit freundlichem Grinsen. Unser
eigenes Schicksal lag uns näher. Schließlich wußte ich auch,
daß meiner Familie die nationalsozialistische Richtung
nicht behagte. Ein Großvater und mein Vater waren aus
dem »Stahlhelm« ausgetreten, als dieser in die SA überführt
wurde. Sie waren nie Mitglieder irgendeiner NS-Organisa-
tion geworden, der andere Großvater war als Freimaurer
ohnehin verfemt. Der Stil der Nationalsozialisten hatte sie
aus weltanschaulichen und religiösen Gründen abgestoßen,
aus ihrer Sicht ein Aufstand der Spießer. Als kurz nach Hitlers Machtergreifung statt der schwarz-rot-goldenen Fahne

neben der neuen Hakenkreuzfahne die schwarz-weiß-rote
des alten Kaiserreiches zugelassen wurde, hatte sich einer
der Großväter eine sieben Meter lange schwarz-weiß-rote
Fahne machen lassen. Sie wurde nur wenige Male gebraucht, weil sie schnell wieder verboten wurde. Als der
Zweite Weltkrieg begann, hatte mein Großvater sorgenvoll
gesagt: »Das kann nicht gutgehen.«[80]
Wir warteten stundenlang in den Kusseln, bis es dunkel
wurde. Auf jedes Geräusch achteten wir, weil es Gefahr bedeuten konnte. Der Tod des »Führers« kümmerte mich
nicht. Erst im Laufe von 45 Jahren wurde mir bewußt, welche Auswirkung die Ära Hitler für uns Deutsche noch heute hat: Die Untaten Hitlers und seiner Diktatur, begangen
an Juden, aber auch an den Völkern besetzter Länder, werden im eigenen Lande und in der Weltöffentlichkeit den
Deutschen ganz allgemein immer wieder und ohne Aussicht
auf ein Ende angelastet. Die Leiden, die auch die Deutschen zu ertragen hatten, werden verschwiegen oder als gerechte Strafe dargestellt. Solche Schuldgefühle hatte ich
nicht, als ich mich in den Westen retten wollte.
Schon der Erste Weltkrieg und die Jahre danach hatten meine Familie nicht verschont. Ich war sieben Jahre alt, als die
erste Demokratie auf deutschem Boden zerbrach und Hitler an die Macht kam, und vierzehn, als der Krieg begann.
Ich hatte Hitler nicht gewählt und weiß, daß auch meine Familie nicht für ihn gestimmt hatte, weil ihr der ganze ideologische Betrieb zuwider war. Da verwundert es nicht, daß
es 1945 nicht unser Regime war, das zugrunde ging.

Die Gestaltung der letzten Szene des letzten Aktes dieses
Kriegsdramas war geprägt von Meinungsunterschieden und
Zweifeln über die richtige Regie bei den führenden alliierten Politikern und ihren Militärbefehlshabern. An Täu-
schungen der Westalliierten, insbesondere der Amerikaner,
durch die Russen hat es nicht gefehlt. Eisenhower hatte En-

de März 1945 den Sowjets mitgeteilt, daß er sich bei Dresden mit ihnen vereinigen wolle, und hatte sich in Stalins Antwort täuschen lassen: »Dieser Plan entspricht völlig den Plänen des Sowjetoberkommandos. Berlin hat seine frühere strategische Bedeutung verloren. Das Sowjetoberkommando plant daher, in Richtung auf Berlin nur zweitrangige Kräfte einzusetzen.«[81] Als Churchill davon erfuhr, telegrafierte er am 1. April 1945 an Roosevelt:

»Bisher zielte unser Vormarsch auf Berlin. Jetzt will General Eisenhower aufgrund seiner Einschätzung des feindlichen Widerstandes, deren großes Gewicht ich durchaus anerkenne, die Vormarschrichtung weiter nach Süden verlagern, um auf Leipzig und vielleicht noch südlicher nach Dresden zu zielen. Er detachiert dazu die amerikanische 9. Armee von der nördlichen Armeegruppe, die infolgedessen ihre Front weiter nach Süden erweitern muß. Ich würde es sehr bedauern, wenn der feindliche Widerstand so groß wäre, daß er das Gewicht und den Schwung der britischen 21. Armeegruppe brechen würde und diese vor oder an der Elbe mehr oder weniger zum Stillstand käme.

Ich sage ganz offen, daß Berlin immer noch eine große strategische Bedeutung zukommt. Nichts wird in den noch widerstehenden deutschen Kräften solche Verzweiflung hervorrufen wie der Fall Berlins.

In ihm sähe das deutsche Volk das Fanal seiner Niederlage. Andererseits wird es den Widerstand aller waffentragenden Deutschen anfeuern, solange das deutsche Banner über Berlin weht und sich die Ruinenstadt gegen eine russische Belagerung behauptet.

Es gibt noch einen weiteren Gesichtspunkt, den Sie und ich im Auge behalten müssen. Zweifellos werden die russischen Armeen in Wien einmarschieren und ganz Österreich überrennen.

Wenn sie auch noch Berlin nehmen, müssen dann die Russen nicht den Eindruck gewinnen, zu unserem gemeinsamen Sieg in überwältigender Weise beigetragen zu haben, und wird sich dieser Eindruck nicht ungebührlich in ihrem Denken festsetzen, daß sie dadurch in eine Stimmung geraten, die für die Zukunft die größten und ernstesten Schwierigkeiten erwarten läßt?

Es ist daher meine Meinung, daß wir vom politischen Standpunkt aus so weit wie möglich nach Osten vormarschieren und Berlin unbedingt nehmen müssen, sollte es in unserem Zugriff liegen. Aber auch vom militärischen Standpunkt aus erscheint mir das vernünftig und richtig.«[82]

Der Irrtum Churchills lag in der Vorstellung, daß westliche Kräfte noch mit ziemlich starkem Widerstand um Berlin zu rechnen hätten. Aber erst, als am 30. April 1945, 1.00 Uhr, Generalfeldmarschall Keitel Hitler zum letztenmal meldete:

»1. Spitze Wenck liegt südöstlich Schwielow-See fest,

2. 12. Armee kann daher Angriff auf Berlin nicht fortsetzen,

3. 9. Armee mit Masse eingeschlossen,

4. Korps Holste in die Abwehr gedrängt«,

mußte auch Hitler erkennen, daß die Lage hoffnungslos war.

Die Sowjets hatten die kommunistische Machtübernahme in ihrem Herrschaftsbereich bereits organisiert. Am Morgen des 30. April 1945, um 6.00 Uhr, fuhr die Gruppe Ulbricht vom Hotel Lux zum Flughafen in Moskau und landete in der Nähe von Frankfurt an der zukünftigen deutschpolnischen Grenze. Von dort fuhr sie nach Berlin, etwa um die Zeit, als Hitler Selbstmord beging.

In Halbe dämpfte das Gemetzel auch die Eroberer. Als Bürgermeister Haenecke sich nach dem Ende der Kämpfe aus dem Keller traute, um nach seinem Hof zu sehen, lebten noch einige Kühe in den abgebrannten Ställen. Als er in das Wohnhaus kam und die Tür zum Wohnzimmer öffnete, sah er einen gedeckten Tisch mit Wein- und Schnapsgläsern. Zu seiner Überraschung saß an dem Tisch ein russischer Offizier, der sich rasierte und sich dabei nicht stören ließ. Haenecke war verblüfft und wußte nicht mehr zu sagen als schlicht: »Guten Tag.« Der Offizier erwiderte nichts, sondern rasierte sich weiter, als Haenecke in der Wohnung herumging, um festzustellen, was heil geblieben war. Das war mehr, als er gehofft hatte. Überall hatte er die Schlüssel steckenlassen. Das Geschirr, ein vom Onkel geerbter Spiegel, das Büfett – alles noch da. Er verließ die Wohnung, ohne daß ihn der Offizier beachtete.[83]

Ob sich unsere Verhaltensweise bei der Flucht als mutig bezeichnen läßt, möchte ich heute bezweifeln. Eher würde ich sie tollkühn nennen, wie Clausewitz das Verhalten genannt hat, das über Kühnheit als unvernünftig hinausreicht.[84] Aber damals herrschten andere Maßstäbe. Die Bedenken heute, daß man uns sofort erschossen hätte, waren nicht so schwerwiegend wie die Aussicht eines qualvollen langen Marsches in die Gefangenschaft. Was also bewog die anderen, sich abführen zu lassen wie Lämmer zur Schlachtbank? War es die vollständige Erschöpfung, die deprimierende Erkenntnis, daß ihr Staat zusammengebrochen war, »finis Germaniae«, wie es preußische Offiziere nannten, die Geborgenheit in der Menge, die uns bis zu den furchtbaren Tagen der Schlacht um Halbe alles hatte ertragen lassen – oder war es die einfache Überlegung, jetzt, da der Krieg deutlich vorbei war, nichts mehr riskieren zu wollen? Uns beiden Fahnenjunkern war bei unserer Flucht nicht bewußt, daß wir der Tragödie der letzten zwei Tage im Kessel von Halbe entgangen waren, auch nicht, welche Kämpfe die zu bestehen hatten, denen der Durchbruch mit dem Ziel, sich der Armee Wenck anzuschließen, gelungen war.

Uns zwei Fahnenjunkern in den Kusseln südwestlich von Halbe waren solche Überlegungen fern. Wir hatten eine Ahnung von der Situation und hatten das Ziel, nach Westen zu den amerikanischen Truppen zu entkommen. Wenn es nicht schon Mut war, so zu denken, dann war es zumindest eine zuversichtliche Beurteilung, daß wir glaubten, die russischen Linien durchbrechen zu können.

Wir schätzten die Lage jedoch völlig falsch ein, weil wir annahmen, die Truppen, die bei Forst durchgebrochen waren und im Süden auf Berlin zustrebten, hätten nur einen Ring um den Kessel gebildet. Ihn hofften wir zu erreichen. Wir wußten weder, wie viele Menschen im Kessel von Halbe zurückgeblieben noch wie stark die Verbände waren, die im Frontbereich zwischen Forst und Muskau zum Durchbruch nach Berlin angetreten waren.

Konjew befehligte zwischen Forst und Muskau, also auf einer Frontlänge von nur etwa 30 Kilometern, die 3. Gardearmee, das 25. Panzerkorps, die 3. Gardepanzerarmee, die 13. Armee, die 5. Gardearmee, das 4. Gardepanzerkorps und die 4. Gardepanzerarmee. Am 16. April waren diese Verbände zum Angriff angetreten und hatten bereits am 20. April Spremberg und am 22. April Cottbus eingenommen, also die dritte Verteidigungslinie an der Neiße mit Ortschaften, die nur 20 bis 30 Kilometer westlich der Neiße liegen.[85]

Was wir ebenfalls nicht wußten: Wir hatten vor uns die 3. Gardearmee, die zum Süden von Berlin auf dem Weg nach Potsdam vorstieß, die 4. Gardepanzerarmee, die südlich von Luckenwalde der Stadt Brandenburg zustrebte und so auf die 12. Armee Wenck stieß, von der sich Hitler eine Entlastung versprach, und die 13. Armee, die auf Wittenberg an der Elbe zuhielt.

Unser Wunsch war es, unauffindbar zu bleiben wie eine Stecknadel im Heuhaufen, und dies konnte nur gelingen, wenn wir uns ausschließlich nachts bewegten und tagsüber verborgen hielten. Bei allen Fehldeutungen des Kampfgeschehens hatten wir das Glück, daß wir uns im Südosten Berlins befanden. Und beseelte nur noch ein Ziel: nach Westen.

Die Kampfhandlungen im Kessel waren am 1. Mai 1945 beendet. Die sowjetische Armee hatte unterhalb der Teupitzer Berge eine Siegesparade abgehalten.[86] In Halbe hatte der örtliche Kommandant die Bevölkerung angewiesen, die Toten unter die Erde zu bringen. Die Feststellung der Namen war untersagt. Alles sollte so schnell wie möglich geschehen. Dazu hob die Bevölkerung große Gruben aus. Selbst in den eigenen Gärten zwischen den Häusern wurden Massengräber eingerichtet. Nach einer Woche unaufhörlichen Kampfes waren die überlebenden Bewohner voller Angst, Schrecken und Todesfurcht. Familien waren ausgelöscht, andere auseinandergerissen. Wo Tag und Nacht der Kampflärm die Straßen erfüllte und das Schreien und Stöhnen der Verwundeten den Lärm der Waffen oft genug übertönte, wo die Bevölkerung nur noch Tote sah, waren die Überlebenden abgestumpft. Gleichgültig gegenüber dem Tod und auch ihrer eigenen ungewissen Zukunft. Die Toten mußten unter die Erde. Wir kannten Leichengeruch aus den Kampfgebieten, aber wie intensiv muß er in Halbe gewesen sein!

Schon wenige Tage danach hatte sich auch in Halbe ein Revolutionskomitee aus SPD- und KPD-Mitgliedern gebildet, das die NSDAP-Mitglieder verhaften und abtransportieren ließ. Einige von ihnen – ihre Zahl ist nicht bekannt – kamen in das russische KZ in Ketschendorf und gehörten zu den Tausenden von Opfern des Hungers und der Kälte in diesem Lager. Es ist anzunehmen, daß ein Teil von diesen zu den KZ-Opfern zählte, die auf diese Weise ihre letzte Ruhe in ihrem Heimatdorf gefunden haben.[87]

LET'S GO WEST!

Nachdem wir dem Zug der Gefangenen entkommen waren, begannen wir unseren Marsch nach Westen in der Nacht zum 1. Mai. Als es dunkel war, bemerkten wir zu unserem Schrecken, daß die Russen in großer Nähe den Tag der Arbeit feierten. Sie schossen Leuchtspurmunition in den Himmel. Ich hatte den 1. Mai, der ein Feiertag auf der ganzen Welt ist, noch nie bewußt erlebt. Für uns war es eine der politischen Veranstaltungen gewesen, an denen wir uns nie beteiligt hatten. Was wir nicht wissen konnten: Die Russen feierten zugleich die Erstürmung des Reichstagsgebäudes, des deutschen Kreml. Vielleicht feierten sie auch bereits die Zerschlagung des Kessels um Halbe/Märkisch Buchholz und das Ende der 9. Armee, die dort in der Nacht vom 30. April zum 1. Mai ihre Kampfhandlungen eingestellt haben soll. Nachdem diese neu formierte 9. Armee über zweieinhalb Monate lang Stellungen an der Oder gehalten, dem zehnfach überlegenen Gegner in sechs schweren Kampftagen jeden Fußbreit Boden streitig gemacht und über 1000 russische Panzer abgeschossen hatte, erlag sie der erdrückenden Übermacht erst, als ihr die Munition ausging und die Führung dieser Armee sich mit fast allen Panzern beim ersten Durchbruch davongemacht hatte.
Für uns war das Mai-Feuerwerk das Signal zum Aufbruch, zur Flucht in die Freiheit, wie wir hofften. Es wurde ein Marsch, der neun Tage dauern sollte. Die schönen Tage dauerten auch im Mai an. Zu unserem Glück, denn wir brauch-

ten die Sterne, weil wir keinen Kompaß hatten, um die Richtung bestimmen zu können. Wir richteten uns nach dem Großen Bären, dessen Sternbild wir immer dann entdeckten, wenn es notwendig war. Tagsüber und auch in den Nächten war der Himmel mitunter bedeckt, aber das Sternbild war immer dann zu sehen, wenn wir die Westrichtung bestimmen mußten. Da wir uns nur im Wald bewegten, alle Straßen und Wege mieden, kamen wir nur sehr langsam voran, in jeder Nacht etwa fünf bis zehn Kilometer, schätzten wir. Die Kämpfe hatten noch nicht aufgehört. Wir hofften, auf deutsche Truppen zu stoßen, die wir in südlicher Richtung nach Baruth hin vermuteten. Wir hörten Gewehrfeuer, vereinzelt Geschützdonner, nicht einzelne Schüsse, sondern heftige Schußwechsel, denen wir nachts näher kamen. Tagsüber entfernte sich das Kampfgeschehen und wurde leiser. Ausgeruht, weil wir tagsüber in den Kusseln schliefen, erlebten wir die Nächte voller Anspannung. Wir durchquerten die Wälder, immer bemüht, leise zu sein und zu sichern, wie in vorderster Front auf Horchposten.

Nachdem wir in der Nacht zum 1. Mai den Großen Bären gesucht, die Hinterachse fünfmal verlängert, den Polarstern ausgemacht und im rechten Winkel davon den Westen gepeilt hatten, schlichen wir durch den Wald, bis wir auf die Autobahn stießen, die vom Berliner Ring nach Cottbus, Forst und nach Dresden verläuft. Auf zwei Fahrbahnen ausgebaut, schien sie völlig verlassen. Wir überquerten sie vorsichtig, denn die Nacht war hell. Wir waren in der direkt gegenüberliegenden Waldschneise kaum 50 Meter gegangen, als wir vor uns einen Mann mit einer Stallaterne die Schneise überqueren sahen. Wir liefen die Schneise, die der Mann soeben überquert hatte, weiter und verbargen uns, als nach kurzer Zeit der hohe Wald endete und ein Kusselgelände begann.

Kaum hatten wir uns, als es schon heller wurde, versteckt, begann in dem kaum 50 Meter entfernten Wald Hämmern,

1 Der Autor in der Uniform eines ROB der Panzertruppe (Juli 1944).

2 Abmarsch der ersten Kompanie des Fusilierbataillons 303 aus der Kaserne in Döberitz. In der Bildmitte mit der weißen Pelzweste um den Hals (hinter der Panzerfaust) der Autor.

3 (links) Sowjetische Pioniere des Oberleutnants Bogschow bereiten die Sturmbrücken für die Überquerung der Spree vor.

4 (unten) Pioniere der 1. Ukrainischen Front bauen eine Brücke über die Spree.

5 (rechts oben) Russische Truppen haben die Spree überquert und marschieren gegen die 9. Armee.

6 (rechts unten) Sowjetischer Vormarsch im Kessel von Halbe.

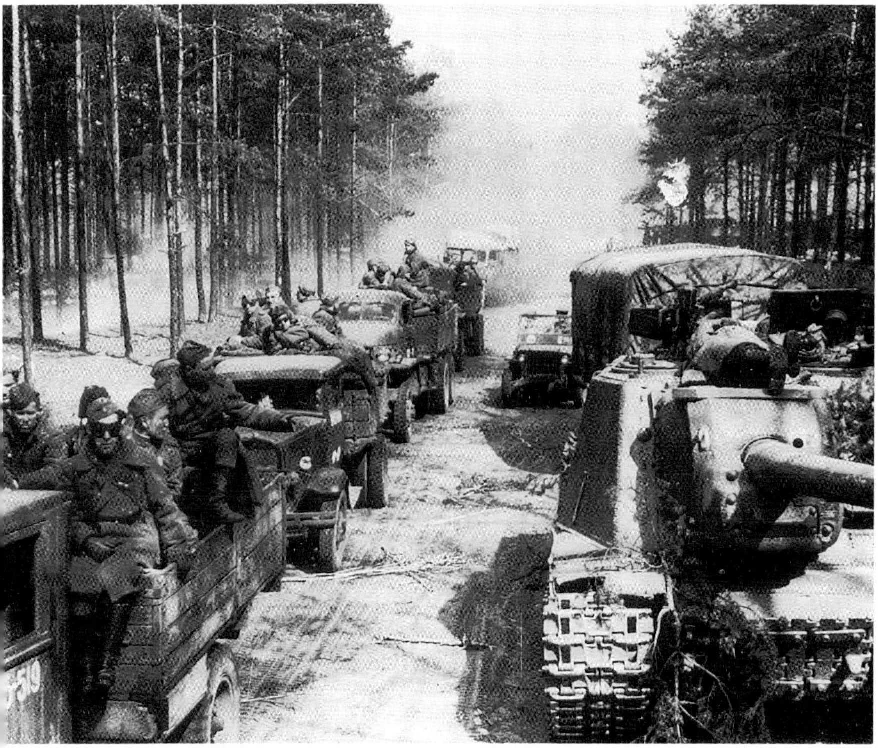

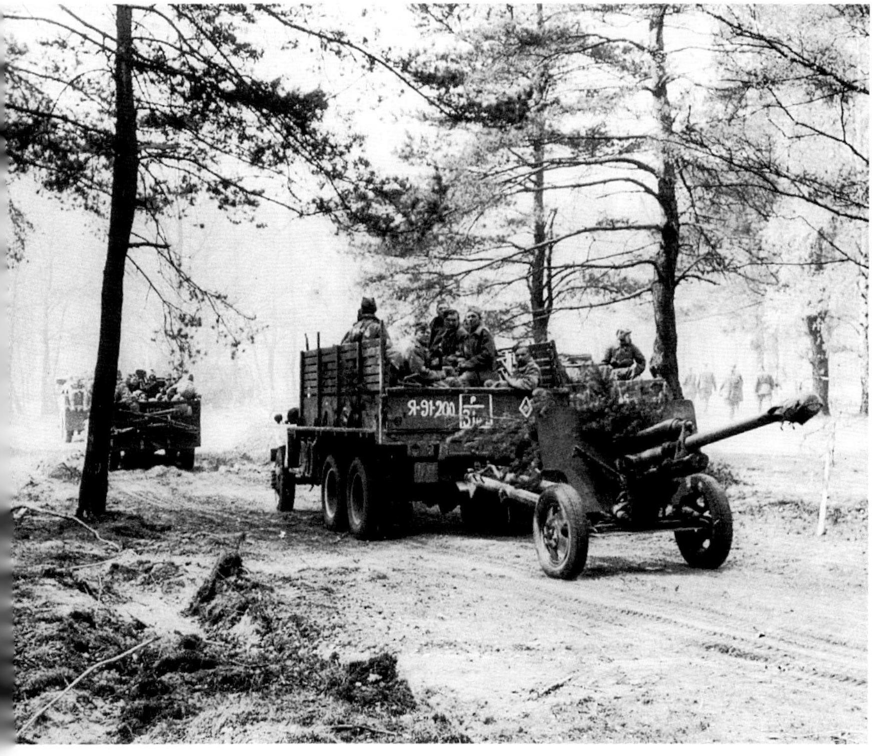
Я-91-200

7 Die Stadt Forst mit der »Langen Brücke« (Ansicht von 1926).

8 Forst nach Beendigung der Kampf-handlungen.

9 Prospekt von Halbe aus dem Jahre 1936.

10 Luftaufnahme von Halbe aus dem Jahre 1935. Rechts im Bild der hart-umkämpfte Bahnübergang.

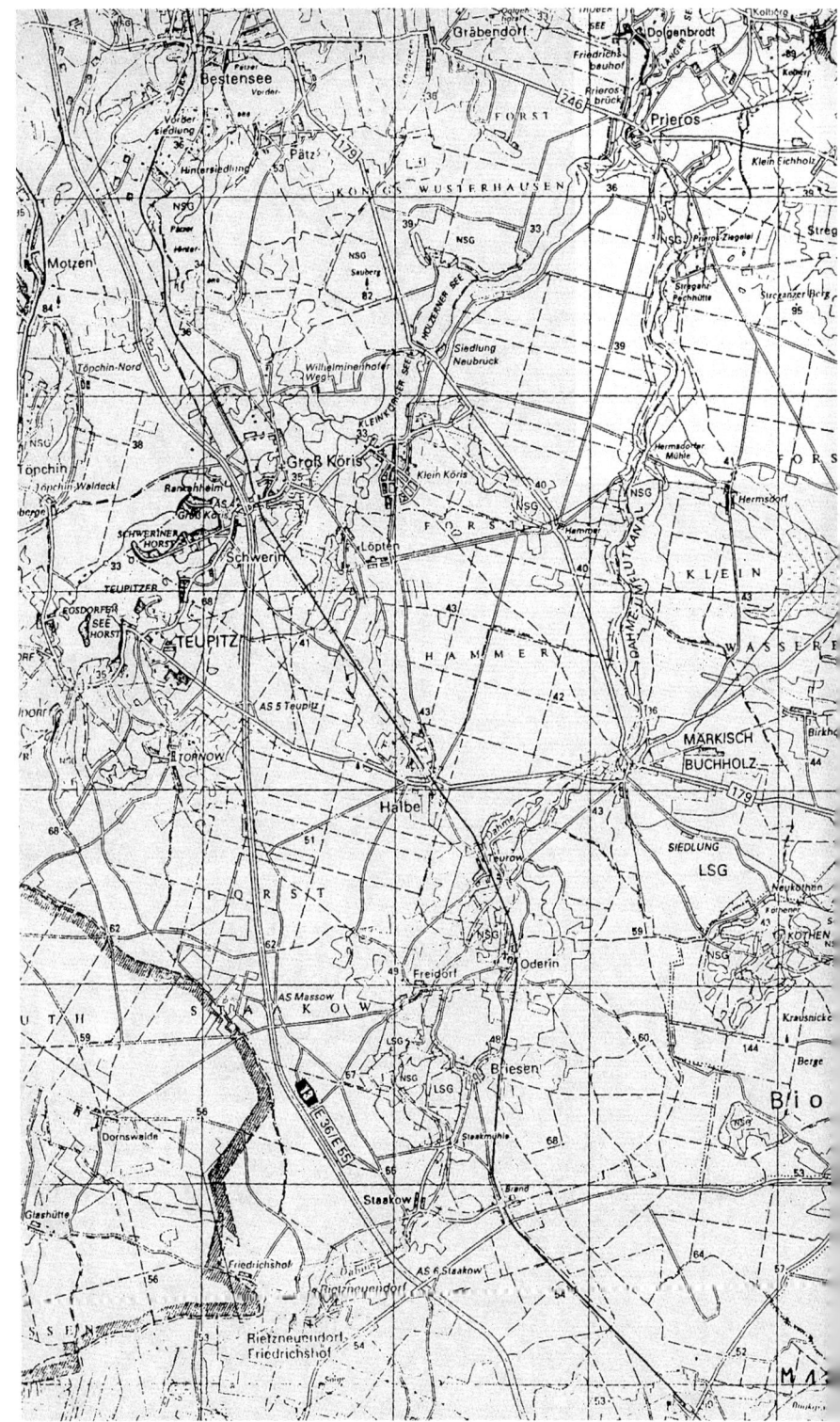

11 (links) Karte des Kampfgebietes Groß Köris – Hermsdorf – Märkisch Buchholz –
Halbe.

12 (rechts) General Busse,
Oberbefehlshaber der
9. Armee.

13 (unten links) General
Wenck, Oberbefehlshaber der
12. Armee.

14 (unten rechts) Generalleutnant der Waffen-SS Steiner,
Befehlshaber der gleichnami-
gen Armeegruppe.

Sonder-Ausgabe Sonder-Ausgabe

HAMBURGER ZEITUNG

HAMBURGER ANZEIGER · HAMBURGER FREMDENBLATT · HAMBURGER TAGEBLATT

Der Führer gefallen

Führerhauptquartier, 1. Mai 1945

Der Führer Adolf Hitler ist heute nachmittag auf seinem Befehlsstand in der Reichskanzlei, bis zum letzten Atemzuge gegen den Bolschewismus kämpfend, für Deutschland gefallen.

Nachdem der Soldatentod des Führers gestern abend über den Rundfunk der Nation mitgeteilt war, richtete Großadmiral Dönitz das Wort zu einer Botschaft an das deutsche Volk und einen Tagesbefehl an die Wehrmacht. Er sagte:

„Deutsche Männer und Frauen!
Soldaten der deutschen Wehrmacht!

Unser Führer ist gefallen. In tiefster Trauer und Ehrfurcht verneigt sich das deutsche Volk. Frühzeitig hatte er die furchtbare Gefahr des Bolschewismus erkannt und diesem Ringen sein Dasein geweiht. Am Ende dieses seines Kampfes und seines unbeirrbaren geraden Lebensweges steht sein Heldentod in der Hauptstadt des Deutschen Reiches. Sein Leben war ein einziger Dienst für Deutschland. Sein Einsatz im Kampf gegen die bolschewistische Sturmflut galt darüber hinaus Europa und der gesamten Kulturwelt. Der Führer hat mich zu seinem Nachfolger bestimmt.

Im Bewußtsein der Verantwortung übernehme ich die Führung des deutschen Volkes in dieser schicksalsschweren Stunde. Meine erste Aufgabe ist es, die deutschen Menschen vor der Vernichtung durch den vordringenden bolschewistischen Feind zu [illegible] rische Kampf weiter. So weit und so lange die Erreichung dieses Zieles durch die Briten und Amerikaner behindert wird, werden wir uns auch gegen sie weiter verteidigen und weiter kämpfen müssen. Die Anglo-Amerikaner setzen dann den Krieg nicht mehr für ihre eigenen Völker, sondern allein für die Ausweitung des Bolschewismus in Europa fort.

Was das deutsche Volk in dem Ringen dieses Krieges kämpfend vollbracht und in der Heimat ertragen hat, ist geschichtlich einmalig. In der kommenden Notzeit unseres Volkes werde ich bestrebt sein, unseren tapferen Frauen, Männern und Kindern, soweit das in meiner Macht steht, erträgliche Lebensbedingungen zu schaffen. Zu all dem brauche ich Eure Hilfe. Schenkt mir Euer Vertrauen, denn Euer Weg ist auch mein Weg. Haltet Ordnung und Disziplin in Stadt und Land aufrecht. Tue jeder an seiner Stelle seine Pflicht."

„Soldaten der deutschen Wehrmacht!
Meine Kameraden!

Der Führer ist gefallen. Getreu seiner großen Idee, die Völker Europas vor dem Bolschewismus zu bewahren, hat er sein Leben eingesetzt und den Heldentod gefunden. Mit ihm ist einer der größten Helden in die deutsche Geschichte eingegangen. In Stolz, Ehrfurcht und Trauer senken wir vor ihm die Fahnen. Der Führer hat mich zu seinem Nachfolger und Staatsoberhaupt und als Obersten Befehlshaber der Wehrmacht bestimmt. Ich übernehme den Oberbefehl über alle Teile der deutschen Wehrmacht mit dem Willen, den Kampf gegen den Bolschewismus so lange fortzusetzen, bis die kämpfenden Truppen und die Hunderttausende von Familien des deutschen Ostraumes vor der Versklavung oder Vernichtung gerettet sind.

Gegen Engländer und Amerikaner muß ich den Kampf so weit und so lange [illegible], wie sie mich in der Durchführung des [illegible] hindern.

Die Lage erfordert von Euch, die Ihr schon so große geschichtliche Taten vollbracht habt und die Ihr jetzt das Ende des Krieges herbeisehnt, weiteren bedingungslosen Einsatz. Ich verlange Disziplin und Gehorsam. Nur durch vorbehaltlose Ausführung meiner Befehle werden Chaos und Untergang vermieden. Ein Feigling und Verräter ist, der sich gerade jetzt seiner Pflicht entzieht und damit deutschen Frauen und Kindern Tod oder Versklavung bringt.

Der dem Führer von Euch geleistete Treueid gilt nunmehr für jeden einzelnen von Euch ohne weiteres mir als dem vom Führer eingesetzten Nachfolger.

Deutsche Soldaten! Tut Eure Pflicht! Es gilt das Leben unseres Volkes!"

Karl Kaufmann an seine Hamburger

Um 23 Uhr richtete Karl Kaufmann, Gauleiter und Reichsstatthalter in Hamburg, sich mit folgender kurzer Ansprache über den Rundfunk an seine Hamburger.

Parteigenossen, Volksgenossen!

Es ist die schwerste Stunde unseres Volkes, wenn uns heute die Nachricht erreicht, daß unser Führer kämpfend in des Reiches Hauptstadt gefallen ist. Was er uns alten Nationalsozialisten gewesen ist, was er für sein Volk erstrebt hat, das wird die Geschichte einmal von ihm künden. Was er uns hinterläßt, ist die unsterbliche Idee des nationalsozialistischen Reiches, und wozu wir verpflichtet sind, ist, in der tiefsten Notzeit unseres Volkes diesem Volke treu zu bleiben, für dieses Volk zu arbeiten, zu leben und zu sterben.

In dieser Stunde richte ich an Euch, Hamburger, meine heiße Bitte: Legt Euer Schicksal und Eure Zukunft vertrauensvoll wie bisher in meine Hand, folgt mir in unerschütterlichem Glauben und unerschütterlicher Disziplin auf diesem schweren Wege, den ich zu Ende gehen werde für das Wohl der mir anvertrauten Stadt und ihrer Menschen.

15 Sonderausgabe der »Hamburger Zeitung« mit der Meldung vom Tod des »Führers«.

16 Die sowjetischen Marschälle Schukow, Rokossowski und Konjew nach einer Lagebesprechung.

17 General-
oberst Jodl
(rechts General-
admiral von
Friedeburg) nach
der Gesamt-
kapitulation der
Wehrmacht am
7. Mai 1945.

18 General
Eisenhower in
seinem Haupt-
quartier in Reims
am 7. Mai 1945.

19 (links) Die Großen Drei auf der Konferenz von Potsdam in Schloß Cecilienhof: Stalin, Truman und Attlee.

20 (unten) Russische Besucher in Cecilienhof. Ihre Väter hatten gegen die Deutschen gekämpft.

21 (rechts oben) Deutsche Kriegsgefangene auf dem Marsch nach Westen, nachdem sie sich den Westalliierten ergeben hatten.

22 (rechts unten) Tausende deutscher Kriegsgefangener kämpfen in amerikanischen Lagern ohne Verpflegung und unter freiem Himmel ums Überleben.

23 Denkmal auf dem Friedhof in Halbe mit der Aufschrift »Die Toten mahnen, für den Frieden zu leben«.

24 Gräberfeld im Wald

25 Spurensuche im Auftrag des »Volksbundes Deutscher Kriegsgräberfürsorge«.

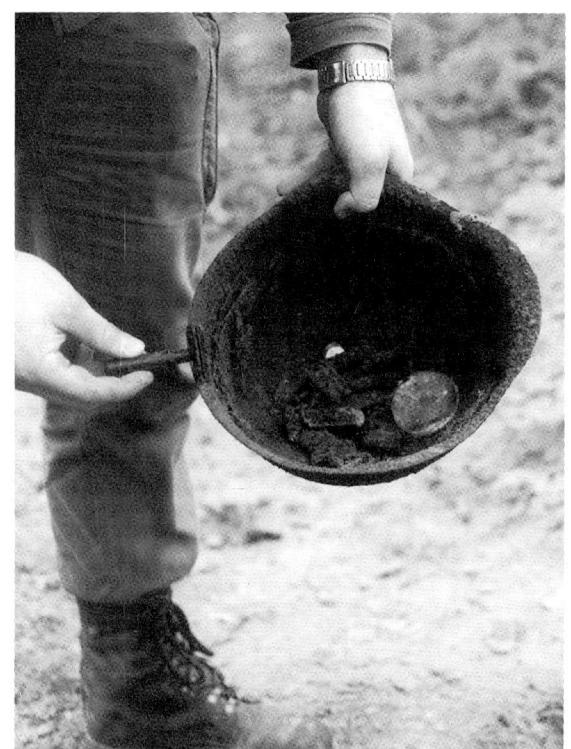

26 Übersichtstafel am Eingang des Zentralfriedhofs Halbe.

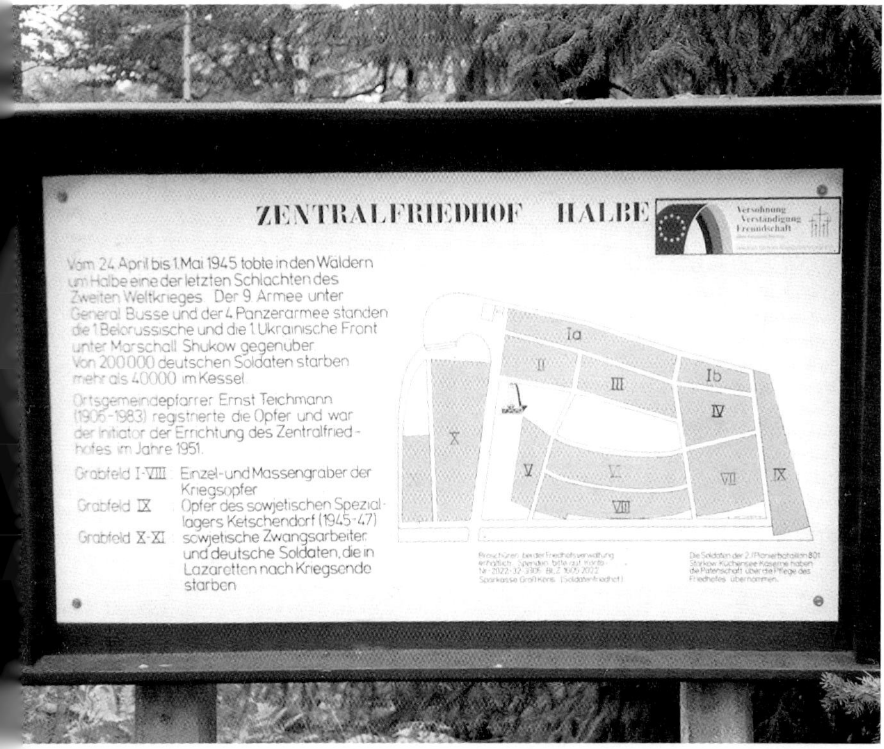
ZENTRALFRIEDHOF HALBE
Versöhnung
Verständigung
Freundschaft
Vom 24. April bis 1. Mai 1945 tobte in den Wäldern um Halbe eine der letzten Schlachten des Zweiten Weltkrieges. Der 9. Armee unter General Busse und der 4. Panzerarmee standen die 1. Belorussische und die 1. Ukrainische Front unter Marschall Shukow gegenüber.
Von 200.000 deutschen Soldaten starben mehr als 40000 im Kessel.
Ortsgemeindepfarrer Ernst Teichmann (1906-1983) registrierte die Opfer und war der Initiator der Errichtung des Zentralfriedhofes im Jahre 1951.
Grabfeld I-VIII: Einzel- und Massengräber der Kriegsopfer
Grabfeld IX: Opfer des sowjetischen Speziallagers Ketschendorf (1945-47)
Grabfeld X-XI: sowjetische Zwangsarbeiter und deutsche Soldaten, die in Lazaretten nach Kriegsende starben
Ia
Ib
II
III
IV
V
VI
VII
VIII
IX
X

27 (links) Fundstücke wie z.B. Orden, Erkennungsmarken und Feldpostbriefe helfen, die Identität eines Gefallenen festzustellen.

28 (unten) Kowalke, der einzige Umbetter von Kriegstoten in Deutschland, bei der Arbeit.

29 (rechts oben) Gedenkfeier des 50. Jahrestages der Kesselschlacht um Halbe: Ankunft des brandenburgischen Ministerpräsidenten Dr. Stolpe.

30 (rechts unten) Harry Glaser (Mitte) an der Schleuse Hermsdorf, über die ein Teil der Fahrzeuge der 9. Armee Richtung Halbe durch den Wald abfloß.

SCHLEUSE HERMSDORF

Das Betreten der Anlage
durch Unbefugte ist verboten

LANDESUMWELTAMT BRANDENBURG

31 Dr. Stolpe: »Zehntausende starben im Kessel von Halbe, als es schon fünf Minuten nach zwölf war«.

32 Zeichen der Versöhnung: »Förderkreis Gedenkstätte Halbe e.V.« gedenkt der Toten.

Klopfen und Schlagen; Wir hatten unser Tageslager neben einer russischen Panzerwerkstatt aufgeschlagen. Da wir befürchteten, daß sich einer der Soldaten einmal in die Büsche schlagen könnte und uns entdecken würde, krochen wir tiefer in die Kusseln hinein, vorsichtig, um nicht an die Bäumchen zu stoßen und sie zu bewegen. Da das Gelände nur sparsame Deckung gab, brachen wir vorsichtig Zweige ab und tarnten unsere Zeltbahn so gut wir konnten – viel hätte es nicht genützt. Einem aufmerksamen Späher wären wir bestimmt nicht entgangen. Wir schliefen nicht, doch es geschah nichts. Wir waren erleichtert, als es wieder dunkel wurde und wir unseren Weg durch den Wald nach Westen fortsetzen konnten.

Wir waren noch nicht weit gekommen, als wir in einem hohen Kiefernwald kurz vor uns den Schein einer Taschenlampe bemerkten, die in unsere Richtung leuchtete, und dazu russische Laute hörten. Als wir uns zur Flucht umdrehten, peitschten Schüsse aus Maschinenpistolen oder Schnellfeuergewehren mit Leuchtspurmunition über unsere Köpfe hinweg in die Baumkronen. Zu unserem Glück wußten die russischen Posten offenbar nicht, daß man im Dunkel des Waldes zu hoch schießt, sonst hätten sie uns treffen können. Wir mußten auf eine russische Kolonne gestoßen sein, die dort lagerte. Verfolgt wurden wir nicht. Wir suchten nach dieser Erfahrung für den Tag ein Versteck, das ausreichend groß war, sich darin zu verbergen. Wir verbrachten den Tag wieder unter der Zeltbahn, die wir, wie immer, mit Tannenzweigen tarnten. Es blieb aber alles ruhig, bis auf den Gefechtslärm, den wir nachts in unserer Nähe hörten und der sich im Laufe des Tages entfernte. Diese Beobachtung wiederholte sich in den folgenden Tagen. Nachts kamen wir kämpfenden deutschen Gruppen näher, am Tage rückten sie weiter von uns nach Westen ab.

Auch in der folgenden Nacht orientierten wir uns wieder am Polarstern und schlugen den Weg nach Westen ein. Ohne es zu bemerken, liefen wir weiter den Spuren versprengter kleiner Durchbruchseinheiten nach. Als wir wieder einen hohen Kiefernwald durchquerten, sahen wir vor uns Feuer flackern, verdammt ähnlich einem Lagerfeuer. Durch das Erlebnis der vorangegangenen Nacht gewarnt, näherten wir uns äußerst vorsichtig bis auf 30 bis 40 Meter und beobachteten die Schatten, die das Feuer in der Umgebung abzeichnete. Als wir näher heranschlichen und uns in den Schein des Feuers trauten, sahen wir Wehrmachtsbekleidungsstücke am Boden liegen. Das Feuer wurde aus ölgetränktem Stoff genährt, ohne daß wir erkennen konnten, wie es entstanden sein konnte. Wieder suchten wir uns gegen Morgen ein niedriges Waldgelände, in dem wir uns verbargen und ungestört den Tag verbrachten.

Da der Frontverlauf der 12. Armee des Generals Wenck bei Beelitz seinen östlichsten Punkt erreicht hatte und von Kräften des 5. russischen Gardekorps bedrängt wurde, konzentrierten sich die Kampfhandlungen um diese Zeit nordwestlich von uns, während wir ohne Kenntnis dieser Situation in südwestlicher Richtung auf Baruth zuhielten, ein Gebiet, das die Aufmerksamkeit der Russen nicht so auf sich zog wie das Gebiet um Berlin.

In der folgenden Nacht kamen wir in ein Gebiet feuchter Niederungen mit mehreren Wasserläufen und hatten einige Mühe, trockenen Fußes hinüberzukommen. Als wir aus einem höhergelegenen Waldstück eine Schneise hinuntergingen, hörten wir im Wald knackende Geräusche, als ob sich dort Menschen bewegten. Wir blieben sofort stehen. Da es eine Weile ruhig blieb, schlichen wir weiter und trafen auf deutsche Soldaten. Ich weiß nicht mehr, wo sie herkamen und wohin sie wollten. Sie erzählten, daß sie deutsche Soldaten, mit Kopfschüssen getötet, im Wald gefunden hatten. Für uns eine Bestätigung dessen, was uns erwartete, wenn wir den Russen in die Hände fallen sollten. Sie waren zu dritt, trennten sich aber von uns, weil sich jeder in einer

kleineren Gruppe größere Chancen ausrechnete, durchzu-
kommen.

Wir erreichten schließlich den Rand einer größeren Ortschaft, von der ich heute glaube, daß es Baruth gewesen sein
könnte. Der Ort lag rechts von uns, und wir bemerkten zuerst vereinzelt liegende Siedlungshäuser. Da wir uns auch
um Verpflegung bemühen mußten, versuchten wir unser
Glück im ersten Haus. Seine Fenster und Türen waren zerstört. Obwohl es vollständig ausgeplündert und verlassen
dalag, fanden wir im Keller noch einige Mohrrüben. Be-
stärkt durch diesen Erfolg, wollten wir uns das nächste
Haus vornehmen, dessen Fenster vernagelt waren. Als wir
vor der Haustür standen und Heiner Lüdemann gerade ein
Streichholz anreißen wollte, drehte ich mich um und sah
kaum 15 Schritte entfernt die Glut einer Zigarette, die sich
auf uns zubewegte. Ich vermutete eine russische Machorka.
Diese selbstgedrehten Zigaretten aus Zeitungspapier und
Krümeln von russischem Tabak ergeben eine ziemlich
große Glut. Ich packte Lüdemann mit beiden Händen an
den Oberarmen und drehte ihn um. Wir waren längst gewöhnt, uns so zu verständigen, und ebenso selbstverständlich war es, daß nur wenig oder gar nicht gesprochen wurde.
Als auch er die Zigarette – nun schon ein paar Schritte
näher – bemerkt hatte, tappten wir, ganz ruhig der Haus-
ecke zu. Aber als wir sie erreicht hatten, rannten wir so
schnell wir konnten davon. Wer uns da aufgestört hatte,
weiß ich nicht. Deutsche Soldaten können es eigentlich
nicht gewesen sein. Sie hätten bestimmt nicht gewagt, sich
durch eine Zigarette zu verraten. Sofort kehrten wir in den
Wald zurück und bewegten uns äußerst vorsichtig weiter.
Wir verbrachten den Tag wieder in Deckung und blieben
unbehelligt.

Es war ruhig geworden in dem Gebiet, in dem wir uns nun
befanden. Es werden noch viele versprengte Soldaten
nachts ihren Weg nach Westen gesucht haben. Da sie nach

Westen schlichen und sich nicht durchkämpfen wollten, ließ sich auch nicht feststellen, wie groß ihre Zahl war.

Als die 12. Armee nordwestlich von uns die erschöpften Teile der 9. Armee und die mitgezogenen Flüchtlinge aufgenommen hatte, ließ sie sie per Eisenbahn und Lkw nach Westen fahren.

Am Abend des 1. Mai 1945 wandte sich Großadmiral Dönitz von seinem Hauptquartier in Plön aus in einer Rundfunkansprache an die deutschen Soldaten und das deutsche Volk. Er verkündete, daß Hitler tot und er zum Nachfolger bestimmt sei:

»Meine Aufgabe ist es, deutsche Menschen vor der Vernichtung durch den vordringenden bolschewistischen Feind zu retten. Nur für diesen Zweck geht der militärische Kampf weiter. Soweit und solange die Erreichung dieses Ziels durch Briten und Amerikaner behindert wird, werden wir uns auch gegen sie weiter verteidigen und weiter kämpfen müssen.« An die deutschen Soldaten gewandt, erklärte er weiter, er verlange Disziplin und Gehorsam, nur durch vorbehaltlose Ausführung seiner Befehle werde Chaos und Untergang vermieden.[88]

Während die Armee Wenck am 1. Mai 1945 noch ein Gebiet hielt, das im Süden von Lindau, an Treuenbrietzen und Beelitz vorbei – die Region östlich Potsdams den Sowjets überlassend – bis Brandenburg und im Norden noch bis Havelberg reichte (begrenzt im Westen durch die Elbe), wurde dieser Kessel am 2. und 3. Mai 1945 bereits äußerst verkleinert, im Süden bei Burg, im Osten noch bei Belzig, aber im Norden bereits bei Havelberg. Einen Tag später war dieser Kessel noch mehr zusammengeschmolzen. Das Gebiet im Osten zwischen Beelitz und Burg war geräumt. Zwischen dem 4. und dem 7. Mai schmolz der Kessel noch weiter zusammen, so daß er nur noch zwischen Ferchland und Schönhausen von den Divisionen Schill, Scharnhorst, Hutten und Körner gehalten wurde, in einer westöstlichen

Breite von zehn und einer Länge von kaum 20 Kilometern.[89]

Schon der 2. Mai 1945 hatte das Ende der Heeresgruppe Weichsel eingeleitet. Der Vorstoß der russischen 61. Armee und der 1. polnischen Armee aus dem Raum Fehrbellin hatte die 3. Panzerarmee des Generals von Manteuffel von der 12. Armee getrennt. Die 12. Armee hatte dabei Mühe, die offene Nordflanke zu decken.[90]

Am 2. Mai standen die Deutschen noch bei Sandau. Tags darauf verbrüderten sich Russen und Amerikaner dort. Die Geschichte der 102. US-Division beschreibt das Zusammentreffen: »Es folgten mehrere denkwürdige Begegnungen, Austausch von Glückwünschen, aber auch Austausch von Waffen und Auszeichnungen. So fremd und unbekannt man an sich war, so doch geeint durch die Aufgabe eines schnellen Sieges – und dann eines Friedens für jedermann.«[91]

Um die Mittagszeit des 3. Mai steuerte der Obergefreite Kiem seinen Schwimmwagen mit den Parlamentären der 12. Armee etwas südlich der zerstörten Elbbrücke bei Tangermünde ins Wasser. Eine weiße Fahne schwenkend, erreichte der Wagen das Westufer des Stroms. Der Delegationsführer der Deutschen, General Freiherr von Edelsheim, hat später die amerikanischen Vorstellungen wiedergegeben, aus denen die Kapitulationsvorstellungen der Deutschen erkennbar wurden:

1. Der Bau einer Elbbrücke oder der Ausbau der stark beschädigten Elbbrücke bei Tangermünde zur Erleichterung des Flußübergangs und Mitführung von Fahrzeugen wurde der 12. Armee abgelehnt. Die weitere Benutzung der beschädigten Elbbrücke bei Tangermünde im Fußgängereinzelverkehr wurde genehmigt. Der Fährverkehr über die Elbe für die sich in Kriegsgefangenschaft begebenden Soldaten wurde bei Schönhausen, Tangermünde und Ferchland genehmigt.

2. Die Übernahme der Verwundeten wurde unter Mitgabe von Sanitätspersonal und Material genehmigt. Der Übergang über die Elbe von Zivilpersonen jeder Art wurde verboten.

3. Materielle oder personelle Unterstützung durch die Amerikaner beim Flußübergang wurde abgelehnt unter Hinweis auf das russische Bündnis und mit dem Bemerken, daß das amerikanische Hoheitsgebiet erst am Westufer der Elbe begänne.[92]

Auch die deutschen Einwände, daß noch viele Zivilisten über die Elbe wollten, wurden von dem amerikanischen General Moore zurückgewiesen. Die Lage der vielen Flüchtlinge, die schon seit Wochen auf der Flucht waren, wurde dadurch immer verzweifelter. Einzelne zimmerten sich Behelfsflöße, andere zogen sich deutsche Soldatenuniformen an. Die Geschichte der 102. US-Infanteriedivision schildert das:

»Deutsche Soldaten, Zivilpersonen und Verschleppte jeglicher Nationalität (Gefangene und Fremdarbeiter) erwarten im allgemeinen mit Schrecken die vorrückenden Sowjets, zusammengedrängt an den Ufern, bittend, gen Westen übersetzen zu dürfen, stürzen sich einzeln oder in Gruppen in den Fluß oder alles benutzend, was schiffbar schien. Es schien, als ob sie an dem sagenhaften Fluß Styx auf den Fährmann warteten, doch anders als in der Sage warteten sie nicht auf die Boote. Sie griffen nach allem, was den Übergang erleichtern konnte, zu improvisierten Flößen, Autoreifen, zu Brettern und Waschzubern. Sie kamen zu Hunderten, zu Tausenden.«[93]

Arroganz der Sieger, wenn nicht sogar Haß, sprach aus dem Bericht des Associated-Press-Kriegsberichters Wes Gallagher:

»4. Mai (AP): Deutschlands einst so stolze Wehrmacht stirbt einen unehrenhaften Tod an den Ufern der Elbe. ... Deutschlands Elite paddelt über den Fluß mit Flößen. Zuweilen schwimmen sie und lassen ihre ordensbedeckten Uniformjacken drüben. ...

Binnen 24 Stunden kapitulieren mehrere Zehntausend deutsche Soldaten gegenüber der 29. Division. Hunderttausend wollen sich der 82. Luftlandedivision am diesseitigen Ufer gegenüber ergeben. Dreitausend ergaben sich einem Regiment der 102. Division. Das gleiche gilt von hier auf 100 Meilen elbauf und stromabwärts. Ihr Kommen wirft für die amerikanischen Kommandeure erhebliche Probleme auf. Die 9. Armee wünscht sie nicht, aber trotzdem kommen sie, und die Russen fürchten, die Amerikaner würden dem Gegner Schutz gewähren. ...«[94]

Als am 4. Mai 1945 Generalleutnant Engel an der Brückenstelle bei Tangermünde erstmals mit amerikanischen Soldaten zusammentraf, fragte er einen amerikanischen Kommandeur, warum er nicht mit seinen gepanzerten Fahrzeugen, die wartend auf dem anderen Elbufer standen, übersetze und auf Berlin marschiere. Er erklärte, er könne ihm den Weg bis kurz vor Potsdam freikämpfen. Mit dem Ausdruck des Bedauerns sah ihn der Amerikaner an und sagte: »Sorry, sorry, General, it's forbidden.«[95]

Bis zum Abend des 6. Mai wurde der Zusammenhalt des Brückenkopfes Tangermünde gewahrt, aber die Munition ging zu Ende.

General von Edelsheim, der Leiter der Kapitulationsverhandlungen, nannte in seinen Aufzeichnungen als Zahlen bei der Kapitulation: 20000 bis 25000 Mann der 9. Armee und der Korpsgruppe Reymann (Potsdam) und 90000 bis 100000 Mann der 12. Armee. Über Flüchtlinge und Zivilpersonen lagen keine Zahlen vor. Von der 3. Panzerarmee und der Armeegruppe Steiner, die sich nördlich von Berlin nach Westen durchgeschlagen hatten, gingen über die Demarkationslinie Wismar–Dömitz 100000 bis 120000 Soldaten in britische und amerikanische Gefangenschaft.[96]

Welche Gesamtverluste die deutschen Truppen an Menschen und Material in der Zeit zwischen dem Angriff am 16. April und dem Waffenstillstand am 8. Mai 1945 hatten, ist nicht zu ermitteln. Nach ihren eigenen Angaben betrugen die Verluste der Russen bei der 1. und 2. Weißrussischen Front und der 1. Ukrainischen Front 304 887 Gefallene, Verwundete und Vermißte. Die meisten Verluste kostete der Durchbruch an Oder und Neiße und der Kampf um Berlin. 1 800 000 Schuß Artilleriemunition wurden auf Berlin abgefeuert, 36 000 Tonnen Granaten. 2156 Panzer und Selbstfahrlafetten, 1220 Geschütze und schwere Granatwerfer sowie 527 Flugzeuge verloren die Sowjets dabei.[97]

PRISONER OF WAR

Als die Russen nördlich von uns noch mit den eingekesselten Truppen der 12. Armee und weiter nördlich mit den Truppen der 3. Panzerarmee kämpften, fanden wir in der Nacht, nahe Baruth, einen in sumpfigem Gelände festgefahrenen Wehrmachts-Lkw, beladen mit Butterschmalz, Dauerbrot und Zahnbürsten. Wir versorgten uns reichlich, sogar mit mehreren Zahnbürsten. Danach kamen wir an den Rand eines Waldes zu einer kleinen Bauernsiedlung. Wenn ich die Karte heute betrachte, meine ich, es könnte Ließen gewesen sein. Da es keine schützenden Kusseln gab und es schon ziemlich hell geworden war, liefen wir immer noch in dem viel zu offenen bewachsenen Gelände herum. Plötzlich entdeckten wir einen Mann in Khaki-Uniform, der uns den Rücken zukehrte und sich an etwas zu schaffen machte.

In dem Lkw hatten wir auch eine 9-mm-Wehrmachtspistole P 38 mit Munition gefunden und verabredet, sie abwechselnd zu tragen. Als wir den Mann kaum 20 Schritte vor uns sahen, waren wir unschlüssig, was wir mit ihm anfangen wollten. Er trug eine Uniform, die russisch aussah. Als habe er hinten Augen und spüre die Gefahr, drehte er sich um. Auf unsere auf ihn gerichtete Pistole reagierte er bewußt geistesgegenwärtig – zunächst gar nicht. Er war Pole, vermutlich ein Fremdarbeiter, und beteuerte seine Harmlosigkeit nicht nur, sondern bewies sie auch, in dem er uns die Situation außerhalb des Waldes beschrieb. Er berichtete, daß die Russen deutsche Landser laufenließen, die eine weiße Armbinde trügen. Er riet uns, die Pistole schleunigst wegzuwerfen, weil sie uns nur gefährde, wenn wir damit in Gefangenschaft gerieten. Deshalb steckte ich die Pistole zunächst wieder ein. Wir ließen uns von ihm den Weg erklären. Seine friedlichen Absichten hatten uns überzeugt: Er war mit einem großen Paket Butterschmalz beschäftigt, das von dem Lkw stammte, der auch uns versorgt hatte. Wenig später warfen wir die Pistole und das Patronenmagazin in die Gülle eines Misthaufens auf einem benachbarten Bauernhof, banden uns unsere Taschentücher um den linken Arm und machten uns auf den Weg zu der als südlich von uns beschriebenen Straße. Unterwegs kam uns ein russischer Soldat entgegen. Er gab sich als Tito-Partisan aus und inspizierte freundlich unser Gepäck auf Brauchbares. Er sprach recht gut Deutsch und war so freundlich, daß wir mutiger als zuvor auf die Chaussee gingen, die von Baruth nach Jüterbog führt.

Die Straße war überfüllt mit Trecks von Zwangsarbeitern, die, obwohl sie nach Westen zogen, von den Russen unbehelligt blieben. Wir kamen zunächst nach Petkus. Dort schlossen wir uns einer Gruppe Franzosen an. Wir spürten bei ihnen keine Feindschaft. In dieser Situation, umgeben von russischem Militär, waren alle eingeschüchtert. Bemerkenswert ist aber doch, daß wir unsere Wehrmachtsuniform noch trugen und die französischen Fremdarbeiter uns in ihre Mitte nahmen und wir so in dem großen Haufen nach Westen ziehender Fremdarbeiter als deutsche Soldaten nicht so schnell erkannt wurden. Erwähnenswert ist in diesem Zusammenhang, daß das Verhalten dieser französischen Fremdarbeiter durchaus nicht ungewöhnlich war. Fremdarbeiter, die sich den Russen nicht mehr durch die Flucht aus Ostpreußen entziehen konnten und die Behandlung der deutschen Bevölkerung durch die Russen miterlebt hatten, baten nicht selten die deutschen Wehrmachtsteile um Bewaffnung, weil sie sich am Schutz der Zivilbevölkerung beteiligen wollten.

Hier, auf der Straße nach Jüterbog, schienen die Russen gelassener, denn Kampfhandlungen fanden in diesem Gebiet nicht mehr statt. Die 12. Armee des Generals Wenck hatte sich bekanntlich zurückgezogen. In diesem vor uns liegenden Bereich hatten sich die Amerikaner von Westen und die Russen von Osten bereits an Elbe und Mulde vereinigt.

Wir marschierten so fast den ganzen Tag im Franzosentreck und kamen gut voran, bis unsere französischen Weggenossen uns erklärten, es wäre zu gefährlich, wenn wir weiter mit ihnen gingen. Sie baten uns, die Gruppe zu verlassen. Zwölf Jahre später traf ich einen Anwalt, der berichtete, daß die Russen die Ausweispapiere von flüchtenden Fremdarbeitern kontrolliert und dabei deutsche Soldaten in den Gruppen aussortiert und sofort erschossen hätten. Der Anwalt hatte eine solche Kontrolle überlebt, weil ihm ein Franzose aus der Reihe vor ihm, die einen Schritt nach vorn machen mußte, seine Papiere zusteckte. Die Deutschen in seiner Reihe wurden erschossen.

Wir achteten nun besonders darauf, nicht in irgendeine Kontrolle zu geraten. Am Abend erreichten wir einen Ort mit einem Gut und einem kleinen Schloß. Der Bürgermeister ließ uns Brot zuteilen und wies uns an, im Schloß zu übernachten. Es war völlig ausgeplündert, ohne Möbel. Ein paar Bücher, Reste der Bibliothek, lagen noch am Boden. Uns wurde berichtet, daß die Russen den Besitzer und seine Familie vor einigen Tagen erschossen hatten. Er soll polnische Arbeiter nicht gut behandelt haben.

Besonders hilfreich war die selbstlose Unterstützung, die Heiner Lüdemann und ich in Jüterbog erhielten. Ein Ehepaar, das dort einen Kolonialwarenladen betrieb, zog uns in sein Haus, da wir uns zunächst einmal unserer Uniformen entledigen sollten. Wir wurden mit Anzügen des Ehemanns ausgestattet, so daß wir als Soldaten nicht mehr zu erkennen waren. Das Ehepaar verpflegte uns auf das herzlichste und räumte uns sogar sein eigenes Schlafzimmer für die Nacht ein, damit wir uns einmal nach Wochen in einem richtigen Bett ausschlafen konnten.

Am folgenden Tage strebten wir nach Südwesten, der Elbe zu, und ich glaube, daß wir dabei auf den Gleisen der Bahnlinie nach Wittenberg gingen. Wir kamen nun am Tage unbehelligt gut voran. Es gab keine Kampfhandlungen hier in diesem Gebiet. Ich sah von Russen keine Spur mehr, seit sie sich am 23. April mit den Amerikanern bei Torgau an der Elbe getroffen hatten und die 12. Armee dieses Gebiet geräumt hatte. Doch sie waren da, und die Bevölkerung hatte unter ihnen zu leiden. In Wittenberg baten uns Frauen, über Nacht zu bleiben. Wir übernachteten angezogen mit acht Frauen in einem kleinen Raum, dicht beieinander auf Sofa, Teppich und den Betten. Der Raum war dunkel. Licht durfte nicht gemacht werden. Als wir im Haus ein Geräusch hörten, waren die Frauen hellwach und starr vor Schreck und Angst.

Am frühen Morgen machten wir uns, ausgestattet mit Hinweisen und einer Karte, auf den Weg nach Dessau. Bei Wittenberg überquerten wir die Elbe auf einer Eisenbahnbrücke, die unbewacht war. Wir liefen wieder auf den Bahngleisen, um die Straße zu meiden. Wo wir auf unserer Flucht noch einmal übernachteten, fehlt in meiner Erinnerung. Sie setzt erst wieder bei einer Serumstation ein. In der Station am Ostufer der Mulde bei Dessau begegneten wir einem alten Mann, der uns anbot, sich ihm anzuschließen. Er wußte, daß amerikanische Posten auf der anderen Seite der Mulde auf jeden schwimmenden deutschen Soldaten schossen. Leichen deutscher Soldaten trieben in der Mulde. Der Mann berichtete uns, daß er seinen Schwiegersohn zu den Amerikanern hinüberbringen wollte. Da er Ortsgruppenleiter gewesen sei, fahndeten die Russen bereits nach ihm. Wir sollten mit einem kleinen Kahn übersetzen, den er

164

auf einen Wagen geladen hatte – mit zwei Pferden davor. Etliche Flaschen Schnaps sollten uns den Eintritt in den Westen erleichtern.

Die Aktion lief am Abend gegen 19 Uhr ab, voller Spannung, doch völlig undramatisch. Wir durchquerten mehrere hundert Meter breite Wiesen zum Ufer des recht stattlichen Flusses. Gegenüber saßen zwei amerikanische Posten. Das Winken mit den Schnapsflaschen wurde verstanden und mit einladender Armbewegung beantwortet. Der Kahn war so klein, daß zweimal gerudert werden mußte, denn außer dem Schwiegersohn war noch ein weiterer Flüchtling dazugekommen. Fünf Personen auf einmal faßte der Kahn nicht. Der alte Mann wollte wieder zurück. Was die Russen mit ihm machten, war ihm gleichgültig. Doch es schien so, als hätten sie von der Aktion keine Notiz genommen. Sie saßen oberhalb des Flusses bei der Eisenbahnbrücke. So kamen Heiner und ich auch beim zweiten Übersetzen ungehindert auf die andere Seite. In der Zwischenzeit hatten die Amerikaner bereits die beiden anderen visitiert, und obwohl der dritte von uns – ein Leutnant – seine Offiziersmütze bei sich hatte, ließen sie beide laufen. Er hatte eine Glatze und sah alt aus … Heiner und mir wurde die Visitation zum Verhängnis. In meiner Kartentasche, die ich heute noch besitze, trug ich noch immer mein Tagebuch mit Aufzeichnungen seit meiner Schulzeit bei mir. Es enthielt auch ein Foto von mir als Offiziersanwärter mit der schwarzen Uniform der Panzertruppe, der ich 1944 noch angehörte. Diese Uniform hatte Kragenspiegel mit Totenköpfen. Auch die SS hatte sie, aber als kämpfende Truppe trug sie keine schwarzen Uniformen. Da sie meine Uniform mit einer SS-Uniform verwechselten, nahmen die amerikanischen Posten mich gefangen und Heiner gleich mit. Es war der 9. Mai 1945: der Tag nach der Kapitulation, an dem alle Kampfhandlungen eingestellt werden sollten.

Der Wechsel über den kleinen Fluß Mulde bei Dessau kam einer Überquerung des Acheron gleich, dem Unterweltsfluß der griechischen Sage, der zwei Welten trennt. Selbst wenn die Amerikaner sich später auf eine westlichere Demarkationslinie zurückziehen sollten und Thüringen und Teile von Sachsen preisgaben – im Augenblick begann diese andere, westliche Welt hier an der Mulde, an deren westlichem Ufer amerikanische Truppen standen. Den Amerikanern gegenüber war ich völlig naiv. Wer selbst ohne Argwohn ist, unterstellt auch anderen keine böse Gesinnung. Ich war »prisoner of war« und nicht damit einverstanden, daß sie mich als POW festhielten. Ich entsann mich des Waffenstillstands, und mein bereits vorhandenes juristisches Interesse gab mir ein, daß ich nur interniert werden konnte. Als Heiner und ich von dem amerikanischen Posten mit einem Jeep abgeholt wurden, begann ich, gegen die Gefangennahme zu protestieren. Einer der beiden Amerikaner konnte recht gut Deutsch. Er reagierte genauso zivilisiert wie andere ehemalige Deutsche der US-Army, die ich später kennenlernte. Obwohl sie alle beträchtliche und begreifliche Vorbehalte hatten, blieben sie stets sachlich und fast höflich, als ob ihnen diese Umgangsform in den Knochen steckte.

Meine Jugend war mit einer gehörigen Portion Naivität gemischt, sonst hätte ich mich nicht auf eine solche Diskussion versteift, die so unwahrscheinlich klingt, obwohl sie absolut wahr ist. Der Amerikaner sagte mir, er sei bereit, mich seinem Offizier vorzuführen, dem ich mein Anliegen vorbringen könne. Vor einer Villa in Dessau blieb der Jeep mit einem Fahrer und Heiner stehen. Wir betraten die Villa, und ich erinnere mich noch genau an ihr gepflegtes, großzügiges Inneres. Ich blickte in eine Flucht von drei ineinandergehenden Zimmern mit offenen Schiebetüren und im Hintergrund einen Kamin, um den herum eine Gruppe von Offizieren saß. Der Amerikaner hieß mich warten, ging durch die drei Räume und erstattete Bericht. Da stand ich nun und blickte auf die Offiziere, die Whisky tranken, und machte sicher einen jämmerlichen Eindruck mit den nicht passenden Zivilsachen, die ich unterwegs, in Jüterbog, gegen meine Uniform getauscht hatte. Plötzlich hörte ich einen wilden Schrei und sah einen Offizier aus der Gruppe mit einer Reitpeitsche auf mich zustürzen. Mir blieb nur, mich blitzartig umzudrehen, aus dem Haus zu laufen und mich wieder in den Jeep zu setzen. Mein Glück war, daß er mich nicht einmal verfolgte und seine Wut an mir ausließ. Vom Fahrer wurde ich grinsend empfangen. Grinsend kam auch der deutschsprachige GI zurück. Ob ich es jetzt besser wüßte, fragte er mich trocken, und danach sprachen wir nicht mehr darüber. Wir wurden in einen Keller ohne Licht gesperrt, es gab keine Toilette und auch nichts zu trinken.

Ob der wütende Offizier in der Dessauer Villa nur gestört und womöglich angetrunken war oder ob er sich über meine Dreistigkeit ärgerte, weil die amerikanischen Befehle zur Behandlung der Gefangenen von ganz anderen Vorstellungen ausgingen, läßt sich nicht feststellen. Tatsache ist, daß es eine gemeinsame westalliierte Politik gab, eine neue Kategorie von Gefangenen zu bilden, die nicht die Rechte von Kriegsgefangenen haben sollten. Gemeint waren diejenigen, die nach der Kapitulation in Gefangenschaft gerieten. Auf amerikanischer Seite wurden sie »disarmed enemy forces« (DEF), auf britischer Seite »surrendered enemy personnel« (SEP) genannt. Es war ein Bruch der Genfer Konvention, und die Überlegungen dazu lassen sich auf alliierter Seite bis zur Moskauer Konferenz von 1943 zurückverfolgen. Vorschläge waren durch die damals gebildete »European Advisory Commission« (EAC) schon im Sommer 1944 entwickelt worden. Tatsache ist, daß General Eisenhower im März 1945 in einer von ihm selbst unterzeichneten Erklärung von der Schaffung einer neuen Klasse von Gefangenen ausging. Er empfahl, daß sie nicht mehr von der Armee ernährt würden:

»Obwohl die Absicht besteht, die Verantwortung für die Ernährung und sonstige Versorgung aller Kriegsgefangenen der Alliierten und der verschleppten Personen den deutschen Behörden zu übertragen, wird damit gerechnet, daß diese Aufgabe in dem wahrscheinlich herrschenden Chaos ihre Möglichkeiten überschreitet und daß die Alliierten vor der Notwendigkeit stehen werden, sehr große Mengen an Nahrungsmitteln bis zu deren Repatriierung bereitzustellen. Die zusätzliche Versorgungsverpflichtung, die mit der Erklärung der deutschen Streitkräfte zu Kriegsgefangenen verbunden ist und die die Bereitstellung von Rationen in einem Ausmaß erforderlich machen würde, das dem Bedarf der eigenen regulären Truppen entspricht, würde sich als weit jenseits der Möglichkeiten der Alliierten erweisen, selbst wenn alle deutschen Quellen angezapft würden. Darüber hinaus wäre es nicht wünschenswert, den deutschen Streitkräften Rationen zuzuteilen, die weit über das für die Zivilbevölkerung verfügbare Maß hinausgingen.«[98]

Eisenhower haßte die Deutschen, er schämte sich selbst seines deutschen Namens.[99] Aber er war nicht der allgewaltige Oberbefehlshaber. Er hatte übergeordneten Stellen zu berichten und tat dies gerade auch in der Frage der Gefangenenbehandlung ausgiebig. Die Ernährungslage in Europa war schlecht, ebenso groß waren Transportprobleme, so daß man versuchte, sich von der Verpflichtung durch die Genfer Konvention freizumachen, Millionen Soldaten wie Kriegsgefangene ernähren zu müssen. Die Westalliierten waren entschlossen, die Deutschen an das Ende der Ernährungsliste zu setzen und die Gefangenen nicht wie deutsche Zivilisten zu versorgen.[100]

Auf amerikanischer Seite schnellten die Gefangenenzahlen 1945 in die Höhe: Im ersten Quartal waren es 1 067 000, im zweiten Quartal 2 040 000, hauptsächlich im April und Mai.

168

Ähnlich war die Bilanz der britischen Armee: Im ersten Quartal 1945 waren es 197000, im zweiten Quartal 2122900, insgesamt also mehr als 5000000 gefangener Soldaten, vornehmlich auf dem Gebiet der späteren Bundesrepublik.[101]

Was dies für die deutschen Gefangenen in der Folgezeit bedeuten mußte, ist auch ohne genaue Kenntnis unschwer vorstellbar. Ich sollte in der Folge vier sehr unterschiedliche Lager kennenlernen.

Meine Reklamation eines besonderen Status nach der Kapitulation vom Vortage war zwar richtig, die Vorstellung, daraus für mich Vorteile herleiten zu können, aus alliierter Sicht aber geradezu absurd. Ich stand da in der Villa als einer von zwei im Jeep vorgefahrenen Gefangenen und wußte nicht, daß ich einer von mehr als fünf Millionen war. Vielleicht hatte ich etwas aufgeschnappt, was in Richtung der alliierten Überlegungen ging, aber mißdeutet worden war. Ich hatte mich dabei der Gefahr ausgesetzt, Ärger zu erregen und zu den Russen zurückgeschickt zu werden, wie dies oft der Fall war. Daß dies nicht geschah, verdanke ich vermutlich dem amerikanischen GI und dem Fahrer.

In dieser Nacht im Keller empfanden wir die Amerikaner zunächst nicht gerade als unsere Retter. Dazu war der dunkle Keller, ohne Schlafgelegenheit, zu unerfreulich und kalt. Wenn auch unsere Bewacher unsere Hoffnung und Vorstellungen von einer Zukunft nicht teilten, wir waren davon fest überzeugt. Die formell noch amtierende Reichsregierung hatte sich durch den Finanzminister Lutz Graf Schwerin von Krosigk anläßlich der in Reims unterzeichneten Gesamtkapitulation der deutschen Wehrmacht, die bereits am 7. Mai 1945 stattgefunden hatte, von Mürwik bei Flensburg aus in einer Rundfunkansprache an die Deutschen gewandt:

Niemand könne, so sagte er, im Zweifel darüber sein, daß die kommende Zeit für jeden von uns hart sein werde und auf allen Lebensgebieten Opfer von uns fordern würde. Wir müßten sie auf uns nehmen und loyal zu den Verpflichtungen stehen, die wir übernommen hätten. Wir dürften aber auch nicht verzweifeln, wir müßten uns auf dem Weg durch das Dunkel der Zukunft von drei Sternen führen lassen, die stets das Unterpfand deutschen Wesens gewesen seien: Einigkeit und Recht und Freiheit. Und er legte dar, was man im einzelnen darunter verstehen sollte. Die Einigkeit müßten wir uns erhalten und nicht wieder in streitende Klassen und Gruppen auseinanderfallen, um die künftigen Zeiten zu überstehen. Wir müßten auch das Recht zur Grundlage unseres Lebens machen und könnten dann hoffen, daß die Atmosphäre des Hasses, der gegen Deutschland in der Welt empfunden werde, einem Geist der Versöhnung wiche und uns die Freiheit wieder winke, ohne die kein Volk ein erträgliches und würdiges Dasein führen könne. Als Glied der christlich-abendländischen Kultur hätten wir in redlicher Friedensarbeit einen Beitrag zu liefern, der den eigentlichen Traditionen unseres Volkes entspreche.[102]

Die Ansprache interessierte die Führer unserer Kriegsgegner sicher nicht. Die westlichen Alliierten wollten uns nicht als internationale Partner, sondern als einen unbedeutenden Agrarstaat in der Mitte Europas, die Sowjets kein Deutschland mit Recht und Freiheit, sondern einen kommunistischen Satellitenstaat.

Damals, am 9. Mai 1945, im Keller eines Hauses in Dessau, war ich bereit, an Einigkeit und Recht und Freiheit zu glauben, und die Kameradschaft und Freundschaft, die Kampf, Gefahr, Not und Entbehrung gefördert hatten, half uns, gemeinsam diese Zeit zu überstehen.

Daß die Alliierten ihre Linien für kleinere Einheiten, einzelne Soldaten, aber auch für größere Verbände um Mitternacht zum 9. Mai als geschlossen erklärten und dies für Tausende deutscher Soldaten die russische Gefangenschaft bedeutete, wußten wir nicht. Wir hatten den Westen gerade noch vor Toresschluß erreicht.

Welche Erleichterung aber für uns, als die Amerikaner uns am Morgen aus dem Kellerloch herausholten in das sonnige Wetter dieser Maitage. Wir wurden zu einem Sammelpunkt gefahren, in einem offenen Jeep, unsere beiden Bewacher vorn und wir zu zweit hinten auf der Bank. Die Straße bog im rechten Winkel nach Süden, und unsere Bewacher unterhielten sich über die merkwürdige Straßenführung in Deutschland, weil sie nicht begreifen konnten, warum eine Straße nicht gerade zum Ziel führt.

Man brachte uns zu einer Schule als Sammelpunkt. Dort waren vielleicht schon 40 deutsche POW. Mitten auf dem Hof hockte ein amerikanischer GI auf seinen Hacken, hatte sein Gewehr quer über die Knie gelegt und kaute Kaugummi unter seinem Stahlhelm. Für einen Soldaten der Potsdamer Schule bot er einen amüsanten Anblick, und so muß ich ihn wohl so interessiert angesehen und dabei gegrinst haben, daß er plötzlich aufstand, auf mich zukam und etwas sagte, was ich nicht gleich verstand. Dann deutete er auf sein Gewehr und erklärte, das sei ein »gun«, ob ich das begriffe. Ich ahnte, daß er sich über mich geärgert hatte. Aber was hieß das schon? Ein Russe wäre unberechenbar gewesen. Ich hätte mich gehütet, mich mit ihm anzulegen. Erst später erfuhr ich, daß auch Amerikaner als unsere Kriegsgegner zu allerlei fähig waren und ihre Verständigungsbereitschaft noch sehr enge Grenzen hatte.

In dem Augenblick, da der Wachposten und ich uns buchstäblich Nase an Nase gegenüberstanden, war mir das unangenehm, aber es kam mir nicht in den Sinn, daß mir etwas passieren könnte. Und so war es denn auch. Da wir uns nicht verständigen konnten, holte der Posten einen Besen. »Sweep«, befahl er. Ich sollte den Schulhof fegen. Ich wollte das aber nicht, und während er immer wieder versuchte, mir den Besen in die Hand zu drücken, kam ein Deutscher vorbei mit einer weißen Armbinde und der Aufschrift »Interpreter«. Da ich nicht gut Englisch verstand – es war nach Französisch und Latein unsere dritte Fremdsprache in der Schule, – erklärte ich ihm, daß ich nach meiner Meinung wegen meines Dienstgrades nicht arbeiten müßte. Da der Wachposten verträglich war, schloß ich den ersten echten Vergleich meines Lebens. Der Dolmetscher übersetzte mir, daß ich nicht fegen müßte, wenn ich es unterlassen würde, den Posten anzusehen und zu grinsen. So setzte ich mich mit dem Rücken zu ihm, hielt mich daran und hatte meine Ruhe.

UNTER FREIEM HIMMEL

Mein Auftritt in der Dessauer Villa und mein »Streit« auf dem Schulhof mögen nicht nur albern klingen, sondern auch unwahrscheinlich. Sie haben sich aber genauso zugetragen, wie ich sie geschildert habe; danach gab es zu derartigen Vorkommnissen keine Gelegenheit mehr, denn wir wurden auf offene Lkw verladen und kamen in ein offenes, mit Stacheldraht umzäuntes Lager bei Helfta bei Eisleben. Das Lager lag am Rand einer großen industriellen Abraumhalde. Ein oder zwei Seiten dieser wohl 20 Meter hohen Halde grenzten an das Lagergelände, das aus Schotter und etwas Gras bestand und von Stacheldraht umzäunt war. Ich gehörte nun zur Masse der Kriegsgefangenen, und die Industriehalden um das Lager waren eine entsprechend düstere Kulisse. Obwohl das Lager noch nicht alt sein konnte, war es bereits überfüllt. Unter den mehreren Tausend Gefangenen war bereits die Ruhr ausgebrochen, denn die Verpflegung war katastrophal, es fehlte an Brot und Kartoffeln, und die hygienischen Verhältnisse waren noch schlimmer. Als wir ankamen, konnten wir sehen, wohin wir geraten waren, denn die Toten lagen tagelang am Stacheldraht mit einem winzigen Stück Pappe auf den erstarrten Gesichtern. Ein Haus oder ein Lazarett gab es nirgendwo. Von einem älteren Zivilisten hörte ich, wie er zu einem anderen sagte: »Jetzt machen sie mit uns das, was wir mit anderen gemacht haben.« Ich wunderte mich darüber, denn ich hatte mir bisher keine Vorwürfe zu machen und ahnte noch nichts von dem, was nach und nach bekannt wurde. In der kleinen Stadt und im Internat hatte ich in einer recht abgeschlossenen Welt gelebt. Das Regime des Nationalsozialismus war uns nur lästig gewesen und seine Funktionäre der Gegenstand von Spott und Witzen. Ich erinnere mich aber noch an das überraschte Entsetzen der Offiziersbewerber, als sie bei einem Potsdam-Besuch Ende 1944 an einem Vormittag im Volksgerichtshof bei Freisler drei Gerichtsverhandlungen miterlebt hatten, die trotz geringfügiger Anlässe sämtlich mit Todesurteilen endeten.

Es war ein Vormittag zwischen dem 23. und dem 25. Oktober 1944. An diesen Tagen hatte ich Urlaub, sie sind in meinem Soldbuch vermerkt. Mein Vater hatte Urlaub, und ich bekam Sonderurlaub, um ihn wiederzusehen. In diesen Tagen fuhr die Inspektion der Offiziersbewerber nach Potsdam. Das Gruppenfoto mit dem Fähnrichsvater Oberleutnant Baum und den Feldwebeln Finke und Radtke als Ausbildern besitze ich heute noch. Es zeigt eine fröhliche Gruppe junger Soldaten auf der Terrasse des alten Königs vor dem Schloß. Und wenn dieser alte König vorbeigekommen wäre und die fröhlichen, selbstbewußten Gesichter gemustert hätte, in leicht gebückter Haltung, mit der linken Hand auf dem Rücken und gestützt auf einen Krückstock, dann wäre ihm nichts Negatives aufgefallen, außer, daß der Oberleutnant Baum zu fröhlich dreinschaute; aber da wir ihn danach als einen Mann mit guten Nerven kennengelernt haben, bin ich sicher, daß er sehr schnell richtig reagiert hätte. Bei den Feldwebeln brauchte man sowieso keine Sorge zu haben. Daß sie sehr preußisch waren, sieht man schon auf dem Bild.

Zwischen der Aufnahme auf der Terrasse von Sanssouci und meiner Rückkehr aus dem Sonderurlaub lag der erwähnte Besuch im Volksgerichtshof Freislers, und auch ohne irgendein Foto kann ich mich noch sehr deutlich erinnern, wie die Offiziersanwärter nach ihrer Rückkehr in unsere

Kaserne in Wandern aussahen. Ich kam nach dem Abendessen, so etwa gegen 19.30 Uhr, in meine Stube, nachdem ich mich ordnungsgemäß zurückgemeldet hatte und kurz nachdem meine Kameraden von ihrer Fahrt zurückgekehrt waren. In der Stube, die ich mit elf anderen teilte, empfing mich eine bedrückte, angespannte Atmosphäre. Auf meine fröhliche Begrüßung blickten sie mich erstarrt und fremd an, fast wie gelähmt, und mein erster Gedanke war, daß einer unserer Kameraden ums Leben gekommen sei.

Erst langsam löste sich das Schweigen, das sie alle verband, und sie berichteten offen, was sie während eines einzigen Vormittags im Volksgerichtshof in Berlin miterlebt hatten. In den drei Gerichtsverhandlungen war es um Bagatellen gegangen. Da war ein Milchmann, der angesichts eines heruntergefallenen Hitlerbildes, wie sie damals überall in Ämtern und auch Privatwohnungen hingen, der Wohnungsbesitzerin erklärt hatte, sie brauche das Bild gar nicht wieder aufzuhängen, es käme sowieso bald weg. Auch bei den anderen beiden Fällen handelte es sich nur um Äußerungen politischer Art. Sie mögen etwas boshafter gewesen sein, aber ich erinnere mich daran nicht mehr. Erschüttert äußerten sich die Offiziersanwärter nicht nur über die Todesurteile, sondern auch über die Unbewegtheit, mit der die Angeklagten diese Todesurteile zur Kenntnis nahmen, so, als ob man ihnen sagen würde: »Heute abend gibt es Erbsensuppe.« Die Angeklagten waren durch den Psychoterror, den sie erlitten hatten, bereits vollständig demoralisiert. Meine Kameraden waren von diesem Erleben so deprimiert, daß es schien, als hätten sie jeden Glauben an diesen Staat und seine Zukunft verloren.

In unserer Stube war einer der Offiziersbewerber älter. Dr. Schwackenberg oder so ähnlich hieß er. Es war ein offenes Geheimnis, daß er vor seiner Einberufung Staatsanwalt beim Volksgerichtshof gewesen war. Er äußerte sich zu den

Schilderungen nicht, aber wir hatten auch keine Sorge, daß er unsere unüberhörbare Kritik weitertragen würde.

Ich kann mich eigentlich nur an einen Offiziersanwärter erinnern, der durch »politische Geradlinigkeit« auffiel, und das war ausgerechnet mein früherer Schulleiter, ein promovierter Oberstudiendirektor aus Forst, der noch spät einberufen worden war und nun wie wir Offizier werden wollte. Er hielt im Laufe des Lehrgangs zwei oder drei nationalsozialistische Vorträge. Da er wesentlich älter war als wir und sich anders äußerte, als die meisten von uns dachten, wurde sein Verhalten allgemein als schleimig angesehen. Er war unbeliebt.

Es herrschte ohnehin eine sehr nüchterne Atmosphäre unter den Offiziersbewerbern; Überschwenglichkeit war nicht mehr gefragt. Auch daran erinnere ich mich noch sehr gut, denn wir hatten eines Tages einen Aufsatz zu schreiben mit dem Thema: »Warum werde ich Offizier?« Mir war dabei klar, daß Begeisterung und Pathos dem Thema die nötige Würze geben könnten. Kurze Zeit danach erklärte uns Oberleutnant Baum begeistert, daß er uns einen dieser Aufsätze vorlesen müsse. Ich befürchtete, daß es mein Aufsatz sein würde – ich wußte aus der Schulzeit, daß ich Aufsätze schreiben konnte. Das Problem war, vor den Kameraden, die mich kannten, bloßgestellt zu werden als einer, dem man nicht trauen konnte. Das war schlimm und nahm mir fast die Luft. Die Offiziersbewerber teilten, ihrer Reaktion nach zu urteilen, dann auch nicht die begeisterte Zustimmung des Fähnrichsvaters, und ich konnte erleichtert aufatmen, als er den Namen des Autors nicht nannte.

So, wie die Amerikaner in diesem Lager mit uns umgingen, stimmte die Bemerkung des älteren Zivilisten nachdenklich. Mich beschlich Ratlosigkeit in dieser düsteren Szene, die in ihrer Trostlosigkeit und Härte der Situation etwas Statisches hatte. Die Toten am Stacheldraht, mit einem winzigen Stück Papier auf den erstarrten Gesichtern, waren nicht weiter verhüllt, weil es kein Papier und keine Pappe gab ...

Die Westalliierten wußten im Sommer 1944 genau, wie sie Deutschland niederwerfen konnten. Eine Vorstellung, was danach zu tun sei, fehlte ihnen aber. Einer der ersten, der sich darüber Gedanken machte, war der Finanzminister Henry C. Morgenthau. Ihm gefiel vor allem der Oberbefehlshaber der alliierten Weststreitkräfte, General Eisenhower, der ihm erklärt hatte, er wolle »die Deutschen hart anpacken«, sobald er in Deutschland sein würde. Morgenthau hatte das Vertrauen des amerikanischen Präsidenten Roosevelt. Dessen Gesundheit war schwer angeschlagen. Schon auf der Konferenz von Teheran Ende November, Anfang Dezember 1943 bemerkten Teilnehmer seine Handlungsunfähigkeit. Ein todkranker Mann war er bereits, bevor er sich 1944 zur Wiederwahl stellte. So war Roosevelt schon im letzten Kriegsjahr den Aufgaben nicht mehr gewachsen. Die vollständige Verkennung der Gefahr, die von den Sowjets ausging, und das Vertrauen, das er ihnen entgegenbrachte, gehörten zu seinen schwersten Fehlern. »Er hat alle Sympthome der Hirnarterienverkalkung in fortgeschrittenem Stadium, so daß ich ihm nur noch wenige Monate gebe«, notierte Churchills Leibarzt Lord Moran am 7. Februar 1945.[103]

So kann es nicht verwundern, wie Roosevelt auf einen Vorschlag Stalins reagierte. Stalin hatte beim Abendessen geäußert, er wolle nach dem Krieg 50000 deutsche Offiziere zusammentreiben, um sie zu erschießen. Der Sohn des amerikanischen Präsidenten, Elliot Roosevelt, Brigadegeneral der US-Army, brachte dazu einen Trinkspruch aus nicht nur auf den Tod jener 50000, sondern ebenso auf den vieler Hunderttausender weiterer Nazis. Er sei überzeugt, erklärte er, die Armee der Vereinigten Staaten werde das unterstützen. Roosevelt reagierte auf diesen Vorschlag mit

Albernheit, als er einen »Kompromiß« vorschlug, nur 49 000 Gefangene zu erschießen.[104]

Churchill hatte daraufhin heftig protestiert, wie er in seinem fünften Band von »Der Zweite Weltkrieg« schildert. Damals wußten Churchill und Roosevelt schon, daß die Russen Tausende von Offizieren der polnischen Armee ermordet hatten, die in russische Gefangenschaft geraten waren.

Die Linie war vorgegeben. Als Chef des Oberkommandos der alliierten Armeen in Nordwesteuropa (SHAEF) sandte Eisenhower an den General Marshall eine SHAEF-Botschaft, daß die neuen Stacheldrahtumzäunungen für die deutschen Kriegsgefangenen »kein Obdach noch irgendeinen anderen Komfort bieten werden ...«. Hinzugefügt wurde, daß die Gefangenen selbst die Umzäunungen verbessern sollten unter Verwendung lokaler Materialien. Die Umzäunungen waren, wie in Helfta überall, auf freiem Feld angelegt, das man mit Stacheldraht umgeben hatte. Gebäude durften dort nicht errichtet werden. Die äußeren Umzäunungen waren durch Scheinwerfer, mit Wachtürmen und Maschinengewehren gesichert. Die am 1. Mai 1945 herausgegebenen Pionierbefehle enthielten ein ausdrückliches Verbot, Unterkünfte in den Umzäunungen einzurichten. Gleichzeitig wurde Marshall davon unterrichtet, daß die Zahl der eingebrachten Gefangenen alle Erwartungen übertroffen habe. Am 30. April 1945 verzeichnete die amerikanische Armee in Europa schon die Zahl von 2 062 865 Gefangenen.[105]

Der Befehl bewirkte, daß überall im Besatzungsgebiet der Amerikaner Lager entstanden, in denen Zigtausende ausgemergelte, apathische, schmutzige Männer mit leerem Blick und verdreckten feldgrauen Uniformen unter freiem Himmel standen oder lagen, bei Regen im Schlamm. Zum Teil bekamen sie tagelang nichts zu essen und litten selbst unter Wassermangel.

178

Das Lager in Helfta entsprach den Vorstellungen Eisenhowers. Man hätte es nicht für eine Methode halten können, sondern eher für ein Provisorium. Mißtrauisch machte uns nur die Vielzahl der Toten, die achtlos am Zaun lagen und nicht abtransportiert wurden.

Nach einigen Tagen kam Bewegung in das Lager. Wir wurden auf Lastwagen verladen. Dabei fragte ein Amerikaner einen etwas beleibten deutschen Zivilisten unter den Gefangenen nach der Uhrzeit. Als der bereitwillig seine goldene Taschenuhr herauszog, war er sie sofort los. Wir lachten noch über die Pfiffigkeit des Wachpostens und die Naivität des Gefangenen – meine goldene Armbanduhr hatte ich noch.

Das Soldbuch gefälscht

Unsere Verlegung fiel in die Zeit, als die Amerikaner sich darauf einrichteten, vereinbarungsgemäß Thüringen und Sachsen zu räumen. Wir konnten uns glücklich schätzen, daß sie uns mitnahmen und nicht den Russen hinterließen. Vielleicht gab es schon einige Spannungen. Wir fuhren auf offenen Lastkraftwagen, dichtgedrängt auf der Ladefläche. Unsere Bewacher standen etwas erhöht an der Rückseite des Fahrerhauses, mit Maschinenpistolen im Anschlag. Die schweren amerikanischen Trucks fuhren durch die frühlingshafte, abwechslungsreiche Landschaft. Wer heute auf der Karte nach einer günstigen und möglichst direkten Straßenverbindung von Helfta/Eisleben nach Bad Hersfeld sucht, sieht, daß sich die Amerikaner wirklich große Mühe gegeben haben, uns zu verfrachten, denn zu unserem Ziel gab es damals keine Autobahn und auch keine direkte Straßenführung. So kamen wir durch eine schöne Landschaft, idyllische Dörfer und Städtchen und erlebten auch die Lässigkeit unserer Bewacher, die Pausen, die sie sich gönnten, während wir auf den Lkw ausharren mußten, und ihre üppige Verpflegung, ohne daß wir etwas zu essen erhielten.

So kamen wir schließlich nach Bad Hersfeld. Dort, nahe der Autobahn, hatte man auf feuchten Auwiesen ein Lager eingerichtet, hoch umzäunt mit drei Stacheldrahtrollen, Wachtürmen und Scheinwerfern. 20 000 Gefangene waren dort unter freiem Himmel zusammengepfercht worden. Die

Umstände waren nicht besser als in Helfta. Wir bekamen dort wenig zu essen, täglich abgezählt fünf bis sechs Kekse, fünf bis sechs Kirschen, drei Eßlöffel Schmalzfleisch und ein Kochgeschirr voll Wasser. Wegen der einseitigen, keine Ballaststoffe enthaltenden Ernährung stellten sich sehr schnell schwere Krankheiten ein. Mein Kamerad und ich litten Hunger, denn unser so lange bewahrter Vorrat an Butterschmalz und Dauerbrot war uns gleich am ersten Tag unseres Aufenthalts in diesem Lager gestohlen worden.

Schon am ersten Tag beobachteten wir Lageraufseher deutscher Sprache und in deutschen Uniformen ohne Rangabzeichen, wie sie Beinamputierte mißhandelten. Sie schlugen mit eichenen Spazierstöcken auf die Köpfe der Amputierten, die mit ihren Händen die Krücken festhalten mußten und deshalb ihre Köpfe nicht schützen konnten. Es klang schauderhaft hohl, wenn die schweren Stöcke auf die Schädel schlugen. Ich war so empört, daß ich auf die Aufseher losgehen und sie zur Rede stellen wollte. Das Lager war voll mit am Boden sitzenden Leuten, so daß es nicht leicht war, zu ihnen zu kommen. Ich erhielt Zurufe, die mir sehr schnell klarmachten, daß es besser wäre, schleunigst umzukehren und mich nicht einzumischen. Die Lageraufseher nannten die Beinamputierten dumme Schweine, daß sie so blöd gewesen waren, ihre Knochen hinzuhalten. Wie sich herausstellte, handelte es sich um ehemalige KZ-Häftlinge, die nun die Aufgabe hatten, für Ordnung zu sorgen. Als ich zu Heiner zurückkam, war unser Gepäck geplündert und unsere Verpflegung vollständig gestohlen worden.

Kameradendiebstahl wurde hart bestraft. Wer erwischt wurde, wurde in die Latrinen getaucht, schmale und tiefe Gruben, die meist randvoll waren. Da es auch kein Wasser gab, waren die Diebe als Aussätzige der Gemeinschaft zu erkennen, übelriechend und von jedem gemieden.

Trotz der drakonischen Strafen wurden wir noch einmal bestohlen. Wir hatten bei schönem Wetter eine der Stangen des Stacheldrahtzauns an uns bringen können. Es war gefährlich, eine solche Stange zu nehmen, weil die Posten auf Leute, die sich am Stacheldraht zu schaffen machten, sofort schossen. Nachts waren einige Gefangene erschossen worden, die dann am Morgen im Stacheldraht hingen. Die Stangen hatten ein korkenzieherähnliches Unterteil, das man in die Erde drehen konnte, und darüber drei Schlaufen, durch die der Stacheldraht gezogen wurde. Wir benutzten die Stange, wenn es zu regnen begann, um unsere Zeltplane aufzuspannen. Sonst legten wir sie zwischen uns. Trotzdem ist es jemandem gelungen, die Zeltstange zwischen uns herauszudrehen, ohne daß wir es im Schlaf merkten. Drei oder vier solcher Stangen gab es im Lager, aber wir wußten nicht, welche unsere gewesen war.

Wir waren vom Hunger geplagt. Not macht erfinderisch, der Hunger ist ein guter Koch. Im Lager, wo die Gefangenen dicht beieinander am Boden hockten, gab es kein Gras mehr, nur lehmigen Boden, der aufweichte, wenn es regnete. Aber es gab noch Gras unter den Stacheldrahtrollen, die das äußere Lager umgrenzten. Obwohl es gefährlich war, das Gras zu rupfen, weil die Posten sofort gezielt schossen, schafften wir es immer wieder. Wir hatten, wie andere Gefangene auch, ein kleines Öfchen aus einer Konservendose gebaut. Es hatte eine Öffnung für die Feuerung, Löcher für den Zug und oben eine Heizfläche mit Löchern, auf die wir ein Kochgeschirr stellen konnten. Zeitungsschnipsel und kleingerissene Kartonstückchen, einzeln aufgelegt, erzeugten die Wärme für eine Grassuppe mit Fleischeinlage unserer Zuteilung. Wir waren mit der warmen Nahrung etwas besser gegen die Ruhr gefeit, die sich im Lager ausbreitete. Es ist schwer vorstellbar, wie man einen solchen Miniofen rationell und effektiv heizen kann, aber wir hatten Zeit und, so hungrig wie wir waren, auch die Geduld, ihn in Gang zu halten.

25 Jahre später unterhielt ich mich mit einem Tankwart der

Tankstelle, die an das damalige Lagergelände grenzte. Er erzählte mir, daß es bekannt gewesen sei, daß die Lagerleitung die Gefangenenverpflegung »verschob«, sich damit ein vergnügtes Leben finanzierte. Das mag so gewesen sein, aber an der Verpflegungssituation konnte sich dadurch bei der Vielzahl der Gefangenen kaum etwas ändern. Nach den Weisungen der amerikanischen Regierung und Eisenhowers sollten die Gefangenen nicht ausreichend versorgt werden. Daran haben sich die Amerikaner in ihren zahlreichen Lagern mit der Unterbringung auf freiem Feld und unzureichender Verpflegung gehalten und den Tod vieler Gefangener in Kauf genommen.[106] Die Genfer Konvention schreibt kriegführenden Mächten vor, die Gefangenen wie die eigenen Truppen zu verpflegen. Ein Offizier, der sich beschwerte, hörte vom Lagerkommandanten, die Genfer Konvention könne er vergessen. Am 15. Mai 1945 hatten Eisenhower und Churchill über diese Gefangenenrationen gesprochen. Dabei erklärte Eisenhower, man gehe davon aus, daß ein Maß von 2150 Kalorien erforderlich sei, er habe dieses schon auf 2000 Kalorien herabgesetzt. Diese Äußerungen wurden gemacht, obwohl die Kriegsgefangenen bereits unter den Augen der US-Truppenärzte an Hunger starben.[107]

Unter diesen Bedingungen waren wir mit unserem Überleben vollauf beschäftigt. Bei Erkundungsgängen innerhalb unseres Gefangenenfeldes hatte der andere stets das Gepäck zu bewachen, aber meist lagen wir, um uns zu schonen. Wenn wir aufstanden, mußten wir uns erst eine Weile leicht gebückt hinstellen, um nicht vor Schwäche umzufallen. Doch wenn es regnete – und es regnete des Nachts um diese Zeit häufiger –, erhoben sich die Gefangenen, um nicht vollständig durchnäßt zu werden. Das wiederum mobilisierte unsere Bewacher auf den Türmen ringsum. Sie begannen dann, mit Scheinwerfern das Lager zu beleuchten, und schossen über unsere Köpfe hinweg; wir hatten aber nicht den Eindruck, daß die Knallerei gefährlich werden könnte. Tagsüber sahen wir die schöne Silhouette von Bad Hersfeld und die von den Alliierten benutzte Autobahn. Trotz der gesundheitlichen Bedrohung und der trostlosen Umstände waren wir zuversichtlich, daß alles irgendwann ein Ende haben würde. An die Nieren ging nur der Hunger.

Als ich beobachtet hatte, daß einige Gefangene bei Arbeitskommandos außerhalb des Stacheldrahts den Amerikanern Uhren von Gefangenen gegen Verpflegung gaben, tauschte ich auf diese Weise meine goldene Armbanduhr gegen zehn Riegel schwarzer Schokolade aus der Notverpflegung der amerikanischen Armee. Ich muß wohl zuviel davon gegessen haben, außerdem war ich Schokolade nicht mehr gewöhnt. Vermutlich hätte ich das Lager nicht mehr lebend verlassen, wenn es nicht eine Art Krankenrevier gegeben hätte, wo mir eine Flasche Rizinusöl verabreicht wurde. Der Erfolg der Tauschaktion war im Ergebnis positiv. Sie half Heiner und mir zu überleben.

Über dieses Gefangenenlager in den Haunewiesen von Bad Hersfeld gibt es dort keinerlei Aufzeichnungen. Auch der Verein für hessische Geschichte und Landeskunde e. V. Kassel, Zweigverein Bad Hersfeld hat keine.[108] Wie ich dazu erfuhr, hatte die Vorgängerin des jetzigen Leiters alle Unterlagen aus der Kriegszeit und wahrscheinlich auch diese Aufzeichnungen vernichten lassen. So erinnern nur noch Gräber mit einer unbekannten Zahl von Toten in Hersfeld neben den Erinnerungen alter Einwohner an diesen Teil der Hersfelder Zeitgeschichte, von dem auch Hersfelder Familien betroffen waren.

Wir gingen davon aus, daß das Lager Hersfeld nur ein Provisorium war und die Amerikaner wegen der großen Zahl der Gefangenen organisatorisch überfordert waren. Die Zustände dort müssen den berüchtigten Gefangenenlagern in Bad Kreuznach und auf den Rheinwiesen geähnelt haben, in denen die Todesrate am höchsten war. Man streitet sich noch heute über die Zahl der in amerikanischen Lagern verstorbenen deutschen Soldaten. Die »Maschke-Kommission« geht von Zehntausenden Toten in amerikanischen und französischen Lagern aus[109], amerikanische Statistiken von nur 3053 Lagertoten und offizielle französische Angaben im sogenannten General-Buisson-Report, der die Zeit von 1943 bis 1948 umfaßt, von 21 810 umgekommenen deutschen Lagerinsassen. All diese Angaben sind unzuverlässig. Die Gefangenen in Bad Hersfeld waren jedenfalls zu dem Zeitpunkt, als wir dort eintrafen, bereits so unterernährt, daß sie sich kaum noch auf den Beinen halten konnten.[110]

Zu Beginn der zweiten Junihälfte wurden wir aus dem Lager Bad Hersfeld in die Baracken eines ehemaligen RAD-Lagers in Eichenrod verlegt. Ich besitze noch eine Skizze, die einen schönen Ausblick auf den kleinen dorfähnlichen Ort zeigt. Heute heißt die Gemeinde Lautertal-Eichenrod. Das Lager hatte keinen Stacheldraht, dafür waren an allen vier Ecken Wachmannschaften postiert. Im Laufe des Tages gab es sogar Kontakte und Gespräche mit den Bewachern. In diesem Lager sollte auch unsere Entlassung vorbereitet werden, so daß die Tage dort ruhig abliefen. Unsere Verpflegung war zwar noch immer einseitig und gering, aber das Lager hatte einen Vorrat an Kartoffeln, die wir uns selbst kochen konnten. Nie wieder in meinem Leben habe ich Kartoffeln mit solchem Appetit gegessen.

Inzwischen hatten wir Läuse – in unseren Kasernen unbekannt. Selbst dieses Problem war schnell behoben, denn wir konnten unsere Bekleidung waschen und bekamen DDT-Pulver. Wir waren überrascht, wie schnell wir wieder »Ordnung« geschaffen hatten. Erstmals erfuhr ich, daß die SS-Angehörigen durch eine eintätowierte Blutgruppe an der Innenseite des Oberarms erkennbar waren, denn wir wurden untersucht und mußten dabei die Arme heben. Es wurde auch niemand entlassen, in dessen Soldbuch eine Heimatanschrift verzeichnet war, die in der sowjetisch besetzten Zone lag. Heiner fälschte mit seiner Handschrift kurzerhand mein Soldbuch. Der Name meiner Mutter wurde gestrichen und durch »Flechzig, Eisenbahner, Bremen, Hemmstraße«, ersetzt. Es waren Mieter in einem Haus der Familie Lüdemann. Die Adresse stimmte tatsächlich.

Die schleppende Entlassung und das Zurückhalten von Gefangenen aus der sowjetischen Besatzungszone hatte vermutlich mit der Vorbereitung der Konferenz von Potsdam zu tun. Die bedingungslose Kapitulation, die auf der Konferenz in Casablanca (14. bis 26. Januar 1943) von Roosevelt proklamiert worden war, war als Kriegsziel erreicht, aber es zeichnete sich ab, daß eine Einigung über das weitere Schicksal Deutschlands nicht erreicht werden würde.

Für Churchill war diese Problematik Anlaß, in einer Rundfunkrede vom 13. Mai 1945 der Nation seine Unentbehrlichkeit zu erklären. Er wünschte, sagte er, er könnte seinem Volke sagen, daß die ganze schwere Arbeit und alle Plagen nun vorüber seien. Dann nämlich könnte er froh seinen fünfjährigen Dienst beenden und es willig hinnehmen, wenn die Engländer glaubten, sie hätten nun genug von ihm. Wörtlich sagte Churchill:

»Auf dem europäischen Festlande müssen wir jetzt dafür sorgen, daß die schlichten, ehrenvollen Ziele, für die wir in den Krieg eintraten, in den Monaten, die auf unseren Sieg folgen, nicht beiseite gefegt oder übersehen werden und daß die Worte ›Freiheit‹, ›Demokratie‹ und ›Befreiung‹ nicht ihren wahren Sinn, wie wir ihn verstanden haben, verlieren. Es hätte wenig Zweck, die Hitleranhänger für ihre Verbrechen zu bestrafen, wenn nicht Recht und Gesetz herrschten, wenn totalitäre oder polizeistaatliche Regierungen ﹒.. den Platz der deutschen Angreifer einnehmen würden. Wir wollen nichts für uns selbst. Wir müssen aber dafür sorgen, daß die gerechte Sache, für die wir kämpften, bei der Friedenskonferenz sowohl in Taten als auch in Worten anerkannt wird, und vor allem müssen wir dafür arbeiten, daß die Weltorganisation, die die Vereinten Nationen in San Francisco schaffen, kein leerer Name wird, daß sie kein Schutz für die Starken und ein Hohn für die Schwachen wird. An den Siegern ist es, in diesen strahlenden Augenblicken ihr Herz zu erforschen und sich durch ihre Größe der gewaltigen Kräfte, die sie lenken, würdig zu erweisen.«[111]

So tiefgründig waren unsere Gespräche mit unseren Bewachern nicht, und die sprachliche Verständigung mit dem ungewohnten Englisch war so problematisch, daß uns derartige hehre Gedanken nicht vermittelt werden konnten. Für uns waren die Lager Helfta und Bad Hersfeld Zwischenlösungen, das Lager Eichenrod, in dem Entlassungen durchgeführt wurden, sollte unser Gefangenendasein beenden. Als 19jährige, die vom Krieg wenig miterlebt hatten, waren wir sicher, nach Hause geschickt zu werden.

Wir waren uns nicht bewußt, daß dieser Krieg anders als die früheren war, hatte er doch den Abstand zwischen den Kämpfenden vergrößert. In gleichem Maße verringerte sich jegliche Hemmung. Die Kämpfenden sahen sich nicht mehr in die Augen. Die Entwicklung hatte mit dem Ersten Weltkrieg begonnen. Die glänzenden Uniformen verschwanden. Nicht nur Tarnung auf größere Entfernung war notwendig, auch der individuelle Ausdruck der Erscheinung, der kriegerische Schmuck, war wirkungslos geworden. Je moderner die kriegerischen Auseinandersetzungen wurden, desto größer war die Anonymität des Individuums, um so mehr wuchs die Gefühllosigkeit gegenüber dem Unterlegenen.

Auf westalliierter Seite war Eisenhower der Verantwortliche für eine dementsprechende Handlungsweise. Im Mai 1943 hatte er sich gegenüber Marshall bereits beklagt, wie schwierig es sei, mit den rund 300 000 deutschen Kriegsgefangenen fertig zu werden, die die Alliierten in Tunesien eingebracht hatten. Der Brief vom 25. Mai 1943 soll ein

Postskriptum enthalten haben: »Ein Jammer, daß wir nicht mehr umgebracht haben.«[112] In mehreren offiziellen Ausgaben der »Eisenhower Papers« ist dieser Satz nicht wiedergegeben.

1944 hatte Eisenhower mit seinem engsten Mitarbeiter Hughes wiederholte Besprechungen, über die er Marshall am 18. September 1944 mitteilte: »Übrigens stellt die Versorgung unserer Masse von Gefangenen ein erhebliches Problem dar.«

Mit dieser Grundhaltung handelte er bewußt. Hughes riet Eisenhower, »keinerlei Befehle über die Ernährung von POWs und die Ausgabe alkoholischer Getränke herauszugeben«. Hughes gab die Weisung über die Notwendigkeit der Geheimhaltung am Freitag, dem 24. November 1944, an einen untergeordneten Offizier in Europa. »Sie sollten Ihre Meinung und die Ihrer Untergebenen über POW-Rationen nicht zu Papier bringen.«[113] Seinen Haß gegen die Deutschen begründete Eisenhower in einem Brief seiner Frau gegenüber im September 1944 mit der Erklärung, »weil der Deutsche eine Bestie ist«.[114]

Ausnahmen gibt es immer, und auch auf amerikanischer Seite gab es ritterliche Heerführer. Pattons Armee war die einzige auf dem Kriegsschauplatz, die im Mai Gefangene in erheblicher Zahl freiließ und damit viele vor Not, Elend und Tod bewahrte.

Bradley und auch Lee befahlen Mitte Mai Entlassungen von Gefangenen, die aber ein von Eisenhower unterzeichneter SHAEF-Befehl schon am 15. Mai 1945 widerrief. Lee wies darauf hin, daß die Verpflegung der Kriegsgefangenen auf beträchtliche Schwierigkeiten stoße. Man stritt sich dabei auch um die Zahl der Gefangenen, die Lee mit rund 3,9 Millionen, das Oberkommando mit rund 2,9 Millionen angab.

Die Diskussionen unter den Befehlshabern müssen noch angedauert haben, als wir in Eichenrod waren. Wir müssen uns dort im Einflußbereich human denkender Heerführer befunden haben, die sich der Auffassung Eisenhowers widersetzten.

Unsere amerikanischen Bewacher sorgten mit Posten und Scheinwerfern an allen Ecken des Barackenlagers dafür, daß es kein Entkommen gab, aber sie begannen eine Art Diskussion über das deutsche Wesen. Sie zeigten uns eine englische Karikatur über den deutschen Michel aus einer Zeitung. Ihnen schien die Karikatur offenbar so einleuchtend, daß sie uns mehr als einmal gezeigt wurde. Sie ist mir auch nach 45 Jahren noch deutlich in Erinnerung. Darauf war der deutsche Michel zu sehen, mit Zipfelmütze. Er stand vor einer Wegegabelung mit einem Wegweiser, der in zwei Richtungen zeigte. »Zum Paradies« stand auf dem einen Schild und auf dem anderen: »Hier werden Vorträge über das Paradies gehalten.« Und genau diesen Weg schlug der deutsche Michel ein.

So neu war die ironische Betrachtungsweise deutschen Volkscharakters allerdings nicht. Schon 100 Jahre zuvor hatte ein deutscher Dichter den fehlenden Realismus im deutschen Denken beklagt. Zur Kaiserzeit war dieser Dichter unbeliebt, zur Zeit meiner Jugend vom Hitler-Regime verboten, und nach dem Kriege blieb er unbeachtet, weil er viele Gedanken im musikalischen Rhythmus einer Gedichtform zum Ausdruck brachte, die der prosaischen Auffassung der Zeitgenossen fremd war. Heinrich Heine schrieb im »Wintermärchen« unter anderem:

»Franzosen und Russen gehört das Land,
Das Meer gehört den Briten,
Wir aber besitzen im Luftreich des Traums
Die Herrschaft unbestritten.

Hier üben wir die Hegemonie,
Hier sind wir unzerstückelt;
Die anderen Völker haben sich
Auf platter Erde entwickelt.«

Beim Schreiben dieser Erinnerungen vermutete ich zunächst, daß die Entlassungen durch die Befehle Eisenhowers endeten, denn nachdem ein Teil der Gefangenen nach Hause entlassen worden war, wurde das Lager aufgelöst, und wir wurden wieder verladen. Diesmal kamen wir nach Gießen. Da wir von der politischen Einstellung der amerikanischen Führung nichts wußten, waren wir weiterhin zuversichtlich, bald entlassen zu werden. Daß unsere Lage bedrohlich werden könnte, ja vielleicht sogar katastrophal, konnten wir uns nicht vorstellen. Wir fanden in Gießen ein weitläufiges Kasernengelände mit Kasernenwohnbauten und mit Garagen für die dort ehemals stationierten motorisierten deutschen Einheiten. Betten waren in den Kasernen kaum noch vorhanden. Heute, da ich Eisenhowers Richtlinien über die Gefangenenbehandlung kenne, scheint es mir fast, als wäre sehr viel Zeit und Aufwand investiert worden, die sonst intakten Kasernenbauten in einen möglichst unwohnlichen Zustand zu versetzen. Alles schien leer geräumt.

Hier begann der letzte Teil meiner Odyssee in die Freiheit, wenn auch nicht in die Heimat, die mir, wie ich wußte, für ungewisse Zeit verschlossen war.

Wir hatten in Bad Hersfeld derartig Hunger gelitten, daß wir uns in Eichenrod nur mühsam erholten. Bei unseren Streifzügen durch das weiträumige Gelände des Lagers in Gießen – wir konnten uns innerhalb der Zäune frei bewegen – stießen wir auf Gefangene, die Trockenkohl mit der Hand zerpflückten, um ihn kochen zu können. Wir beteiligten uns wortlos an der Arbeit und schluckten so viel davon, daß uns fast die Luft wegblieb. Wir hörten dabei, daß eine Küche eingerichtet werden sollte, und als gefragt wurde, ob jemand Koch gelernt hätte, meldeten wir uns sofort. Auf diese Weise sammelte man 25 Köche zusammen, von denen, wie sich herausstellte, 24 keine Köche, sondern Schüler waren, die darin eine Chance gesehen hatten, etwas gegen den Hunger zu tun.

Einer war tatsächlich Koch. Wir wählten ihn sofort zum Küchenchef. In einer der Garagenbauten standen zwölf Kessel mit je 300 Litern Fassungsvermögen. Sie hatten ein Wasser- oder Glyzerinbad, damit nichts anbrennen konnte, und wurden mit Holz oder Kohle beheizt. Da je zwei einen Kessel zugeteilt bekamen, waren Heiner und ich für einen der zwölf Kessel zuständig.

An die erste Suppe, die wir kochten, kann ich mich noch gut erinnern. Es sollte eine Milchsuppe werden, und wir bekamen dazu Trockenmilch, Mehl, Zucker und Rosinen. Es gelang uns, die Milch anzurühren, das Mehl und auch den Zucker noch richtig hineinzugeben, aber wir kochten unglücklicherweise auch die Rosinen sofort mit und hatten, als wir unser Mißgeschick bemerkten, zwölf Kessel à 300 Liter voll mit Käse, denn die Milch war durch die Säure der Rosinen in der Suppe geronnen. Wir wußten uns aber nicht weiter zu helfen, als die Suppe zu viert Kessel für Kessel flockig zu rühren. So wurde sie ausgegeben, denn auch das gehörte zu unserer Aufgabe. Jeder bekam etwa einen halben Liter Suppe und etwas Brot. Zu unserer Erleichterung lobten die ausgehungerten Gefangenen den würzigen, pikanten Geschmack und priesen unsere Kochkunst.

Ich schätze, daß sich in dem Lager etwa 7000 Gefangene befanden. Unsere Kochkunst reichte dafür, daß jeder seinen Napf gefüllt bekam, mal mehr, mal weniger. Wir Köche hatten eine eigene, leider nicht abschließbare Unterkunft und bekamen Sonderverpflegung, einmal als Anerkennung für unsere Arbeit, aber auch, damit wir uns nicht an den Lebensmitteln vergriffen, die für die Gefangenen gebraucht wurden. Als Sonderverpflegung bekamen wir uns unbekannte amerikanische Lebensmittel, uruguayisches Corned beef und Zitronenpulver in Konserven. Das half uns gegen den Vitaminmangel. Unsere eigene Verpflegung mußten wir wegen der vielen Mäuse unter die Decke hängen, und jeweils einer der Köche mußte unsere Unterkunft bewachen, damit nichts gestohlen wurde.

Wir hatten noch andere Vergünstigungen. So konnten wir uns aus dem Bekleidungsmagazin, das an die Küche grenzte, aus Wehrmachtsbeständen bedienen und die Duschen benutzen, die den übrigen Gefangenen nicht zugänglich waren. Wir hatten sie mit Wehrmachtshelferinnen zu teilen. Die Mädchen waren ebenfalls gesondert untergebracht. Sie hatten nichts zu tun, wurden von den Gefangenen jedoch ständig in Trab gehalten. Von den amerikanischen Soldaten wurden sie nicht behelligt.

»WIR WOLLEN INNIG DANKEN UNSEREN CHRISTLICHEN SOLDATEN«

Während sich mein Erleben von 1945 mit den letzten für mich wesentlichen Geschehnissen seinem Ende zuneigt, versuche ich, den Faden zu finden, der uns durch das Labyrinth der Vergangenheit in die Gegenwart führt. Das Gewirr von 1945 hatte keinen Anfang und kein Ende. Die historische Bewertung des Geschehens steht heute fest, nur scheint es mir, daß sie nicht zutrifft. Wir müssen uns auf eine umfassendere Betrachtung einstellen. Wenige Federstriche in dem Bild der Geschichte sind nötig, um sie in einem ausgewogeneren Licht erscheinen zu lassen.

Die Zeit um das Ende des Zweiten Weltkriegs ist Geschichte, aber lebendige Geschichte. Die Gefahr, sich dem Vorwurf auszusetzen, aufrechnen zu wollen, beweist ihre heutige Wirkung. Nur wenn die Erzählkunst ausreicht, den Verlauf bis in die Gegenwart deutlich zu machen, wird es gelingen, daß er woanders endet, als viele 50 Jahre geglaubt haben. Das Ergebnis mag gefallen oder nicht, es ist weder auf eine Restauration noch auf irgendeine Rechtfertigung dieses Geschehens gerichtet. Das Ergebnis ist auch nicht reaktionär, aber für viele unbequem. Es zeigt, daß alle Kriegsparteien an der Unmenschlichkeit dieses Krieges ihren Anteil hatten und daß er sich von den vielen Kriegen in der Welt danach an Grausamkeit durch nichts unterschied.[115]

Uns hatte die Gegenwart, so trostlos sie war, nicht gebrochen. Ein gebückter Gang kam für uns nicht in Betracht. Unsere Zuversicht beruhte schon damals auf der Gewißheit, daß die Sieger nicht so gewonnen hatten, wie sie es sich vorstellten. Alle Völker hatten durch den Krieg verloren, und an diesem Krieg fühlten wir uns persönlich nicht schuldig.

Und wir hatten den Krieg überlebt. Wir glaubten, die Nationalsozialisten hatten die Alliierten mit dem Phantom des »Werwolf« erschreckt.[116] Sie befürchteten Morde an ihren Soldaten, und wir glaubten, damit erklären zu können, warum sie so zögerlich darangingen, die Gefangenen zu entlassen. Die Deutschen aber kämpften nicht. Das konnten auch die Alliierten sehen. Die Deutschen hatten sich der Fortführung des Krieges bereits entzogen, sobald sie vor den Standgerichten sicher sein konnten. Die meisten brachten ihrer alten Führung keinen Respekt mehr entgegen.

Die meisten im Volke wußten, daß die Führung versagt hatte. Die Witze, die man sich über die politischen Führer erzählt hatte, waren bitter und beweisen es. Welchen Charakter Hitler, »der Mann aus dem Volke«, hatte, wußte das Volk wahrscheinlich nicht. Was Hitler im innersten Kreis seiner Gefolgschaft hatte verlauten lassen, war kaum vorstellbar. Er hatte im März 1945 Speer gegenüber erklärt, wenn der Krieg verlorengehe, werde auch das Volk verloren sein. Das sei unabwendbar, und es sei deshalb nicht notwendig, auf die primitivsten Notwendigkeiten eines Weiterlebens dieses Volkes Rücksicht zu nehmen. Im Gegenteil, es sei besser, selbst die Grundlagen zu zerstören und uns selbst zu zerstören, denn das Volk habe sich dann als das schwächere erwiesen, und die Zukunft gehöre dem stärkeren Ostvolk. Was nach diesem Kampf übrigbleibe, seien ohnehin nur die Minderwertigen.[117]

Hitler unterstellte damit bereitwillig die Berechtigung alliierter Pläne in ihrer wahnwitzigsten Form, dem Morgenthau-Plan.

Die Konferenz von Jalta sah schon vor, den Standard der deutschen Produktion künstlich niedrig zu halten und das

Niveau des deutschen Lebens nicht über das niedrigste europäische Lebensniveau steigen zu lassen. Der Morgenthau-Plan sah vor, die Ruhrindustrie zu schleifen, die Einwohner des Ruhrgebiets über Deutschland zu zerstreuen und aus Deutschland eine Viehweide und einen Kartoffelacker zu machen. Auf den Grundideen des Morgenthau-Plans beruhte auch eine grundsätzliche Anweisung der US-Militärregierung in Deutschland, die »Seuchen- und Unruhe-Formel«. Eine Wiederherstellung der deutschen Wirtschaft sollte nur in dem Maße erfolgen, wie es notwendig war, Seuchen und Unruhen, die die Sicherheit der alliierten Truppen beeinträchtigen konnten, zu vermeiden. In dem berüchtigten Dokument ICS 1067, der Anweisung der amerikanischen Regierung an General Eisenhower, die beinahe zwei Jahre hindurch die Grundlage für die Militärregierung in Deutschland bilden sollte, war dem General aufgetragen worden, keine Maßnahme zu ergreifen, um Deutschland wirtschaftlich wiederherzustellen und die deutsche Wirtschaft aufrechtzuerhalten oder zu fördern.

Zunächst war es nüchternes Kalkül, welches dem Haß der Westalliierten Grenzen setzte. Ein Pferd, das den Wagen ziehen soll, muß man füttern; und das englische Kriegskabinett befürchtete, eine Kuh füttern zu müssen, die von anderen gemolken wird.

Da war es nicht verwunderlich, daß nicht nur die Russen ihre Gefangenen zur Fronarbeit nach Rußland brachten. Als sich die Notwendigkeit oder Möglichkeit, eine Reichsregierung anzuerkennen und deutsche Truppen unter Waffen zu halten, wie Churchill es erwogen hatte, nicht mehr ergab, waren auch die Westalliierten nur in begrenztem Maße bereit, Kriegsgefangene nach dem Waffenstillstand zu entlassen.

Als Heine im »Wintermärchen« von Hamburgs Schutzgöttin die Zukunft Deutschlands gezeigt bekam, schilderte er nur, was er an Furchtbarem gerochen hatte. Über das Gesehene versprach er zu schweigen.[118] Aber in Prosa hatte er schon 100 Jahre vor der Machtübernahme durch Hitler die deutsche Mentalität und den Nationalismus in seinen »Betrachtungen zur Geschichte der Religion und Philosophie in Deutschland« deutlich beschrieben:

»Der Gedanke geht der Tat voraus wie der Blitz dem Donner. Der deutsche Donner ist freilich auch ein deutscher und kommt etwas langsam herangerollt; aber kommen wird er, und wenn ihr es einst krachen hört, wie es noch niemals in der Weltgeschichte gekracht hat, so wißt: Der deutsche Donner hat endlich sein Ziel erreicht. Bei diesem Geräusch werden die Adler aus der Luft tot niederfallen, und die Löwen in der fernen Wüste Afrikas werden die Schwänze einkneifen und sich in ihre königlichen Höhlen verkriechen. Es wird ein Stück aufgeführt werden in Deutschland, wohingegen die Französische Revolution nur wie eine harmlose Idylle erscheinen möchte.«

War da nicht der deutsche Anteil an den beiden Weltkriegen beschrieben: militantes Nationalgefühl, Burschenschaft, Franzosenhaß und Schwärmerei für deutsche Geschichte? War nicht der Nationalsozialismus nur die Krönung?

Dabei ist ein gesundes Mitteleuropa mit Deutschland als Mittelpunkt für die europäischen Verhältnisse existenznotwendig. Selbst die Nachkriegsgeschichte hat das gezeigt. Ich erinnere mich auch an einen Engländer, dessen Gedanken seit dem Wiener Kongreß für die europäische Politik häufig richtungweisend waren. Burke hatte schon im November 1792 »Gedanken über die französischen Angelegenheiten« geschrieben und 1796 veröffentlicht. Unter speziellem Bezug auf Mitteleuropa und Deutschland schrieb er über die Ursachen und die Folgen der gewaltigen Wandlungen:

»Eine große Umwälzung bereitet sich in Deutschland vor, und zwar eine, die meiner Meinung nach für das Schicksal der Völker in einem tieferen Sinne entscheidend sein wird als die Revolution in Frankreich selbst. Es wird sich zeigen, daß die Grundsätze, welche die Unruhe und die Verkrampfung unserer Zeit kennzeichnen, hier aus einer anderen Quelle fließen als in Frankreich. Sieht Europa nicht ein, daß die Unabhängigkeit und das Gleichgewicht des Reiches Kern und Wesen jenes Systems bilden, nach dem die europäischen Mächte sich die Waage halten, und erkennt es nicht, daß es von größter Bedeutung ist, ob das System erhalten oder zerstört wird?«[119]

Freilich hatte Burke die kriegerischen Auseinandersetzungen zwischen Österreich und Preußen vor Augen, wenn er u. a. dort weiter schrieb:

»Wenn die beiden führenden Mächte Deutschlands diese Frage ... nicht in dem Lichte sehen ..., so liegt das darin, daß sie zu groß sind, um sozial zu denken. Solche Denkart ist nur schwachen oder mittelmäßigen Staaten eigen, weil diese ihrer Natur nach mehr von der Angst vor der Vernichtung beherrscht werden als von der Hoffnung möglichen Aufstiegs. ... Sie denken dabei nicht, daß die Vorgänge ... sicherlich nicht nur das Reich verheeren und zerstören werden.«[120]

Als der Krieg 1945 zu Ende war und Deutschland zerstört, gedemütigt und geknebelt am Boden lag, mußten die westlichen Siegermächte sich beeilen, ein Gleichgewicht in Europa wieder herzustellen. Amerikas Politik war das zunächst nicht. Roosevelt wollte den Kreis der Großmächte mit Amerika, Rußland, England und China.

Inzwischen tauchten die Bilder der Konzentrationslager und die entsetzlichen, zuerst fast nicht für glaubhaft gehaltenen Berichte über den Holocaust auf. Sie begleiten mich mitunter in schlaflosen Nächten.

Kein anderer Staat hat bisher für die in seinem Namen verübten Straftaten die Täter zur Verantwortung gezogen, keiner hat Wiedergutmachung geübt. Verbrechen entsprechen-

der Art blieben überall anderswo ungesühnt. Im Gegenteil,
oft werden alliierte Verbrechen gerechtfertigt, nicht selten
finden sich Denkmäler. Das Beispiel, das die Bundesrepublik gegeben hat, ist für andere nicht verbindlich. Der Theo-
logieprofessor Künneth hat über »Kollektivschuld und Erb-
schuld« geschrieben und die Kollektivschuld als unhaltbar
verneint. Sie scheitere zunächst an der »gefährlichen Sim-
plifizierung des Wesens der Volkspsyche«, in der verschiedene Momente unlösbar ineinander verschlungen seien:
auf der einen Seite das Einverständnis mit einer starken politischen Führung, die Genugtuung über die von ihr erziel-
ten Erfolge, die Anfälligkeit gegenüber einer geschickten
Propaganda; auf der anderen Seite aber auch Enttäuschung,
Skepsis und Sorge. Im politischen Leben sei die eigentliche
Verantwortung immer bei einem oder einer Reihe von Politikern konzentriert, der einzelne Bürger nehme an den
maßgeblichen politischen Entscheidungen nicht teil und
könne deshalb für den Gang der großen Politik auch nicht
verantwortlich gemacht werden. Von Schuld könne man jedenfalls immer nur von Fall zu Fall und nur von Person zu
Person sprechen, niemals von der »Schuld« eines ganzen
Volkes oder Staates:
»Zum Volk gehören ja auch immer die politisch Unbeteilig-
ten, wie die Kinder, die Kranken, die alten Menschen, aber
auch die Menge derer, welche eine spezielle politische Ein-
sicht und Urteilsmöglichkeit gar nicht besitzen können und
darum ohne Schuld zu Instrumenten der politischen Beeinflussung werden. Es widerspricht dem Sinn des geschichtlichen und volkhaften Lebens wie auch der Forderung der
Gerechtigkeit und Billigkeit, wollte man all diese Millionen
eines Volkes als politisch verantwortlich und schuldig an
Unheilstaten der Herrschenden deklarieren.«[121]
Künneth wandte sich damit zugleich gegen die öffentliche
Erklärung des sogenannten Stuttgarter Schuldbekenntnis-
ses, das, von uns damals unbemerkt, bald nach meiner Ent-

lassung am 18./19. Oktober 1945 einmütig beschlossen und
vom Rat der Evangelischen Kirche Deutschlands unter-
schrieben wurde. Das Dokument wurde der ökumenischen
Abordnung übergeben und hat in seinem entscheidenden
Teil folgenden Wortlaut:

»Der Rat der EKD begrüßt bei seiner Sitzung am 18. und
19. Oktober 1945 in Stuttgart Vertreter des ökumenischen
Rates der Kirchen.

Wir sind für diesen Besuch um so mehr dankbar, als wir uns
mit unserem Volk nicht nur in einer großen Gemeinschaft
der Leiden wissen, sondern auch in einer Solidarität der
Schuld. Mit großem Schmerz sagen wir: Durch uns ist un-
endliches Leid über viele Völker und Länder gebracht worden. Was wir unseren Gemeinden oft bezeugt haben, das
sprechen wir jetzt im Namen der ganzen Kirche aus: Wohl
haben wir lange Jahre hindurch im Namen Jesu Christi gegen den Geist gekämpft, der im nationalsozialistischen Ge-
waltregiment seinen furchtbaren Ausdruck gefunden hat;
aber wir klagen uns an, daß wir nicht mutiger bekannt, nicht
treuer gebetet, nicht fröhlicher geglaubt und nicht brennen-
der geliebt haben.«[122]

Unterzeichnet wurde diese Erklärung von Wurm, Asmus-
sen, Meiser, Lilje, Hahn, Heldt, Heinemann, Smend, Otto
Dibelius, Niemöller und Niesel.

Künneth hat darauf aufmerksam gemacht, daß öffentliche
Erklärungen wie das Stuttgarter Schuldbekenntnis ständig
die Gefahr bringen, politisch mißbraucht, d. h. als Kampf-
mittel verwendet und in den Dienst erpresserischer Ma-
chenschaften gestellt zu werden.[123]

Ein britischer Autor, Michael Balfour, der nach dem Krieg
eine Reihe von Jahren in leitender Position bei den britischen Besatzungsbehörden tätig gewesen ist, hat in einem
1959 erschienenen Buch über die vier-Mächte-Kontrolle in
Deutschland behauptet, die Idee der »Kollektivschuld« aller Deutschen sei eine deutsche Erfindung (eine »Legen-

de«) gewesen.[124] Amtliche britische und amerikanische Doktrin sei das nie gewesen. Richtig ist dies angesichts der Äußerungen von Churchill und Roosevelt sicherlich nicht. Es paßte nicht zu der Verteufelung des Gegners in der alliierten Propaganda. Es spricht jedenfalls für das klügere Verständnis, das der Mainzer Bischof Dr. Stohr am 29. Juni 1945 in einem Hirtenbrief mit einem leicht veränderten Bibelzitat zum Ausdruck brachte:

»Wir weigern uns nicht, vor Gott an unsere Brust zu schlagen wie der demütige Zöllner im Tempel und zu sagen: ›Gott sei uns Armen gnädig.‹ (Lk. 18, 13) Freilich haben wir auch so viel Selbstachtung, daß wir solches Schuldbekenntnis nicht in die Welt hinausschreien, zumal wir aus der Geschichte die Fragwürdigkeit menschlicher Urteile gelernt und höchst unerwünschte Wirkungen allgemeiner Schuldbekenntnisse erfahren haben.«[125]

Der mutigste Kämpfer während der Herrschaft des Nationalsozialismus war vielleicht Clemens August Graf von Galen, der Bischof zu Münster und spätere Kardinal. Er hat gegen eine kollektive Verurteilung des deutschen Volkes nachdrücklich protestiert. In einer Predigt vor Wallfahrern prangerte er bereits am 1. Juli 1945 die Unhaltbarkeit einer solchen Verdammung an:

»Es ist eine Verleumdung der Gerechtigkeit und der Liebe, wenn man uns alle, jeden deutschen Menschen, für mitschuldig an jenen Verbrechen und darum für strafwürdig erklärt. Die unvermeidlichen Kriegsfolgen, das Leid um unsere Toten, um unsere zerstörten Städte, Wohnungen und Kirchen wollen wir annehmen und mit Gottes Hilfe geduldig tragen. Nicht aber ungerechte Beschuldigung und Bestrafung für Geschehnisse, unter deren Willkür, Ungerechtigkeit und Grausamkeit wir selbst lange Jahre geseufzt und schwer gelitten haben.«[126]

Die meisten von uns waren um diese Zeit und teilweise noch für viele Jahre in Gefangenschaft, und die Medien erreichten uns in ihrer schwachen Konstitution noch nicht. So erfuhren wir auch nicht, was in jeden Tagen Graf Galen den Heimkehrern in einem Hirtenbrief vom 5. Juni 1945 schon mitteilte:

»Wir wollen auch innig danken unseren christlichen Soldaten, jenen, die in gutem Glauben, das Rechte zu tun, ihr Leben eingesetzt haben für Volk und Vaterland und auch im Kriegsgetümmel Herz und Hand rein bewahrt haben von Haß, Plünderung und ungerechter Gewalttat. Gott der Herr, der Herz und Nieren durchforscht, richtet nicht nach dem äußeren Erfolg, sondern nach der inneren Gesinnung und Gewissenhaftigkeit und wird das Gute belohnen und das Böse bestrafen nach Verdienst.«

Diese Einstellung brachten wir nach Hause mit, und die Überlebenden sollten es dem Bischof nicht vergessen.

Um so verwunderlicher ist, daß vielleicht sogar die überwiegende Zahl der heutigen Jugendlichen von der Kollektivschuld als einer Selbstverständlichkeit ausgeht und dies zu der Sorge berechtigt, daß damit Kräfte freigesetzt werden, die unheilvoll für unsere jüngste Geschichte gewesen sind: die des Extremismus.[127]

Die Geschichte und die Öffentlichkeit würdigen auch heute noch das damalige Geschehen aus der einseitigen Sicht deutschen Verhaltens. Das der Alliierten steht bei Intellektuellen und Politikern in Deutschland bis heute nicht zur Debatte. Selbst Tatsachenberichte der BBC, die auch die Frage alliierter Kriegsverbrechen aufwerfen, werden hierzulande nicht oder fast als Ausnahme gezeigt. Die Autoren der lautstarken Atlantikcharta, die allen Unterdrückten auf Erden Freiheit versprach, dienerten vor Stalin und lieferten ihm widerspruchslos Osteuropa aus. Selbst als sie Stalins Schergen Hunderttausende sowjetischer Staatsangehöriger, amerikanische Staatsangehörige russischer Herkunft und Deutsche übergaben und damit dem Tod preisgaben, erhob sich kein Widerspruch. Die freie westliche Presse hat vielmehr jahrzehntelang nicht viel mehr getan, als diese Verbrechen zu ignorieren.

Solschenizyn war es, der dem Versagen der westlichen Führer die Haltung des kleinen Fürstentums Liechtenstein gegenüberstellte, dessen verstorbener Fürst Franz-Joseph II. im Jahre 1945 der ganzen Welt eine großartige Lektion erteilt hat. Trotz unmittelbarer Bedrohung durch die sowjetische Kriegsmaschinerie zögerten die Liechtensteiner nicht, einer Gruppe Antikommunisten, die Schutz vor Stalins Tyrannei suchte, Zuflucht zu gewähren.

Die Deutschen im Westen erhielten ihre Chance, in die freiheitliche Staatengemeinschaft aufgenommen zu werden, als der kalte Krieg begann.

Aus der Gefangenschaft entlassen

Es ist gut, daß junge Menschen in derart trostlosen Situationen keine allzu tiefschürfenden Gedanken haben. Wir im Gefangenenlager Gießen hatten sie jedenfalls nicht und waren wegen unserer Jugend voller Optimismus. Köche sind übrigens in derartigen Lagern nie beliebt. Uns erging es nicht besser, zumal wir, von den anderen Gefangenen abgesondert, in kleinerer Unterkunft lebten und auch nie so viel zu verteilen hatten, daß es den unbeschäftigten Gefangenen genug gewesen wäre. Deshalb kann ich es nur als glückliche Fügung betrachten, daß wir nicht mit den anderen Gefangenen des Lagers den Franzosen übergeben wurden, an die Franzosen verkauft wurden, wie wir es nannten, wo sie noch jahrelang in der Landwirtschaft oder im französischen Bergbau zur Arbeit gezwungen wurden. Völkerrechtswidrig war das auf jeden Fall. Wir waren so gut behandelt worden, daß wir überhaupt nicht auf den Gedanken kamen, diesen Gefangenen könne ein langer, qualvoller Hungertod bevorstehen.

Das Lager war danach leer. Das Lagerpersonal und auch unsere kleine Gruppe der Köche wurde entlassen. Jeder von uns bekam eine Bescheinigung, auf der namentlich vermerkt war, daß der Betreffende ein sehr nützliches Mitglied des Personals des POW-Camps Gießen gewesen sei und jeder GI dem Betreffenden behilflich sein solle auf dem Weg nach Hause – nach Bremen, wie auf meiner Bescheinigung aufgrund des gefälschten Soldbuchs stand. Ich schrieb diese

Entlassung 50 Jahre lang amerikanischer Fehleinschätzung unserer Kochkunst zu, bis mich Heiner Lüdemann, jetzt auf unsere Entlassungsscheine aufmerksam machte. Dort ist ernüchternderweise als Entlassungsort Eichenrod angegeben und nur das Datum in den 9. Juli verbessert. So erklärt sich auch nach einem halben Jahrhundert nicht, welches gütige Schicksal uns dazu verhalf, daß uns die Amerikaner schon nach zweimonatigem Aufenthalt mit einem so freundlichen Empfehlungsschreiben entließen.

Wir konnten aus den Wehrmachtsbeständen mitnehmen, was wir wollten, und so packte ich zwölf Kartons, meine Erstausstattung nach dem Kriege, Bettwäsche, dicke, grobe graue Socken, lange und kurze Unterwäsche, Hosen, Schuhe und selbstverständlich die Sonderverpflegung, die wir aufgespart hatten. Alles war rechtmäßig. Es hatte auch in diesem Lager Schiebereien gegeben, an denen Gefangene und Amerikaner gemeinsam beteiligt waren. Zwölf Kartons lassen sich von einem einzelnen nicht tragen. Daher fuhren uns unsere amerikanischen Bewacher sogar bis zum Bahnhof, wo wir Trägerkolonnen organisierten, die uns das Gepäck auf den Bahnsteig zu schaffen hatten.

Ausgerüstet mit dem ordnungsgemäßen Entlassungsschein und der gutgemeinten Empfehlung als »very useful member of the staff of the POW-Camp Gießen«, enterten wir den Zug, der uns durch die schöne hessische Landschaft »nach Hause« bringen sollte, und das war in diesem Fall für mich Bremen. Selbstverständlich war der Zug überfüllt, und wir hatten in den Abteilen keinen Platz mehr. Selbst draußen standen noch Fahrgäste auf den Trittbrettern. Platz fanden wir nur auf dem nicht ganz ungefährlichen Dach dieser Personenwagen, wo wir auch unser Gepäck untergebracht hatten. Die Wagen waren in den Dächern gewölbt und hatten einen kleinen, zur jeweiligen Wagenseite hin aufgefalteten Knick am Rand, der den Regen am seitlichen Herunterlaufen hindern sollte. Diese Kanten reichten aus, um die schweren Kartons nicht abrutschen zu lassen.

So fuhren wir gen Norden: Jedesmal, wenn eine Brücke näher kam, mußten wir uns flach hinlegen. Tödliche Unfälle sollen vorgekommen sein. Immer wenn eine Brücke kam, pfiff die Lokomotive, und darüber hinaus wurde der Ruf »Brücke« weitergegeben, worauf sich alle Passagiere auf den Dächern wie zu einem mohammedanischen Gebet in Richtung Lokomotive flach hinlegten.

Auf diese Weise kamen wir bis Hannover, wo wir die Nacht im Bahnhof verbringen mußten, weil der Anschlußzug erst früh um 6.00 Uhr fuhr. Auf meinem Entlassungsschein steht der 9. Juli 1945, und es waren hier schon fast ordentliche Verhältnisse eingekehrt. Warten konnte man in bunkerähnlichen, als Wartesaal benutzten Kellern. In der Bahnhofshalle, die kein Dach mehr hatte, spielte eine Kapelle Country Music. Mädchen, die zu einer Diebesgang gehörten, schleppten einige Landser zum Tanzen in die Halle, worauf dann den armen Kerlen der Rest, den sie über die Gefangenschaft gerettet hatten, gestohlen wurde. Wir beobachteten das eine Weile, dann gingen wir hin und sagten, daß wir alles beobachtet hätten und daß wir die britische Militärpolizei alarmieren würden. Schlagartig hörte die Musik auf. Unser Gepäck in sicherer Obhut lassend, gingen wir nach oben, wo hinter einer milde beschienenen Milchglastür die Wache in einem Nebengang war. Vor dieser Tür sahen wir die Silhouette zweier äußerst kräftig gebauter Männer, die den Zugang versperrten: sonst war weit und breit nichts zu sehen. Da uns klar war, was die wohl mit uns gemacht hätten, wenn wir versucht hätten, an ihnen vorbeizukommen, traten wir den Rückzug an. Bald spielte wieder die Kapelle; es blieb alles beim alten, und wir blieben unbehelligt.

Am Morgen, reichlich übermüdet, organisierten wir den Transport unseres Gepäcks und stiegen erleichtert in den

Zug, der uns nach Bremen-Burg brachte. Es war der einzige Zug, der täglich überhaupt von Hannover bis Bremen durchfuhr. Als wir ihn in Bremen-Burg verließen, mußten wir zurück über die Lesum. Die Brücke über die Lesum war eine Notbrücke und noch von amerikanischen Posten versperrt, die die Passanten kontrollierten. Unser Entlassungsschein genügte als Ausweis, um über die Brücke nach Burg zu kommen.

Nach all dem, was ich unbeschädigt überstanden hatte, hätte der Weg über die Brücke eigentlich das Happy-End meiner Geschichte sein können, wäre es eine wirkliche Rückkehr aus dem Kriege, eine Heimkehr, gewesen in eine genesende Heimat. Aber es war keine Heimkehr, und die neue Welt hatte schwere Mängel. Ich kehrte nicht in meine Heimat zurück. Ich wußte nicht einmal, ob meine Familie überlebt hatte. Und Deutschland war besiegt und zerstört. Das Ausmaß konnte ich nicht ermessen; aber in Bremen, das schwer bombengeschädigt war, gab es davon genug zu sehen. Die Amerikaner betrachtete ich gleichwohl nicht als Feinde. Es überwogen meine positiven Erfahrungen. Auf sie gründeten sich die Hoffnungen für die Zukunft.[128]

An dieser Stelle sei es gestattet, eine Schilderung wiederzugeben, die ein Erfahrenerer mit größerer Distanz und doch auch größerer Nähe zum Zeitgeschehen von der Situation in Deutschland nach dem Ende des Krieges gegeben hat. Es handelt sich um Gustav Stolper, den einstigen Herausgeber des »Deutschen Volkswirts«, der mit Abscheu dem Deutschland Hitlers den Rücken gekehrt hatte und nun im Auftrag von Herbert Hoover Deutschland bereiste. Das Bild, das er zeichnete, ist so furchtbar und hoffnungslos, daß es wörtlich wiedergegeben zu werden verdient:

»Eine in ihrer biologischen Substanz unheilbar verstümmelte Nation – mit unvermeidlichem, langfristigem, steilem Bevölkerungsniedergang, mit ungeheurem Vorherrschen der Frauen und Greise, verhängnisvollem Fehlen der jungen, gesunden Männer, von denen die Erneuerung der Rasse, ihre geistige Kraft, ihre Produktivität, ihre moralische Tüchtigkeit abhängt; eine intellektuell verkrüppelte Nation, durch die Schrecken von 12 Jahren Nazi-Despotismus, durch ihre Isolierung von Berührung und Austausch mit der Außenwelt unter einem ungeheuerlichen System von pseudophilosophischen, mystischen Verstiegenheiten, die ihr mit Hilfe der Polizei und unterwürfigen Lehrern in den rücksichtslos ihrer unabhängigen Geister beraubten Schulen eingebleut wurden, mit einer Presse und einem Rundfunk, die bis in das kleinste Detail von Aufmachung und Inhalt unter unmittelbarem Diktat arbeiteten, eine durch Zerreißung der Familienbande moralisch ruinierte Nation, durch die Vernichtung ihrer edleren Traditionen, ihres Glaubens an feststehende Werte, durch die Entartung ihrer geschlechtlichen Beziehungen, wie sie erst durch das herrschende Regime gepflegt und gefördert und schließlich inmitten nackten Kampfes um das physische Dasein mit einer verheerten Gesellschaft als natürlich angesehen wurde, und am Ende überrannt mit hereinbrechenden Feindesheeren, eine Nation städtischer und industrieller Zivilisation, deren Städte fast alle in Trümmern, deren Fabriken zerschmettert liegen; eine Nation ohne Nahrung und Rohstoffe, ohne funktionierendes Verkehrssystem, ohne gültige Währung; eine Nation, deren soziales Gefüge durch Massenflucht, Massenwanderung, durch massenhafte Zwangsansiedlung von Fremdlingen zerrissen ist; eine Nation, deren riesenhafte Staatsschuld annulliert ist, deren Bankdeposition entweder beschlagnahmt oder durch Währungsverfall entwertet ist, wo Massenenteignungen von industriellem und gewerblichem Eigentum als Akt politischer Rache angeordnet oder durch ›Abstimmung‹ beschlossen wurden; eine Nation, die, nachdem sie die Provinzen verlor, die die Quelle eines Viertels ihrer Nahrung waren, in unmittelbarer Gefahr einer zweiten Teilung zwischen ihren früheren westlichen und östlichen Feinden steht; eine Nation, in der es mehr als zwei Jahre nach dem Sieg der ›friedliebenden Demokratien‹, keine Garantie persönlicher Freiheit gab, kein Habeas Corpus und keine Demokratie, wo Hunderttausende noch in Konzentrationslagern festgehalten wurden ohne ordentliches Gerichtsverfahren, ohne Verhör, Anklage und Prozeß, ein Land, wo in Hunger und Angst die Hoffnung erstarb und mit ihr der Glaube an all die Ideale, für die wenigstens die Westmächte kämpften und ihre Söhne in Scharen opferten.«[129]

Dieser Betrachter sah, daß das deutsche Volk all die Geschehnisse nach 1945 wie gelähmt und stumm hinnahm, und er sah die Lage der Deutschen als hoffnungslos an. Und doch glaubte ich Jahrzehnte, daß sich der Betrachter geirrt hatte.

Heute, über 50 Jahre später und am Ende eines durchschnittlichen Berufslebens, bin ich sicher, daß die Schilderung von Stolper in vielen entscheidenden Punkten den Kern trifft, mehr als ich damals je akzeptiert hätte. Es hat sich nämlich gezeigt, daß nicht nur die ungeheuren Blutopfer der Bevölkerung, nicht nur der jungen Männer im Kriegsdienst, sondern auch der Heimatbevölkerung und der Vertriebenen, nicht nur die systematischen Zerstörungen deutscher Kultur, sondern auch die geistige »Umerziehung« traumatische Schäden hinterlassen haben, die die Bevölkerung an einer verantwortungsbewußten, der Res publica zugewandten kritischen Zivilcourage hindern oder sie geradezu lähmen.[130]

Das Leben ging trotzdem weiter. Das Verwaltungs- und Organisationstalent der Deutschen und ihre Fähigkeit zur Improvisation, die sie in den Kriegsjahren bereits praktiziert hatten, halfen ihnen, aber heute weiß ich auch, daß sich gerade um die damalige Zeit etwas ereignete, das mich für immer mit dem verbinden würde, was bis dahin geschehen war. Es sollte mich nicht verfolgen wie ein Schatten. Es sollte mich einholen und begleiten, und meine Gedanken und meine Handlungen sollten wie ein Maßstab daran gemessen werden: an dem Gefühl der Ungerechtigkeit vor der Geschichte.

Doch zunächst war es damals die Zeit der Potsdamer Konferenz, die die deutsche Teilung für 45 Jahre besiegelte. Sie begann am 17. Juli 1945, als ich bereits entlassen war und mir die Sterne eine günstigere Wendung in Freiheit wiesen. Die Sieger wollten jetzt das Ende Preußens in diesem Potsdam, das ein Symbol Preußens war, verkünden, eines Preußen, das es als Staat seit der NS-Zeit schon nicht mehr gab.[131]

Wir, die Zeitzeugen

Die Potsdamer Konferenz war eine Demonstration der Sieger. Zugleich war sie das Ergebnis ideologischer und intellektueller Unzulänglichkeiten ihrer Führer; ein Treffen, das deren Ziele offenbarte und mit Begriffen und Denkweisen operierte, die den Besiegten Anklagen wegen Kriegsverbrechen brachten, den eigenen Völkern aber bei genauer Betrachtung so etwas wie Rechtfertigung vor der Geschichte. Vordergründig war die Potsdamer Konferenz der kleinste gemeinsame Nenner, den die ungleichen Verbündeten fanden. Sie war die Fassade, hinter der sie die Fragwürdigkeit ihrer kriegerischen Ziele ebenso verbargen wie ihr Bestreben, aus dem errungenen Sieg für sich die größten Vorteile zu erlangen.

Was die drei Mächte über das Potsdamer Abkommen vom 2. August 1945 mitteilten, hätte uns Jüngere kaum veranlassen können, in diesem Land zu bleiben. Wir hatten uns ohnehin überlegt, Deutschland zu verlassen und auszuwandern. Schließlich aber waren wir optimistischer, als wir nach dieser Potsdamer Konferenz hätten sein können, deren Tatsache und Ergebnisse wir gar nicht wahrnahmen. Sie begann am 17. Juli 1945. Unter III, zu Deutschland, hieß es im Wortlaut: »Die alliierten Armeen halten ganz Deutschland besetzt, und das deutsche Volk hat begonnen, für die furchtbaren Verbrechen zu büßen, die unter der Führung derer begangen wurden, denen es in der Stunde ihres Erfolges offene Zustimmung und blinden Gehorsam entgegenbrachte.«

In bezug auf mich selbst täuschte ich mich nicht. Als ich die Kellertreppe der Försterei bei Halbe hinabging, fühlte ich mich noch als Subjekt, zumindest als »Freier vor dem Tod«. Mit dem Regime hatte ich genaugenommen mehr Probleme gehabt, als es mir bewußt war. Es setzte ja meine Existenz und meine Verwendbarkeit voraus, und wo meine Vorstellungen differierten, wo ich ungehorsam war und mentale Vorbehalte hatte, war es mein persönliches Glück, daß man mich nicht erwischt hatte. Ich war nach dem Willen des Regimes zum alsbaldigen zweckentsprechenden Verbrauch bestimmt gewesen. Das war dem eigenen Land gegenüber mit der russischen Gefangenschaft vorbei, vorbei nach der Flucht, vorbei mit der amerikanischen Gefangenschaft, nach der Entlassung. Aber den danach herrschenden Siegermächten gegenüber war ich nun auch keineswegs wieder Subjekt, sondern politisches Objekt in einer ausgegrenzten Gesellschaft der Deutschen; ich wußte es nur nicht. Wir wußten es alle nicht. Wir wußten nicht, was unversöhnlicher Haß, Beutegier und unterschiedliche Ideologie der Sieger zustande bringen konnten.

Es sei das Ziel dieser Vereinbarung, heißt es im Potsdamer Abkommen, den deutschen Militarismus und Nazismus auszurotten.

Wir hatten schon genug gebüßt, fand ich. Die Not war unbeschreiblich. Bremen war, wie viele deutsche Städte, eine vollständig zerstörte Stadt. Da es kaum öffentliche Verkehrsmittel gab, wurde uns die Zerstörung täglich vor Augen geführt, wenn wir durch die Straßen liefen, durch die sich in der Mitte nur ein Trampelpfad schlängelte. An den Seiten lagen die Trümmer der zerstörten Häuser, aufgehäuft bis zu den Bürgersteigen, wo die Ruinenmauern mit ihren leeren Fensterhöhlen in den Himmel ragten. In den Außenbezirken sah es besser aus. Heiner Lüdemanns Familie hatte sich in ein Landhaus gerettet, sie hatte mich in dem kameradschaftlichen Geist, der die Bevölkerung damals noch beherrschte, aufgenommen. Schulen und Universitäten gab es noch nicht. Die Lebensmittelkarten erhielt man nur, wenn man bereit war zu arbeiten. Die zuständige Amtsstelle wies mir nach all den Kriegserlebnissen einen »Traumjob« zu: Munitionsentladen in Bremerhaven.

Ausgestattet mit der Empfehlung als »very useful member of the staff of the POW-Camp Gießen«, bewarb ich mich statt dessen in verschiedenen amerikanischen Kasernen und empfahl mich als Koch. Zu ihrem Glück kochten die Amerikaner selbst. Ich wurde in Bremen-Lesum als Küchenhilfe engagiert. In den Vereinigten Staaten war dies die Rettung für viele Auswanderer und für manche die Voraussetzung für eine erfolgreiche Karriere: vom Tellerwäscher zum Millionär. Für uns, Heiner Lüdemann und mich, war es ein Traumjob. Eigentlich war so ein Teller ein Tablett (tray) mit vielen Fächern für ungewohnte Köstlichkeiten. Die Tabletts füllten sich schon zum Frühstück mit verschiedenen Sorten Eiern, gebackenem Schinken mit dem üblichen Brei, Cornflakes, Milch, Marmelade, Butter und Weißbrot.

Die Verpflegung, an der wir unbegrenzt teilnahmen, milderte das in Potsdam verordnete »Büßen« alsbald auch für die Familie Lüdemann und die gesamte Nachbarschaft. Nach vielen Diskussionen ließen uns die Amerikaner überschüssige Lebensmittel mitnehmen, die von der Bevölkerung dringend gebraucht wurden: Kanister voll Bratfett, voll Kakao und mitunter selbst Kaffee und Säcke mit älterem Weißbrot. Die amerikanischen Köche hätten sonst alles in den Ausguß gekippt oder weggeworfen. Nicht immer ging es bei den mitgegebenen Lebensmitteln mit rechten Dingen zu. Das Bratenfett war mit Butter verfeinert, dafür war der Kakao penetrant süß.

Unser Küchenchef, der uns beaufsichtigte, hieß Smit. Er sprach fließend Deutsch, und wir vermuteten, daß sein Name einmal Schmidt gelautet hatte. Mit uns war er selten richtig zufrieden. In einer ruhigen, aber konsequenten Art nörgelte er ständig an unserer Arbeit herum. Wir nannten ihn liebevoll Smitty.

Bei dieser Arbeit lernten wir den amerikanischen Lebensstil auch durch die Beobachtung des Umgangs der Amerikaner miteinander schätzen. Das deutlichste Beispiel, das mir in Erinnerung blieb, war der wöchentliche Auftritt einer etwa 25 Musiker umfassenden Army-Band. Sie spielte zum Mittagessen auf und übte anschließend, wenn das Küchenpersonal zum Essen in den Saal kam, noch eine Weile. Es waren meist Melodien von Glenn Miller, die mich und die anderen deutschen jungen Leute sehr begeisterten. Besonders eindrucksvoll war das Üben deswegen, weil jeder Musiker das Recht hatte, durch einen schrillen Pfiff die Musik zu unterbrechen. Dann wurde unter aktiver Teilnahme anderer Bandmitglieder darüber temperamentvoll diskutiert. Der Bandleader saß meist auf einem der Eßtische und hielt sich zurück, bestimmte aber dann, welcher Auffassung der Vorzug zu geben und wo in der Musik weiterzuspielen sei. »Once more« oder »Let's go on« hieß es dann, mit dem Fuß wurde der Takt angegeben, und die hinreißende Musik wurde fortgesetzt. So konnte man sich eine deutsche Militärkapelle nicht vorstellen. Wir deuteten dieses Verhalten als demokratisch. Mich hat dieser Eindruck in den späteren Jahren meiner Entwicklung nie verlassen.

Vermutlich lasen wir in den Zeitungen die Potsdamer Absprachen über Reparationen aus Deutschland. Die Reparationsforderungen der Sowjets sollten aus der von ihnen besetzten Zone entnommen werden, die Reparationsforderungen der Amerikaner, der Engländer und sonstiger Länder aus den westlichen Zonen und entsprechendem Auslandsvermögen.

Was uns nicht klar war und worüber nicht gesprochen wurde, war das Schicksal der im russisch besetzten Teil Ostpreußens und im polnisch besetzten Teil Ostdeutschlands verbliebenen Zivilbevölkerung, über das bis heute in seinen grauenhaften Details kaum etwas verlautet. Im Potsdamer Abkommen blieb die damit zusammenhängende Regelung über die polnische Westgrenze offen.

Unter IX. hielten die Alliierten fest, daß eine endgültige Festlegung der Westgrenze Polens bis zur Friedensregelung zurückgestellt werden solle. Die drei Regierungschefs kamen überein, daß bis zur endgültigen Bestimmung der Westgrenze Polens die früheren deutschen Gebiete östlich einer Linie, die von der Ostsee unmittelbar westlich von Swinemünde und von dort die Oder entlang bis zur Einmündung der westlichen Neiße und die westliche Neiße entlang bis zur tschechoslowakischen Grenze verlaufen sollte, einschließlich des Teils von Ostpreußen, der im Einklang mit der Sowjetunion dem polnischen Staat unterstellt werden sollte.

Unter XIII. unterstellten die Konferenzteilnehmer die Notwendigkeit der Umsiedlung der deutschen Bevölkerung oder Teilen derselben, die in Polen, der Tschechoslowakei und Ungarn zurückgeblieben seien, nach Deutschland, forderten aber, daß diese aber in »geordneter und humaner Weise« erfolgen müsse. Und da dies zur Zeit nicht möglich wäre, ersuchte das Protokoll die tschechoslowakische Regierung, die polnische provisorische Regierung und den Kontrollrat in Ungarn, inzwischen weitere Ausweisungen auszusetzen, bis die betreffenden Regierungen die Berichte ihrer Vertreter im Kontrollrat geprüft hätten. Die Ausweisungen gingen aber weiter, und am 19. November 1945 besetzte Polen gegen die Regelungen des Potsdamer Abkommens Stettin und das angrenzende Gebiet westlich der Oder und verschloß damit den freien Zugang der Oder zur Ostsee, der ohne diese Maßnahme über das Stettiner Haff und die Peenemündung möglich gewesen wäre. Wir waren viel zu jung, um das Potsdamer Abkommen in seiner ganzen Tragweite zu erfassen. Und über das Schicksal der in den deutschen Ostgebieten zurückgebliebenen Bevölkerung wußten wir nichts.[132]

Heiner Lüdemann und ich blieben noch einige Monate bei den Amerikanern, bis Schulen und Universitäten wieder öffneten. Es war die Zeit, als ich meine Eltern wiederfand und jeder der drei ehemaligen Fahnenjunker seine berufliche Ausbildung aufnahm. Auch Hotte Nawoi war damals in Halbe durchgekommen und lebte in Ostberlin. Die Tellerwäscher von Lesum gingen daran, Berufe zu erlernen und zu studieren. Unter kargen Verhältnissen erreichten sie ihre beruflichen Ziele. Eine schon vorher geübte Entbehrungsbereitschaft setzte uns in die Lage, am Wiederaufbau des zerstörten Landes teilzunehmen. Heiner wurde Studiendirektor und Leiter eines Gymnasiums, ein anderer wurde Professor für Mathematik an einer Universität, und ein weiterer ist, wie ich, heute Rechtsanwalt in unserer Stadt.

Als ich den Beruf des Rechtsanwalts wählte, der bereits bei Beginn des Studiums mein Berufsziel war, glaubte ich, in die Welt meiner bürgerlichen Vorstellungen zurückzukehren, wie ich sie aus dem Elternhaus und mir bekannten Anwaltsfamilien kannte. Doch selbst, wenn der Rahmen dazu geschaffen wurde, war doch die Lebensgestaltung keine bürgerliche mehr. Selbständigkeit, Seßhaftigkeit und äußere Sicherheit schuf die Nachkriegszeit, aber die behäbige Art des Daseins, des Wohnens und der beruflichen Unabhängigkeit war nicht mehr erreichbar. Schließlich lösten auch der Wechsel der Standesvorstellungen und eine Vervielfachung der Angehörigen dieses Berufsstandes die Bindungen an Überliefertes und Althergebrachtes.

Das Bürgertum hat im Politischen keine auf Dauer angelegten Lösungen gefunden, die uns in die Zukunft hätten führen können.[133] So gibt es im Bewußtsein der heutigen Zeitgenossen kein Vertrauen mehr in aufbauende Kräfte des Bürgertums, eher Erwägungen, die es in Frage stellen und eine völlige Umgestaltung des gesamten öffentlichen und privaten Daseins, auch der religiösen, sittlichen und geistigen Einstellung, anstreben.

Die anfangs erwähnte Bilanz meiner vollständig in die Nachkriegszeit fallenden Berufsjahre ist nicht Gegenstand meiner Erinnerungen über das Kriegsende. Der Hinweis darauf war nur bezogen auf die aus der Zeitwende dem Jugendlichen erwachsenen Eigenschaften, mit denen er sich diesen Anforderungen stellen konnte.

Wenn nicht von einer Bilanz der Nachkriegszeit in diesen Erinnerungen die Rede ist, kann zwangsläufig auch nicht von der Gewinn-und-Verlust-Rechnung die Rede sein, ohne die eine Bilanz nicht erstellt werden kann. In diesem Sinne kann aber bei der Erinnerung an 1945 folgendes angemerkt werden:

Mit Resten bürgerlicher Vorstellung entwickelte sich danach eine Kultur der Mittelschicht, die den Berufstätigen mit Universitätsausbildung ebenso wie den Facharbeiter mit umfaßt. Auch diese Mittelschicht hat sich, wie das Bürgertum davor, als politisch nicht aktiv gezeigt.[134] Als wir uns 1945 einer neuen Gestaltung unserer Lebenswege zuwandten, ließ sich in der optimistischen Jugendhaltung nicht erkennen, wie problematisch die von uns zu leistende Aufbauarbeit werden könnte und daß politische Kräfte in unserer Demokratie die neu entstandene Mittelschicht zur Festigung ihrer eigenen politischen Existenz benutzen und dabei in Kauf nehmen könnten, den sozialen Rechtsstaat an die Grenzen seiner Leistungsfähigkeit zu bringen.[135]

Gewollter Umweg über Halbe

Die Potsdamer Konferenz schuf die Voraussetzungen für ein Nachkriegsdeutschland, das zum Hauptgebiet des kalten Krieges werden sollte. In Potsdam waren die Fakten geschaffen worden, die mein Leben in den vergangenen 45 Jahren, also praktisch mein gesamtes aktives Lebensalter, bestimmt haben. Um diesen Ort aufzusuchen, war ich überhaupt von Forst aufgebrochen, und Halbe war ein gewollter Umweg. Dort erinnerte mich das Geräusch eines vorbeifahrenden Treckers an die Panzermotoren. Der Treckerfahrer schaltete – und der Motor heulte auf und versetzte mich wieder in das Jahr 1990. Micha war ungeduldig geworden. Nur der Soldatenfriedhof erinnerte noch an das dramatische Geschehen vor 45 Jahren. Michael sagt die Geschichte der Kriegszeit nicht viel. Die Entbehrungen der Nachkriegszeit hat er nicht kennengelernt. Bedrückende Ereignisse sind seinem fröhlichen Wesen zuwider. Das politische Interesse der 68er hat ihn nicht mehr erreicht. Seine Generation hat eher ein ökonomisches Verständnis.

Was ich dagegen erlebt hatte, war wie ein Alptraum über mich gekommen, und wie im Zeitraffer war es blitzschnell an mir vorbeigezogen. Dabei stand ich wie betäubt noch immer vor dieser unscheinbaren grauen Tür der ehemaligen Försterei, hinter der sich die Treppe zum Keller verbarg – an der Stelle, wo uns vor 45 Jahren die Russen mit dem Gewehr im Anschlag gefangengenommen hatten: »Raufkommen, der Iwan ist da, Waffen unten lassen.« Ich blickte hinüber zu dem Wald, der nicht mehr wie damals der lichte, hohe Kiefernwald war, durch den die Russen 1945 zum Gegenstoß angetreten waren. Heute hatte der neue Wald ein undurchdringliches Unterholz. In mir bemerkte ich in diesem Augenblick ein unbehagliches Gefühl, das mich vollständig zu beherrschen begann. Bisher hatte ich mich dieser Zeit im Jahre 1945 mit einem gewissen Stolz erinnert, dankbar, daß ich allen Gefahren durch glückliche Fügungen und mehr oder minder eigenes Geschick entronnen war: rechtzeitig abkommandiert und nicht mehr zur Stelle, durch eine innere Stimme vor allzuschnellem Handeln gewarnt oder auch entschlossen handelnd, wo Zögern Gefahr bedeutet hätte.[136] Halbe hatte ich erlebt, doch nicht mehr in den entsetzlichen Stunden der totalen Vernichtung. Hier endete meine militärische Laufbahn als Gefangener der Russen für eineinhalb Tage. Unsere gelungene Flucht, die bei mehr Aufmerksamkeit der Bewacher schnell tödlich hätte enden können, verdankten wir unserem Wissen über das Erkennen des Polarsterns und der Nordrichtung. Er wies uns den Weg nach Westen. Unser geradezu wildtierhafter Instinkt, sich tagsüber zu verbergen und nachts möglichst leise durch den Wald zu schleichen, ließ uns gefahrvolle Begegnungen unbeschadet überstehen. Und unser mehr nach Südwesten orientierter Weg führte uns an russischen Truppenkonzentrationen vorbei, die durch die anhaltenden Gefechte um die Rückzugswege der 12. Armee noch bestanden und die uns abermals in russische Gefangenschaft hätten bringen können. Wir kamen zu den westlichen Alliierten in der Hoffnung auf Selbstbestimmung. Doch die Alliierten hatten trotz unterschiedlicher Weltanschauungen und Zielsetzungen einen kleinsten gemeinsamen Nenner: die Feindschaft gegenüber den Deutschen, die sie mit Hitler und seinem Regime unterschiedslos für identisch hielten. Deshalb war selbst dieser erfolgreiche Weg nach Westen noch voller unvorherzusehender Probleme.

218

Micha und ich kehrten zu unserem Auto auf der Chaussee zurück und fuhren zur Autobahn in Richtung Berliner Ring, Potsdam und Südring. Schloß Cäcilienhof war unser Ziel, wo die Abschlußkonferenz der Sieger stattgefunden hatte. Im linken Flügel des Schlosses war inzwischen ein Hotel eingerichtet. Wir hatten Zimmer bestellt.

Unterwegs sprachen wir über meine Erinnerungen.

»Das kann doch nicht alles vergessen sein«, sagte ich, »die Toten, die großen Schlachten von Stalingrad, Nordafrika, die Normandie und der Kampf um die Seelower Höhen und die Toten von Halbe, alle, die den rettenden Weg nach Westen nicht gefunden haben und verscharrt wurden, und auch die Geschichte der Sieger, die das Schicksal nicht verschonte.«

»Willst du etwa darüber schreiben?« Michael sah mich mißbilligend von der Seite an. »Werde nur kein Geisterfahrer«, meinte er trocken.

Wir näherten uns Potsdam. In dieser Garnisonsstadt hatte im Februar 1944 bei den Panzerjägern meine Soldatenzeit begonnen. Damals hatte ich wenig von der Stadt gesehen. Wir waren in der Ausbildung. Obwohl der Krieg längst verloren war, merkten wir im Militärbetrieb nichts davon. In der Kaserne, die in der neuen Königsstraße lag, kam ich drei Tage zu spät an. Ich muß wohl eine gute Ausrede gehabt haben. Mit meinem Zuspätkommen fiel ich auf. Bei der bald folgenden Vereidigung der Rekruten mußte ich vor den im Karree angetretenen Soldaten mit drei weiteren Rekruten den Eid vorsprechen. Zwei Panzerabwehrkanonen waren aufgebaut, und zwei kostbar gestickte seidene Fahnen waren da. Die Vereidigung fand in der gegenüberliegenden Kaserne der Garde du Corps statt. Dieser Kasernenbau war jünger als unsere Kaserne, etwa gegen Ende des vorigen Jahrhunderts errichtet. Er spiegelte kaum noch den Glanz wider, den diese Reitergarde zur Kaiserzeit gehabt hatte, mit ihren weißen Uniformen, den hohen Reitstiefeln und dem Federbusch auf dem Helm. Wie sie ausgesehen hatten, zeigten zwei Reiterstandbilder, die rechts und links vor dem Eingang standen. Heute sind sie nicht mehr zu sehen. Nur die Sockel stehen noch. Wenn in vergangenen Jahren von der Glienicker Brücke die Rede war, handelte es sich um den Austausch von Ost- und Westagenten. Nie war ich dabei auf den Gedanken gekommen, daß diese Brücke in der Nähe der beiden Kasernenbauten steht. Die neue Königsstraße führt genau auf die Glienicker Brücke zu. Diese wiederum führt nach Wannsee, wo ich sieben Jahre nach meiner Rekrutenzeit an meiner Dissertation schrieb.

»Wenn ich an meine Soldatenzeit in Potsdam denke«, wandte ich mich an Micha, »denke ich an das Bornstedter Feld. Da haben sie uns geschliffen, daß uns vor jedem neuen Tag graute, aber wir haben dabei das gelernt, was uns später das Leben retten sollte – Disziplin und Härte.« Michael schwieg lieber.

Unsere Einheit wurde damals bald zur weiteren Ausbildung nach Herning, einem kleinen Städtchen mitten im dänischen Jütland, verlegt. Erst mit ihren rauchenden Trümmern sah ich die Stadt Potsdam nach dem Fliegerangriff vom 14. April 1945 auf dem Wege zur letzten Szene des großen Krieges, auf der Fahrt in den Kessel.

»Unser Nachbar, Pastor Reimann«, erinnerte ich mich, »hat damals die Stadt etwa zur gleichen Zeit verlassen. Seine Einheit wurde über den S-Bahn-Ring in den Kessel von Halbe geschickt. Die Soldaten, eine Nachfolgeeinheit des berühmten Infanterieregiments 9, marschierten hinter der Regimentskapelle mit klingendem Spiel zum sinnlosen Einsatz. Diese militärische Form hatte sich bis zum Schluß erhalten.«

Der Nachbar übrigens war bei den Gefechten in der Nähe von Halbe bald verwundet und von einem 14jährigen Jungen im Handwagen geborgen worden. Im Lazarett von Teupitz, das in russische Hände fiel, erlebte er, daß die Krankenschwestern vergewaltigt und, wenn sie sich wehrten, mißhandelt oder getötet wurden. Schließlich konnte er nach Berlin in sein Elternhaus entkommen.

Wir erreichten das Schloßhotel in der Dunkelheit. Da die Zufahrt durch den Park schlecht markiert und fast nicht beleuchtet war, erkannten wir die Größe des Schlosses nicht und fanden mit Mühe an der Seite den Eingang zur Rezeption. Trotz des englischen Landhausstils war der Eindruck »volkseigentümlich«. Das Personal war noch das alte, die Organisation umständlich. Wir erhielten Zimmer, die zum Stil des Hauses paßten. Uns wurde eine Uhrzeit aufgegeben, zu der wir uns zum Abendessen einfinden konnten, denn der Speiseraum war nicht groß genug für alle Gäste. Es wurde in Schichten gegessen.

Das Beste an unserem Abendessen war der Wein von der Unstrut, den wir bestellt hatten. Gemütlich war das Haus nicht. Die Möbel erinnerten eher an ein Jagdhaus als an ein Schloß. Von der Atmosphäre eines Luxushotels konnte kaum die Rede sein.

Die Nähe der Konferenzräume spürte ich mit Unbehagen, ohne genau zu wissen, wo sie eigentlich lagen.

Nach dem Essen traf ich in der Rezeption unerwartet auf Frank Gerlach. Er saß an einem der grob geschnitzten Tische auf einem wuchtigen, lederbezogenen Stuhl, der hierher paßte. Denn die Rezeption wirkte eher wie eine ritterliche Bierkneipe.

Frank Gerlach war gerade namentlich angesprochen worden. Wir hatten uns noch nie gesehen, aber er stand sofort auf und ging auf mich zu, als ich meinen Namen nannte. Wir waren beide in die Jahre gekommen, in denen die Jugend des Alters endet und man darauf achtet, möglichst frisch und elastisch zu erscheinen.

Wir machten uns bekannt, und die Begegnung war fröhlicher und entspannter, als ich es mir nach dem Tag hätte vorstellen können. Natürlich interessierte mich das Schicksal seiner Schwester; ich hatte ja seit dem Kriege nichts mehr von den Gerlachs gehört. Sie waren alle verschollen. Ich spürte, daß ich mich mit meinen Fragen zurückhalten sollte. »Ich habe versucht, jetzt, nach der Wende, an Ort und Stelle mehr zu erfahren«, sagte er, als hätte er meine Gedanken erraten. Sein Gesicht wurde ernst. »Es hat keinen Zweck, ihr Schicksal wird sich nicht mehr aufklären lassen.« Mit vorsichtigen Fragen erfuhr ich, daß er seit April 1945 von seinem Vater und seiner Schwester nichts mehr gehört hatte. Sie waren vermißt. »Als die russischen Truppen im April die Frontlinie durchbrachen und über die Bevölkerung herfielen, wollte mein Vater Vero vor Schlimmerem bewahren.« Er berichtete, was ich bereits wußte: Vater und Tochter schlossen sich den deutschen Truppen an und gerieten in den Kessel von Märkisch Buchholz und Halbe. Dort sind viele Zivilisten mit den Soldaten umgekommen. Es ist anzunehmen, wohl sicher, daß auch sie dieses Schicksal erlitten haben.

Mein Gott, ich war dabei; ich muß ganz in der Nähe gewesen sein, wollte ich sagen, doch ich schluckte es hinunter. Es hätte ihm die Situation nicht erleichtert, und es genügte schon, wie die Erinnerung auf mich wirkte.

Wir verabredeten uns zum Abend. Die Zeit reichte gerade, um noch einmal nach oben zu gehen. Danach warteten Micha und ich in der Halle in den unbequemen steifen Stühlen. Frank Gerlach kam mit seiner Tochter, einer südländischen Schönheit mit einem einfachen, engen Kleid, in dem sie sehr elegant aussah. Sie war etwa 23 Jahre alt, dunkelhaarig, von braunem Teint, schlank und sportlich. Ana-Laura hieß sie. Wir nannten uns daraufhin der Einfachheit halber mit Vornamen, vielleicht in Erinnerung an die Vergangenheit, vielleicht auch, weil die beiden jungen Leute diesen Umgang für normal hielten. Mitunter nannte mich Frank Gerlach nicht mit meinem Vornamen Georg, sondern benutzte das spanische Wort Jorge mit dem harten Rachenlaut. Nachdem wir eine Flasche Wein bestellt hatten, drehte sich das Gespräch um unsere Familien. Ich erfuhr, daß Frank Gerlach bald nach dem Krieg durch Vermittlung der Verwandten seiner Mutter nach Uruguay ausgewandert war. Dort war er allerdings bald auf sich allein gestellt. Die Verwandten hatten selbst Mühe, richtig Fuß zu fassen, denn sie waren kurz vor dem Krieg aus Deutschland geflohen. Frank Gerlach hatte von ihnen wenig zu erwarten, zumal er nicht jüdischen Glaubens war. In Montevideo lernte er seine spätere Frau kennen, die den Krieg mit ihren Eltern in Deutschland überlebt hatte. Der Krieg hatte sie dort überrascht. Der Schwiegervater besaß eine Druckerei, in der Frank Gerlach Arbeit fand und die er heute leitet. Sie haben drei Mädchen. Die Jüngste saß nun mit am Tisch. Sie erinnerte mich an seine Schwester.

»Vero hat mir noch viel von Ihrem Besuch erzählt«, sagte Frank. »Sie schien ein wenig besorgt damals nach Ihrem Auftauchen in Goyatz und sagte: Ich weiß nicht, wie er den Krieg überleben soll, er ist so romantisch.«

»Mitunter geht der liebe Gott mit Kindern und Narren nachsichtig um. Um viele konnte er sich nicht kümmern. Der größte Teil von denen, die damals dabei waren, waren Kinder und Jugendliche.«

ZWEI SEHR VERSCHIEDENE SCHLÖSSER

Die Besichtigung des Museums im Schloß, der Räume der für uns Deutsche so schicksalhaften Postsdamer Konferenz, widerstrebte mir, aber ich war hierhergefahren, um darüber nachzudenken, wieviel von den Beschlüssen der Sieger noch nachwirkte.

Durch den großen Torbogen kommt man in einen der Innenhöfe, dessen Mitte ein roter Stern aus blühenden Blumen zierte. Davor stand eine wartende Gruppe junger Leute aus der Sowjetunion, unzweifelhaft mongolischer Abstammung. Sie waren westlich gekleidet, die jungen Männer mit Schlips, die jungen Frauen gepflegt und fast elegant. Alle blickten zum Portal hinüber, mit den ernsten, interessierten Gesichtern, die Touristen in aller Welt zu eigen sind, wenn ihnen etwas erklärt wird. Ein wenig war ihnen die Teilnahme anzumerken, und vielleicht dachten sie daran, daß der große Stalin durch diese Tür gegangen war, um den Sieg und den Primat der Sowjetunion gegenüber den Westmächten zu besiegeln. Drei junge Frauen blickten mit abgewandten Körpern über die Schulter zum Portal. Wenn ihre Haltung Körpersprache war, drückte sie Skepsis aus. Die Väter dieser jungen Leute könnten es gewesen sein, die mich am Keller der Försterei bei Halbe in Empfang genommen hatten.

Die Konferenzräume des Schlosses vermittelten eine bürgerliche Biederkeit. Von dem damaligen martialischen Zeitgeschehen, das mich mit seinen Auswirkungen beschäftigte, war nichts zu spüren. Was Frank Gerlach und ich erlebt hatten, war den Besuchern fremd.

Zu meiner Überraschung gedieh die Schilderung des Konferenzgeschehens durch unsere Führerin im Hauptsaal mit dem großen runden Konferenztisch geradezu komisch. Der Saal, in dessen Mitte der Konferenztisch steht, hat verschiedene Türen, die auf ein verabredetes Zeichen damals gleichzeitig geöffnet wurden, damit die Chefs der Konferenzmächte den Konferenzsaal auch gleichzeitig betreten konnten!

Unsere Führerin war eine junge, hübsche Polin, die mit einem Deutschen verheiratet gewesen war und nun mit ihrem Sohn in Potsdam lebte. Ihr Vortrag war liebenswürdig und freundlich, nur einmal war ihr eine alte Gewohnheit anzumerken, als ein anderer Führer mit einer anderen Gruppe ihren Vortrag aus zu großer Nähe übertönte und sie den Konkurrenten hart kritisierte. Da schien es, als ob ihre schlanken Füße auf einmal in Stiefeln steckten.

Als wir uns am Schluß noch mit ihr unterhielten, rief sie plötzlich:»Warten Sie, ich zeige Ihnen noch etwas Besonderes« und verschwand, um einen großen Schlüsselbund zu holen. Damit öffnete sie uns eine Tür und sorgte für die wirkliche Überraschung des Schloßbesuchs. Wir standen plötzlich in einer perfekten Schiffskajüte von ausgesuchtem Geschmack. Die Fenster waren Kajütfenster, die Decke gewölbt, wie wenn sie sich unter einem Deck spannte, mit ihren dazugehörigen Decksbalken. In der Mitte prangte der Rest eines Schiffsmastes, als ob sich darüber an einer Takelage Segel blähten. Teilweise waren die Möbel der Kajüte eingebaut, darunter ein zierlicher Sekretär. Alles war in einem hellen, beigefarbigen Ton gestrichen und die dazugehörige Sitzgruppe ebenso hell gepolstert.

»Die Kronprinzessin Cecilie hatte sich eine komplette Kajüteinrichtung aus- und hier einbauen lassen zur Erinnerung an eine sehr schöne Reise«, wußte unsere Führerin.

»Diese Einrichtung ist so, wie sie hier steht, erhalten geblieben.«

Die Russen hatten das Schloß schon während der Konferenz so gründlich geplündert, daß die westlichen Alliierten sich über die Habgier mokierten. Dem Schloß schien nur dieser Raum mit seiner geschmackvollen Einrichtung erhalten geblieben.

Micha, dem das Museum mit seiner Muffigkeit widerstrebt hatte, äußerte sich entsprechend: »Hier sieht man den Unterschied«, meinte er, »die Konferenz hat nur Müll produziert, übrig geblieben sind die Möbel – als Sperrmüll. Dieser Raum, welch ein Gegensatz«.

Wir bedankten uns bei der jungen Dame und waren froh, wieder hinauszutreten in das Sonnenlicht. Wir gingen eiligen Schritts in den Park, außen um das Schloß herum, vorbei an dem erhaltenen Brunnen, auf dessen Rand Narziß sitzt, jener sagenhafte griechische Jüngling, der sein Spiegelbild im Wasser betrachtet und sich darin verliebt. Die Figur scheint die anwesenden Kriegsherren 1945 an Eitelkeit übertroffen zu haben. Der Brunnen wurde nicht zur Kriegsbeute. Er steht noch immer an Ort und Stelle.

Der das Schloß umgebende Park heißt »Der neue Garten«. Er entstand nach dem Tode Friedrichs des Großen auf einem heute 74 Hektar großen Gelände im Stil englischer Parks. Das Schloß wurde erst zwischen 1912 und 1917 als Wohnsitz der Kronprinzenfamilie gebaut. Der Bau begann also kurz vor Beginn des Ersten Weltkriegs. »Jedermanns Nerven sind zum Zerreißen gespannt, ein Funke genügt, um das Ganze in die Luft zu jagen«, so schätzte Oberst House, Berater des amerikanischen Präsidenten Wilson, die Situation in Europa in einem Bericht vom Mai 1914 ein, und gerade am 13. April 1914 waren die Saalecker Werkstätten als Generalauftragnehmer vom Ministerium des königlichen Hauses beauftragt worden, das Schloß zu einem Preis von 1 489 000 Reichsmark zu errichten. Mit dem Kriegsausbruch im August 1914 verfügte der Kronprinz einen kurzzeitigen Baustopp, aber bereits 1915 wurden die Bauarbeiten beschleunigt fortgesetzt, und im Oktober 1917, als die europäische Welt in Flammen stand, war das Schloß fertig, zu einer Zeit, da auf den Schlachtfeldern dieses Krieges massenweise die Soldaten starben und die Menschen in Deutschland, England, Frankreich und Rußland hungerten. 176 Räume hat das Schloß und eine schöne, dekorative Architektur aus Holz und Stein mit reich verzierten Schornsteinen und drei Innenhöfen.

Wir erreichten die Havel, wo Grenzsoldaten die Reste der Mauer wegräumten, und wanderten über den Betonstreifen, der bis hin zur Glienicker Brücke führt. Spaziergänger, Radfahrer und Jogger hatten bereits den Vorteil dieses Weges als Promenade entdeckt, mit dem einen Blick zur Havel und dem anderen in den Park des »neuen Gartens« mit dem Schloß Cecilienhof, unter dessen herausragendem Giebel die Konferenzstätte düster und drohend liegt.

Der nächste Morgen, als wir den Alten Fritz in Sanssouci besuchen wollten, begann, wie üblich, mit dem Frühstücksbüfett. Das Hotel bemühte sich um westlichen Standard. Eine Besonderheit allerdings war hier wieder volkseigentümlich. Hatte man sich einiges auf den Teller gelegt, wartete am Ende eine Dame mit einem Taschenrechner mit Papierstreifen: Sie addierte den Verzehr, der in barer Ostmark zu bezahlen war. Es waren Pfennigbeträge pro Scheibe Wurst, Käse oder Schinken, und es kamen so merkwürdige Summen wie M 6,13 oder M 7,42 zusammen.

Einiges von dieser Residenzstadt hatten Micha und ich uns noch am Vortage angesehen. Übriggebliebenes und Wiederaufgebautes. Als die Royal Air-Force am 14. April 1945 auch über Potsdam ihre Bombenfracht ablud, handelte sie nach einer Forderung, die George Bernard Shaw schon während des Ersten Weltkrieges erhoben hatte: »Es gibt Städte, die verdienen ausgelöscht zu werden. Eine davon ist Potsdam.« Bei diesem Angriff wurden das mehr als 1000 Zimmer umfassende Stadtschloß, die Garnisonskirche und Hunderte von Bürgerhäusern zerstört, auch die Nikolaikirche, deren 78 Meter hohe Kuppel nach dem Wiederaufbau heute wie eine Pickelhaube die Silhouette der Stadt beherrscht.

Sanssouci, das neue Palais, der Schloßpark und die neue Orangerie, das alles hatten die Flieger verschont oder verfehlt. Der Sommersitz des Großen Friedrich wirkte überraschend klein, als wir an der Gitterlaube mit dem betenden Knaben die Schloßterrasse betraten. Der Sims dieser nur wenige Zimmer umfassenden Schloßanlage wird gestützt von männlichen und weiblichen Figuren mit lebendigem Ausdruck. Hier irgendwo mußte der König im Alter auf seiner Terrasse gesessen haben, so wie ihn Menzel zeichnete. Vom Säulengang blickten wir zum Wasserreservoir hinauf, das gekrönt wurde von künstlichen Ruinen, die an die Vergänglichkeit erinnern sollten. Welch eine glückliche Fügung, daß dieses Schloß nicht wie das Stadtschloß mit seinen mehr als 1000 Zimmern am 14. April 1945 den Bomben zum Opfer fiel. Die Ruinen oben sind ein Kontrast, der noch durch das kunstvolle schmiedeeiserne Gitter mit seiner reichhaltigen Vergoldung unterstrichen wird.

Der Rundgang ist immer der gleiche. Von der Eingangshalle führt der Weg nach links in die Bildergalerie, auf deren Kaminsims am Ende vor einem vergilbten Spiegel die Büste des großen Königs steht, die nach seinem Tode nach seiner Totenmaske geschaffen wurde. Das scharf geschnittene Gesicht mit der schmalen Nase und dem asketischen Mund ist wie in die Ferne gerichtet und umgeben von einer schmalen gelockten Perücke. Die legere Kleidung mit dem preußischen Adlerorden läßt eine straffe, aber entspannte Haltung vermuten: ein Grandseigneur.

Ich dachte an die Lebensgeschichte, die er damals, als die

Büste entstand, schon hinter sich hatte. Seine Zeit hatte ihm ein ruhmvolles Leben ermöglicht, das ihn bis zu seinem Tode an jenem 17. August des Jahres 1786 oft genug an Selbstmord denken ließ, obwohl einem Verlierer der damaligen Zeit der Vorwurf eines Kriegsverbrechers erspart geblieben wäre. Nicht einmal der Thron von Gottes Gnaden wäre gefährdet gewesen. Sein 200. Todestag war auf beiden Seiten der innerdeutschen Grenze begangen worden. Friedrich hatte die Geschichte begleitet, ob nun 1806 bei Jena und Auerstedt, als Napoleon das preußische Heer vernichtend schlug, oder 1815 bei der Schlacht von Belle-Alliance, als der preußische Marschall Blücher mit seinem Angriffsgeist rechtzeitig auf dem Schlachtfeld erschien, oder 1870/71, als das zweite deutsche Kaiserreich geboren wurde, und auch 1945, als Hitler so töricht war, sich immer noch mit diesem Könige zu vergleichen, und auf dessen Glück und Geschick hoffte.

Um dieses verhaßte Preußen zu liquidieren, das wurde hier deutlich, konnte man sich nicht in Sanssouci versammeln. Die Atmosphäre dieses Schlosses paßte nicht zu dem düsteren Anlaß.

Wir gingen durch das Schloß, sahen die einzelnen Zimmer, die eigentlich kleine Säle waren, betrachteten die teilweise schon verfallenen Gemälde und auch den Sessel, in dem Friedrich, gestützt von einem Diener, gestorben ist, in dem gleichen Raum, in dem er sonst auf einem Feldbett zu schlafen beliebte. Wir verweilten in der mittleren Halle mit der prunkvollen Kassettenkuppel, den Figuren oben auf dem Sims, in deren Mitte die Tafel des Königs oft gestanden hatte. Im rechten Flügel sahen wir auch die einzelnen Zimmer seiner Gäste, die sich in dem Schloß frei bewegen konnten. Jedes der Zimmer hatte einen eigenen Ausgang nach draußen auf die Terrasse. Ich wußte nicht recht, wie diese heitere Atmosphäre zu dem schweren, gefahrvollen und problematischen Leben dieses Königs eigentlich gepaßt hat.

Wir setzten uns zum Schluß noch einmal vor die große

Fontäne. Oben hinter den Terrassen erblickte ich das Schlößchen, als wäre es im Erdboden versunken, aber ich spürte die Nähe dieses großen Königs auch über unserer heutigen Existenz. Ich empfinde sie rückblickend als Kraftquelle zur Bewältigung eigener Lebensprobleme und zugleich als ständige Bedrohung der eigenen Existenz. Aus dem Untertanen, den der preußische Staat erzogen hatte, war 1945 der junge, liberal denkende Mann geworden, der, mißtrauisch gegenüber jeglicher Obrigkeit und voller Freiheitsdrang, seine eigene Verpflichtung in sich selbst suchte. Von einem erprobten Erfolgsverhalten wird ein Mensch geprägt und übt es immer wieder, solange nicht bessere Einsichten ein anderes Verhalten aufzwingen oder erproben lassen. Zum Erfolgsverhalten unserer Generation gehörte manches, was dieser preußische König seinen Nachfahren vorgelebt und vermittelt hatte, von der Überdehnung der Kräfte bis zur Geistesgegenwart in Krisensituationen und bis zum Reiz des Vabanquespiels in kritischen Momenten. Das hatte ich, wie viele andere von uns, in vielen Lebenssituationen erproben müssen, und wie die Überlebenden meiner Generation hatte ich nicht kapituliert. Wir waren extremen Situationen ausgesetzt – mehr als die Jüngeren von heute. Diese Belastungen können nicht Maßstab für unsere Kinder sein, wenn ich auch sehe, daß in dem Verhalten der jüngeren Generation oft genug die Zielstrebigkeit und die Disziplin zu finden sind, die auch zu diesem Wesen gehören, das heute noch preußisch genannt wird. Wenn Kühnheit nicht mit Tollkühnheit verwechselt wird, wie Clausewitz deutlich unterscheiden konnte, dann helfen friderizianische Maximen offenkundig auch heute noch zur Problembewältigung. Uns haben sie jedenfalls auch geholfen, die Nachkriegszeit zu überstehen.

Unverkennbar waren es Friedrichs Pragmatismus und seine Realitätsbezogenheit, die diesen König viele kritische Situationen meistern ließen. Utopien waren ihm dabei fremd. Sosehr uns heute seine Kriege fremd sein müssen und sein bedingungsloser Einsatz der Menschen seines Staates, die Entwicklungen, die wir erlebt haben, sind nicht auf diesen König zurückzuführen. Erst die Massenstaaten nach der Französischen Revolution mit ihren Ideologien und ihrem Völkerhaß, der an die mittelalterliche Kirche und die Inquisition erinnert, lieferten die Substanz für die schmerzlichen Erfahrungen unseres Jahrhunderts. Der Zeit Friedrichs waren sie fremd, wie die Sehnsucht unseres Jahrhunderts nach einer Welt der Ordnung, Eintracht und Gerechtigkeit in der Balance demokratischer Systeme, die sich oft genug als Trugbild entpuppt hat. So ist es doch dem Geiste Friedrichs nicht zuwider, wohl aber allen kriegführenden Mächten dieses Jahrhunderts, was die Schriftstellerin Monika Maron in der Zeit der Wende als Negativum definiert hat:[137]

»Wo immer ich höre, daß einer weiß, was des anderen Menschen Glück ist; wo immer ich lese, daß jemand im Namen einer Idee über Millionen Menschen verfügt, und sei es auch nur in Gedanken; wo immer ich sehe, daß einer alten Ideologie frische Schminke aufgelegt wird, um ihren Tod zu maskieren, packt mich das Entsetzen.«[138]

Mit dieser individuellen Einstellung hatten wir uns schon während der Zeit im Internat gewappnet. Sie hat uns stets begleitet und beschützt.[139]

»Du gehst einem mal wieder richtig auf den Nerv«, sagte Michael unvermittelt. Wir waren allein, die Freunde waren gegangen.

»Mal wieder ein Wörtchen zuviel«, knurrte ich.

»Wenn es das nur wäre«, seine Hand bekräftigte mit leichter Geste, daß er mehr loswerden wollte als nur Kritik an unserem Tagesprogramm. »Ich merke das doch – du bist wieder dabei, dir deine deutsche Geschichte zurechtzubasteln.[140] Ich weiß doch, daß du die Karteikarten im Koffer hast, ich habe sie doch bei dir im Büro gesehen, sogar drin geblättert, als ich auf dich warten mußte, weil du im Sekretariat kein Ende finden konntest. ›Kontra zur Einheit‹ – so heißt das Stichwort in der Kartei, lauter Zitate, eins langweiliger als das nächste. Hamm-Brücher – sie hat gesagt, sie sollten die deutschen Botschaften für die DDR-Flüchtlinge dichtmachen, weil sonst das Zusammenleben der beiden deutschen Staaten gefährdet würde, oder den Willy Brandt, den hast du doch auch in deiner Sammlung.«

»Ja, schon«, gab ich zu, »aber er hatte wenigstens die Courage, sich selbst zu berichtigen, als die Lawine losgetreten wurde. Du wirst es kaum glauben, ich hab' sein Zitat im Kopf. Er ist schließlich derjenige gewesen, der die Menschen hüben und drüben einander nähergebracht hat. An eine Wiedervereinigung hat er nicht geglaubt. Er hat noch zwei oder drei Jahre vorher, das genaue Datum steckt in der Kartei, von der Wiedervereinigung als der Lebenslüge der zweiten deutschen Republik gesprochen.«

»Und wen interessiert das?«

»Wenn ich so eingestellt wäre wie du, hätte ich gar nicht erst angefangen. Aber ich kann nicht überhören, wenn ein Experte sagt, und ich weiß es wörtlich: ›Laßt uns in aller Welt aufhören, von der Einheit zu träumen oder zu schwätzen.‹ Und dann ist sie plötzlich da.«

»Aber das weiß doch jeder, daß sie da ist, du besonders, dir wachsen schon graue Haare, wenn du nur an die Grundstücke in Forst denkst – verkaufen solltest du den ganzen Schrott.«

»So einfach ist das also«, sagte ich.

»Nein«, meinte Michael, »so langweilig ist das alles. Das Beste an deiner ganzen Kartei ist doch die Geschichte von der Thatcher, ich meine die Karikatur. Sie mit ihrem Ehegespons im Wohnzimmer vor dem Kamin. Sie hat auf dem Tisch eine Karte ausgebreitet, auf der sie wie im Sandkasten Kriegsschiffe und Flugzeuge verschiebt – von England in

Richtung Deutschland. Bis Ehemann Denis – so heißt er doch – mit zwei Tassen Tee auf einem Tablett erscheint und sagt: ›Nicht so hastig, Darling, du bist sicher müde – bevor du Deutschland den Krieg erklärst, nimm eine schöne Tasse Tee ...‹ Das ist witzig, typisch englisch – und wo liegt bei dir die Betonung: daß die Thatcher alles versucht hat, die Wiedervereinigung zu verhindern.«

»Das ist doch interessant«, wandte ich ein.

»Nein«, sagte Michael, »niemand will es mehr wissen. Und wenn du mich fragst: ich auch nicht. Was hab' ich davon?«

Ich schwieg. Jetzt fand ich es langweilig, zum wievielten Male mir wieder anhören zu müssen, daß er – der Sohn meiner eigenen Schwester – alles von der ökonomischen Seite betrachtet.

»27 Karteikarten«, grollte Michael, »ich hab' sie gezählt, nur zu diesem Thema, und noch ebenso viele bei ›Pro‹: Gorbatschow, Kohl und die Amerikaner – sie haben die Wiedervereinigung geschafft. Wenn du das wenigstens in deine Computer gespeichert hättest. In jedem Büro bei dir stehen sie herum, aber du hast Karteikarten, da kann man doch nur sagen: nach guter alter Vätersitte.«

Beim Abendessen, noch allein mit Frank Gerlach, erzählte ich von meinem Disput mit Michael. Er meinte: »Die Euphorie scheint schon verflogen, später werden sich die Deutschen noch an vieles mehr erinnern müssen.«

So einfach, dachte ich, ist deutsche Geschichte, wenn man sie gelassen in Montevideo aus 12 000 Kilometer Entfernung sieht. Aber Frank fügte auch schon hinzu: »Deutsche Naivität und Abgehobenheit sind überall schwer zu ertragen. Es ist immer schwer, wenn man Realitäten nicht erkennt oder mit gefälschter Geschichte lebt. Ein kompensiertes Trauma macht aber noch keinen Psychopathen.«

Nach einer Pause fügte er hinzu: »Denke an eure Politiker, selbst wenn sie nun populistisch oder gar dumm sein sollten, Psychopathen sind es sicher nicht.« Er sah mich an und hob das Glas. Er wußte, was ich dachte: Auf Wiedersehen in Montevideo.

»Salud«, sagte er nur.

Inzwischen sind fünf Jahre vergangen. Im Frühjahr 1995 traf ich Frank Gerlach in Montevideo wieder. Meine Frau und ich wollten uns im dortigen Spätsommer erholen und die Langsamkeit des Lebens in Uruguay genießen. Das Kriegsende jährte sich zum 50. Male, war es da ein Zufall, daß mich diesmal auch dort die Geschichte einholte?

Mein Buchmanuskript hatte ich mitgebracht und Frank vorgelegt. Als er es mir zurückgab, sagte er: »Es könnte ein Bestseller sein, nur leider ist die Geschichte wahr. Es gibt ein spanisches Sprichwort: ›La verdad y la responsabilidad no las quiere nadie.‹« (Die Wahrheit und die Verantwortung will niemand.)

Bei diesem Aufenthalt im Februar lernten wir auch Verwandte mütterlicherseits von Frank kennen. Zum erstenmal waren wir in einem mosaischen Haus. Stahlstiche einer Gebetsstunde, Motive aus dem Alten Testament, Bilder aus einer Synagoge, einer kirchlichen Jugendfeier, ähnlich der Kommunion oder der Konfirmation, Familienbilder vor dem Schrein mit Thorarollen.

Es war eine liebenswürdige Familie, die uns zum Kaffee eingeladen hatte, und der schon über 70jährige Hausherr erzählte dazu, daß 150 seiner männlichen Verwandten dem NS-Regime zum Opfer gefallen seien. Er wurde deutlich mit seinem Schicksal nicht fertig, denn er konnte Deutschland nicht hassen, er liebte es immer noch als Heimat. Er hatte auch gute Erinnerungen an die Flucht seiner Eltern und Geschwister im buchstäblich letzten Augenblick. Da sie nahe der holländischen Grenze gewohnt hatten, war es ihnen gelungen, nach Holland zu entkommen, wo sie fast ein Jahr lang in einem Internierungslager hinter Stacheldraht leben mußten. Es fehlte ihnen das Geld für die Aus-

234

reise nach Uruguay. Die Nachbarn aus dem Heimatort, wo der Vater Viehhändler gewesen war, hatten es schließlich 1939 im letzten Moment nach Holland hinübergeschmuggelt – den korrekt abgewickelten Erlös aus dem Besitz der Familie –, und mit einem der beiden letzten Schiffe gelang es ihnen, nach Montevideo zu kommen, wo sie eine hohe Kaution als Sicherheit hinterlegen mußten, um dem Staat nicht zur Last zu fallen. Auf mich machte er einen großen Eindruck, denn das, was er erzählte, war deutlich um Ausgewogenheit und Gerechtigkeit bemüht. Mit Vorwürfen gegen Deutschlands spätere Kriegsgegner sparte er dabei nicht, denn alle seien nur auf ihren Vorteil bedacht gewesen und in keiner Weise bemüht, den durch das NS-Regime in höchste Not geratenen Juden zu helfen.

DER 50. JAHRESTAG –
»ALTE KAMERADEN«

Unterdessen hatte in der Bundesrepublik die Diskussion um die Bedeutung des Kriegsendes für Deutschland begonnen, in der Politiker verschiedener Parteien den Tag der Kapitulation, den 8. Mai 1945, als einen Tag der Befreiung für die Deutschen bezeichneten.[141]

Es folgten die Tage der letzten Aprilwoche, als sich die Schlacht um Halbe zum 50. Male jährte. Ich hatte Gelegenheit, an zwei Gedenkfeiern teilzunehmen. Bei einer Gruppe ehemaliger Soldaten, die sich zusammengeschlossen hatten, um die Kriegsgräber des Zentralfriedhofs in Halbe zu pflegen und mitzubetreuen, hatte sich am 30. April 1995 – vor 50 Jahren war das der letzte Tag der Schlacht – auch der eingangs erwähnte amerikanische Staatsbürger eingefunden, der auf russischer Seite in der Schlacht um Halbe gekämpft hatte. Sein deutscher Name ist Glaser, er ist Balte und jüdischen Glaubens, spricht auch deutsch und lebt heute, wie gesagt, in Amerika. Zwi Harry Glaser schreibt an seinen Erinnerungen »Auf dem Weg von der Weichsel bis zur Elbe 1945«. Ein amerikanischer Militärhistoriker und ein lettischer Historiker für baltische Geschichte begleiten ihn bei seinem Schreiben. Nach Halbe war er gekommen, weil er Kontakt zu der deutschen Gruppe bekommen hatte. Einer von ihnen stand Glaser erkennbar am nächsten und war offensichtlich auch sein Gastgeber.

In der deutschen Gruppe waren auch ehemalige Waffen-SS-

Angehörige. Wenn ich die Fotos mit Harry Glaser betrachte, insbesondere die Aufnahmen, die bei der umkämpften Hermsdorfer Schleuse gemacht wurden, sehe ich seine sehr ernsten Augen, trotz seines fröhlichen, kontaktfreudigen amerikanischen Auftretens. Harry Glaser ist ein sensibler Mann, bei dem die Arbeit an seinem Manuskript zunehmend einen Erlebnisschwerpunkt erkennen läßt: Halbe. Er war in der dramatischen Nacht vom 28. zum 29. April 1945 kaum 200 Meter von mir entfernt. Von seinem Bruder hatte er damals gerade eine Feldpostkarte bekommen mit der Nachricht, daß die Mutter vermutlich im Zusammenhang mit der Verfolgung jüdischer Bürger Rigas von einem Letten erschossen worden war. Ihm schoß bei der schmerzlichen Nachricht das Blut in den Kopf, wie er schreibt.

All das war ihm nicht mehr anzumerken. Sein wacher Intellekt war darauf gerichtet, möglichst viel von den Schilderungen einzelner Teilnehmer über das damalige Geschehen aufzunehmen. Als wir auf der Brücke der Hermsdorfer Schleuse standen, tauchten auf einmal Sekt und Gläser auf. Man stieß gemeinsam an, jeder wollte auch mit Glaser persönlich anstoßen. Er war in diesem Moment der ausgesprochene Mittelpunkt. Ein anderer ehemaliger sowjetischer Staatsbürger stand daneben. Er hatte auf deutscher Seite gekämpft, war Waffen-SS-Angehöriger und hatte sich zu der Armee Wenck durchschlagen können.

Harry Glaser erinnerte sich noch an ein Haus in der Lindenstraße in Halbe, wo er in einem Keller auf der Suche nach deutschen Soldaten eine Familie antraf. Sie war beim Anblick des russischen Soldaten verängstigt und beruhigte sich etwas, als er auf deutsch fragte, ob er sich von den Konservendosen im Kellerregal zwei aussuchen könne. »Du mußt wissen«, sagte er zu mir, »wir hatten seit Tagen keine Verpflegung bekommen.« Er fand sogar die heute in Königs Wusterhausen lebende Frau, die damals als Kind mit im Keller war, und beide erinnerten, sich an den Tag während der Schlacht.

»Hast du auch auf mich geschossen?« fragte er jeden von uns, als wir einzelne besonders hart umkämpfte Stationen des damaligen Geschehens aufsuchten. »Ich weiß nicht«, antwortete ich, »ich weiß nur, daß sehr viele auf mich geschossen haben.«

Er war sehr nüchtern, ich erwartete einzelne Teile seiner Erinnerungen mit größtem Interesse. Den damaligen Umständen entsprechend sind sie anders als die meinen. Er meinte auch beiläufig am Anfang schon: »Die Entscheidung spricht das Herz.«

Ich stimmte ihm stumm zu, und doch berührte mich sein Vorbehalt schmerzlich.

Heute weiß ich aus langen Telefongesprächen mit ihm, daß jeder sein Herz unverändert für seine Seite hat: Harry Glaser auf der russischen und ich auf der deutschen. Aber die Betrachtungsweise von damals ist nicht mehr die unsrige von heute, denn wir sehen uns nicht als Feinde. Die Erfahrungen von 50 Jahren lassen alles in einem anderen Licht erscheinen: Zunächst die Trauer über die eigenen Toten und das Verständnis der Trauer des anderen über die seinen, und auch die Beurteilungen von Hitler und Stalin sowie die Kritik an Churchill gleichen einander – nach Roosevelt habe ich ihn taktvollerweise nicht fragen mögen.

Wir haben seither viel miteinander telefoniert, in den lebendigen Gesprächen hat einer den anderen gut verstanden. Wir haben beide den Weg der Freiheit gewählt und uns nach Westen gewandt. Schon das verbindet.

»Du kannst schreiben, was du willst«, sagte er öfter. »Du brauchst keine Rücksicht zu nehmen.«

»Ich habe geschrieben, was die Deutschen erlitten, als die russischen Truppen einmarschierten«, sagte ich.

»Das war schlimm, ich weiß. Alle waren keine Engel, Engel gibt's auf Erden nicht. Aber ich habe mich Zivilisten gegenüber stets korrekt verhalten, und es wäre mir nie eingefallen, eine Frau zu berühren.«

Als ich ihm dabei von den beiden russischen Gefangenen bei Märkisch Buchholz erzählte und von den beiden Toten, die ich kurz danach sah, sagte er:»Das war so im Kampf, da war es manchmal nicht möglich, Gefangene zu machen.« Ich glaube, Harry Glaser hat mehr Kampf erlebt als ich, und ich antwortete:»Die russische Kampftechnik hat ihre eigenen Truppen nicht geschont.«

»Nein, das Ziel war wichtig. Der einzelne Soldat war Kanonenfleisch«, und er verwandte dasselbe Wort, das Marschall Schukow benutzt haben soll.

Er versprach mir, neue Manuskriptteile zu schicken. »Du kannst sie verwenden, ich schicke dir auch Bilder. Ich habe auch eine Belobigung von Stalin am 2. Mai 1945 für die Teilnahme an der Schlacht bei Halbe bekommen. Ich schicke dir auch eine Kopie davon.« Ich versprach Harry Glaser das Buch von Wieck über den Untergang Königsbergs und las ihm das Gedicht vor, das ich ursprünglich zur Einleitung meines Berichts an den Anfang stellen wollte. »Schicke es mir«, bat er. »Ich glaube, ich kann es auch verwenden.«

Am 1. Mai 1995 war der Jahrestag, an dem die Schlacht beendet war. Auf dem Friedhof von Halbe fand eine Gedenkfeier statt. In Moskau bereitete man die große Feier zum 50. Jahrestag des Sieges vor, an der Harry Glaser teilnehmen wollte. Er war deshalb nicht mehr dabei, als der brandenburgische Ministerpräsident Dr. Manfred Stolpe mit der brandenburgischen Generalsuperintendentin und dem Landtagspräsidenten sowie mit zwei deutschen und zwei russischen Offizieren eintraf.

Stolpe hat in einem Interview seine Teilnahme gerechtfertigt: Er betonte, man ehre nicht Helden, sondern die von den Nazis in den Tod getriebenen Menschen. Bündnis 90/Grüne hatten im Vorfeld Stolpes Teilnahme an der Veranstaltung als unterschiedsloses Gedenken für Täter und

Opfer bezeichnet. Stolpe nahm trotz dieser massiven Kritik an der Veranstaltung teil.

Die Polizei war mit etwa 200 Beamten im Einsatz, um Ausschreitungen zu verhindern. Neonazis waren an dem Ort schon mehrfach aufmarschiert. Außerdem hatten Autonome zu Protesten aufgerufen, weil der Ministerpräsident an der Gedenkveranstaltung teilnahm.

Zum Gedenken legten dieser, der Landtagspräsident, die Evangelische Kirche in Berlin-Brandenburg, der Volksbund Deutscher Kriegsgräberfürsorge e. V. und zahlreiche andere Verbände und Organisationen Kränze auf dem Friedhof nieder. Stolpe erklärte dazu, es wäre geradezu ein Vergehen, ein moralisches Vergehen, wenn man Halbe den Rechten überlassen würde. Die vielen Tausenden die hier liegen, hätten überhaupt nichts zu tun mit den Rechten, hätten nichts zu tun mit den paar Fanatikern, die noch bis zum Schluß meinten, sie müßten den Krieg fortsetzen. Er fuhr fort:

»Die Neigung der Rechten war, sich da einen Platz für das Heldengedenken zu suchen, und die kamen ja in großer Zahl 1991 europaweit, wie wir wissen, hier an. Dies ist nach meiner Überzeugung wirklich einer der ungeeignetsten Plätze, von Heldengedenken zu sprechen. Es ist überhaupt sinnlos, weil es die Gefahr in sich birgt, doch irgend etwas Gutes an Krieg und Mord zu finden. Hier sind Menschen zur letzten Ruhe gebettet worden, die die letzten Abgeschlachteten gewesen sind für den Mörder, der in Berlin saß und noch ›fünf Minuten nach zwölf‹ Befehle gab, die bereits völlig sinnlos waren zu einem Zeitpunkt, als sich selbst sein Oberhenker Heinrich Himmler schon abgesetzt hatte. ... eine total irrsinnige Tat, der Zehntausende zum Opfer gefallen sind. Deshalb müssen wir dem hier widerstehen und werden auch nicht zulassen, daß hier Mißbrauch getrieben wird.«[142]

Dem ist nichts hinzuzufügen. Die hier ums Leben kamen, wollten wie wir alle, nach Westen in die Freiheit und jedenfalls nicht in russische Gefangenschaft. Deswegen sind die

Ausführungen Dr. Stolpes richtig, daß man in den hier Begrabenen keine Helden sehen kann. Aber wie dumm ist es, von einer Verwechslung von Tätern und Opfern zu sprechen! Die meisten hatten wie ich bis zum Schluß noch eine Waffe in der Hand, aber sie kämpften um ihre Freiheit. Dementsprechend einseitig war der Fernsehbericht, als er davon sprach, daß tatsächlich am Vortage in einem Gasthof in Märkisch Buchholz eine Zusammenkunft stattgefunden hatte, an der auch SS-Angehörige teilgenommen hatten. Ich hatte Harry Glaser darauf ausdrücklich angesprochen, und er widersprach mir etwa mit den Worten: »Wir haben heute in unseren Gedanken vieles gemeinsam.«

»Die Toten mahnen, für den Frieden zu leben«, steht auf dem Denkmal. Wenn man nicht ein Ewiggestriger ist, muß man uneingeschränkt zustimmen. »Die Toten mahnen, für den Frieden in Freiheit zu leben.« Das gilt für die dort begrabenen Soldaten, die dort begrabenen Zivilisten, alte Männer, Frauen und Kinder, das gilt für die in deutscher Gefangenschaft gestorbenen und ebenfalls dort begrabenen sowjetischen Gefangenen ebenso wie für diejenigen, die im russischen KZ Ketschendorf elendig umkamen. Ihnen allen gilt das Gedenken.

Wie versprochen schickte ich Harry Glaser das Buch von Wieck und die beiden Strophen aus Hugo von Hofmansthals Gedicht »Manche freilich …«:

> *»Ganz vergessener Völker Müdigkeiten*
> *Kann ich nicht abtun von meinen Lidern,*
> *Noch weghalten von der erschrockenen Seele.*
> *Stummes Niederfallen ferner Sterne.*
>
> *Viele Geschicke weben neben dem meinen,*
> *Durcheinander spielt sie alle das Dasein,*
> *Und mein Teil ist mehr als dieses Lebens*
> *Schlanke Flamme oder schmale Leier.«*

AUSBLICK

Einfach ist deutsche Geschichte nicht. Aber sie geht sichtbar weiter. Was uns mit der Zeit der Wiedervereinigung der Deutschen zu einem einheitlichen Staat deutlich vor Augen geführt wurde, ging einher mit dem Zusammenbruch des Ost-West-Konflikts, dem Ende der Sowjetunion in der damaligen Gestalt als kommunistisch-ideologisch formierte Weltmacht, dem Wiedererwachen alter vorkommunistischer Traditionen in Rußland, zugleich der Auflösung der sowjetischen Satellitensysteme und der Befreiung der unter ihrer Herrschaft stehenden Völker in Mittel- und Osteuropa. Der Wegfall alter Feindbilder aus der Zeit des kalten Krieges mit seiner latenten, aber waagehaltenden Anspannung schien in der Euphorie der Wiedervereinigung den Deutschen in Mitteleuropa wie eine Morgenröte zu einem bess'ren Tun, zu einer europäischen Verbrüderung, ja der einer ganzen Welt.

Inzwischen ist diese zuversichtliche Betrachtung einer Ernüchterung gewichen.[143] Unübersichtlicher ist die Zukunft geworden in einer Zeit, die zu neuen kriegerischen Auseinandersetzungen, zum Teil sogar in unserer unmittelbaren Nachbarschaft in Jugoslawien, geführt hat. Unübersichtlicher und zugleich irritierend ist die Art dieser Volkskriege, die mit den Mitteln der Ideologie vor dem Völkermord nicht haltmachen und dabei an den Zweiten Weltkrieg erinnern. Kalter Haß und berechnendes Kalkül sind kriegerische Machtmittel geworden, ohne daß die Völker-

gemeinschaft dagegen einzuschreiten vermag, unübersichtlicher auch die ideologischen Gräben, die sich inzwischen
wieder auftun.

Auf der anderen Seite die Europäische Union, die bei allen
nationalen Eigeninteressen die Hoffnung erblühen läßt,
daß sich kriegerische Auseinandersetzungen der vergangenen Jahrhunderte in Europa nicht wiederholen. Aus leid-
voller Erinnerung wächst Zuversicht und Hoffnung.

Den Deutschen fällt nun situations- und lagebedingt unwei-
gerlich eine Schlüsselrolle zu, im Rahmen des Bündnisses
Mittler zwischen West und Ost, vor allem aber Partner der
Demokratien in ost- und mitteleuropäischen Staaten zu
sein. Die drei Säulen unseres Daseins, Einigkeit und Recht
und Freiheit, werden aber innenpolitisch von verschiedenen
Seiten betrachtet und unterschiedlich gedeutet und bewertet.

Außenstehende tun sich in der Betrachtung der Situation
weniger schwer als wir selbst. Der ehemalige Außenminister
Henry Kissinger, gebürtiger Deutscher, hat seine positive
Einstellung und viel Verständnis gezeigt, als er am 13. November 1994 gegenüber der »Welt am Sonntag« erklärte,
daß Deutschland schließlich bis 1871 friedfertiger als alle
anderen Staaten Europas war und seine folgende Geschichte tragisch verlaufen sei. Mit der Betonung, daß der Nationalstaat eine Renaissance erleben werde und Ostdeutschland im traditionellen Sinne der nationalere Teil Deutschlands sei, daß das Schreckgespenst des Nationalsozialismus
aber nicht eine preußische Erfindung, sondern ein Produkt
des süddeutschen Romantizismus gewesen wäre und Preußen niemals totalitär, wollte er wohl auch darauf hinweisen,
daß selbst stärkere nationale Hinwendungen in Deutschland legitim und nicht reaktionär wären. Deutschland,
Frankreich und die Niederlande seien im guten wie im bösen so etwas wie Spiegelbilder füreinander gewesen. Kissinger fuhr in diesem Interview fort:

»Nun hat Europa einen großen Umbruch, eine gewaltige Veränderung erfahren: Es ist absolut undenkbar, daß die Staaten Mittel- und Westeuropas jemals wieder gegeneinander Krieg führen könnten. Deshalb wird man möglicherweise entstehende Meinungsverschiedenheiten mit Hilfe bislang ungekannter Lösungsmöglichkeiten beilegen müssen. Das ist wichtig.«

Diese Äußerung ist vorsichtig, und die Vorsicht ist auf dem Hintergrund der Geschichte recht begründet. Vor den großen nationalen Umwälzungen mit dem Beginn der Französischen Revolution hatte irrtümlich Voltaire schon in seiner Universalgeschichte in vier Bänden (1760–62) einen solchen vermeintlichen Fortschritt zu friedlichem Zusammenleben beschrieben. Man darf vermuten, daß Schiller bei seiner von den Studenten umjubelten Antrittsrede als Professor der Universität Jena Voltaires Ausführungen bestens kannte. Hatte Voltaire den Frieden als Produkt menschlich fortschrittlicher Entwicklung angesehen, so klingt das gleiche Motiv in dieser Antrittsvorlesung Schillers an. »Was heißt und zu welchem Ende studiert man Universalgeschichte?« hieß das dementsprechende Thema Schillers, zu dem er ausführte:

»Die europäische Staatengemeinschaft scheint in eine große Familie verwandelt. Die Hausgenossen können einander anfeinden, aber hoffentlich nicht mehr zerfleischen.«[144] Friede wird einem Volke nicht verliehen und nicht durch bloße Friedfertigkeit erworben oder gesichert. Wie die Demokratie selbst ist der rechtsstaatliche Friede eine Form der Konfliktlösung mit möglichst friedlichen Mitteln, keine menschlich fortschrittliche Weiterentwicklung, sondern eine im geistigen Bereich liegende Disziplinierung.

Wenn wir Heutigen an Fortschritt in allen Lebensbereichen glauben, dürfen wir nicht übersehen, daß der öffentliche Einfluß der politischen Initiatoren privaten Initiativen wenig Möglichkeiten läßt. Wir dürfen den Herrschenden trotzdem die Zukunft nicht überlassen. Wenn, wie ich überzeugt bin, Selbstverantwortlichkeit nur durch Freiheit von Gruppenzwängen erreichbar ist und nur diese die Gewähr dafür bietet, daß uns eigenes kritisches Denken vor Schaden bewahrt, wird beim Zusammenwachsen beider Teile Deutschlands wie Europas noch eine vielfältige selbständige Verantwortlichkeit und Eigeninitiative nötig sein, die frei ist von Perfektionismus oder ideologischer Hysterie, von welcher Seite auch immer.[145]

Diese Individualität ist nur mit der Erkenntnis möglich, daß Geschichte von Politikern mit Hilfe der veröffentlichten Meinung ihrer Völker betrieben wird, das Ergebnis ihres Tuns ist aber nicht das Produkt ihrer Absichten:

»Nicht Wissende machen Geschichte. Über die Geschichte regiert eine schwer einschätzbare Zukunft.«[146]

Um so mehr müssen wir, wenn wir einer ungewissen Zukunft gewachsen sein, wenn wir ihr zuversichtlich und standhaft begegnen wollen, mit Verantwortungsbewußtsein aus der eigenen Identität heraus tätig werden. Ohne diese kommen wir nicht aus. Vertreter der veröffentlichten Meinung und ihre Propagandisten verwehren den Zugang.[147]

Kein Volk und kein Individuum kann ohne Geschichte leben, denn der Zukunft gewachsen ist nur der, der sich nicht nur zu sich selbst bekennt. Das Problem jeder geschichtlichen Betrachtung ist, daß man schon weiß, wie sie ausgegangen ist. Wenn das Ende so furchtbar war, wie wir es alle kennen, liegt das Bedürfnis nahe, Abstand zu halten und sich davon zu distanzieren. Geschichtlicher Betrachtungsweise wird man aber nur gerecht, wenn man die Bedürfnisse, die Wünsche, Nöte und Ängste der Zeitgenossen und die Grenzen ihres Handlungsspielraums zu verstehen sucht. Die meisten von ihnen leben heute nicht mehr, sie können sich mit den Heutigen nicht auseinandersetzen. Theodor Fontane schrieb: »Tote können sich nicht wehren, deshalb gebührt ihnen um so mehr Gerechtigkeit.«

Als Appell an die Gerechtigkeit war dieses Buch nicht geplant. Es geriet eigentlich erst dazu, als ich nach 50 Jahren erkennen mußte, wie hoch die Mauer ist, die den Heutigen den Blick in das vergangene Geschehen versperrt. Ich schrieb den vorliegenden Bericht als Erlebnis eines Jugendlichen, der sich dem Geschehen beherzt gestellt hat, mitunter verschlagen, mitunter aufgrund einer vom Herkommen her gläubigen Zuversichtlichkeit, pragmatisch und mit einer guten preußischen Tradition, die zu erkennen den Heutigen nicht ohne weiteres möglich ist.

Daß ich dabei in meinem Heimatstädtchen Forst an den Gräbern meiner Vorfahren und denen meiner Kameraden in Halbe die Ursprünge meiner eigenen Lebensgeschichte entdeckte, bemerkte ich zu Beginn meiner Erzählung. Bemerkenswert scheint mir für den Schluß eine Fahrt, die ich mit einem meiner Schulfreunde machte. Sie wurde zu einem beispielhaften Erlebnis.

Dieser Freund ist mit einer Tochter des Bodo von der Marwitz verheiratet. Mit ihm fuhr ich nach Friedersdorf, wo ehemals das Schloß der Familie gestanden hatte, wo Bodo von der Marwitz Felder gedrillt und bis zu dem großen Sturm der Russen auf Berlin ausgeharrt hatte und wo das Quartier des Divisionsgefechtsstandes in dieser Zeit war. Heute hat ein Neffe einen Teil des Besitzes zurückgekauft und dazugepachtet und betreibt dort, wie seinerzeit Bodo von der Marwitz, Landwirtschaft.

Er war nicht da, als wir eintrafen. Seine junge Frau empfing uns. Ihre beiden kleinen Kinder hatte sie um sich, eine sportliche, schlanke Frau. Sie stammte offensichtlich nicht aus der Landwirtschaft, aber sie sprach darüber und bewegte sich so, als sei sie auf Friedersdorf geboren und aufgewachsen. Wenn sie besorgt über die Ernte sprach, erinnerte mich das an die Tagebuchaufzeichnungen des Bodo von der Marwitz noch im April 1945 vor dem großen Sturm. »Wir brauchen dringend Regen«, sagte sie und sprach besorgt

über die Sonnenblumen, die auf einigen Morgen ange-
pflanzt waren. »Wenn die Ernte gut ist«, fügte sie lachend
hinzu, »haben wir wieder etwas Geld und können das Gebäude drüben in Ordnung bringen.« Als die junge Familie
nach Friedersdorf zog, wohnte sie zuerst im Wohnwagen.
Jetzt lebt sie in einem schön hergerichteten Haus, das vor
dem Krieg zur Gesamtanlage gehört hat.

Die Patronatskirche von Friedersdorf wurde gerade reno-
viert. Das Jüngste unter den Arm geklemmt, führte die junge Frau uns hin, um uns die Arbeiten, bei denen die Denk-
malspflege half, zu erklären. Auch die in der Kirche befind-
lichen Grabsteine zeigte sie uns. Einer davon war bemerkenswert. Er erinnerte an die Vorfahren, dabei auch an
Johann Friedrich Adolph von der Marwitz, mit der folgenden Inschrift:

> *»Generalmajor der Kavallerie*
> *Ritter des Verdienstordens*
> *Erbherr auf Friedersdorf seit 15. März 1755*
> *Sah Friedrichs Heldenzeit*
> *und kämpfte mit ihm*
> *in allen seinen Kriegen,*
> *wählte Ungnade,*
> *wo Gehorsam nicht Ehre brachte.«*

Die Inschrift erinnert daran, daß Friedrich der Große dem
Offizier den Auftrag erteilt hatte, das Schloß Hubertusburg
zu plündern, jenes Schloß, in dem später, nach dem Sieben-
jährigen Krieg, der Friede geschlossen wurden. Von der
Marwitz weigerte sich, den Befehl auszuführen, und fiel in
Ungnade. Nicht das kriegerische Verlangen Friedrichs und
seine Ablehnung sind das Modellhafte dieses Verhaltens.
Die damaligen Kriege erforderten eine Härte, die auch dem
Generalmajor von der Marwitz nicht ungewöhnlich gewe-
sen sein wird. Das Besondere an diesem Verhalten liegt in

der Eigenständigkeit, mit der er, selbst verwickelt in das Zeitgeschehen, für sich Grenzen zog und diese einhielt.

Wir haben so viel von preußischem Kadavergehorsam gehört, daß es an der Zeit ist, darauf hinzuweisen, auch preußische Zivilcourage habe es zu allen Zeiten gegeben: gelebte eigenständige Verantwortlichkeit. Zivilcourage ist keine Eigenschaft, von der alle Menschen nach Möglichkeit Gebrauch machen. Im letzten Kriege hat es Heerführer auf beiden Seiten gegeben, die sich eigenständiges Denken bewahrt hatten, wie zahlreiche Äußerungen auch von westalliierter Seite zeigen. Preußische Zivilcourage ist eine Form des beharrenden Widerstands, »wo Gehorsam nicht Ehre« bringt. Zu einer solchen Selbstbestimmung und eventuell zu Widerstand, zu Wagnis und neuem Aufbruch bietet die heutige Zeit wie jede der früheren Zeiten Gelegenheit und Anlaß. Sie zu praktizieren erfordert Offenheit und Mut. Sie ist das Gegenstück zu der zu allen Zeiten und heute genauso modernen Anpassung und Heuchelei.

Als wir die Patronatskirche wieder verließen, kam uns das ältere der beiden kleinen Kinder der heutigen Familie von der Marwitz in großen Pantoffeln entgegen. Die Sonne schien, die alten Kastanien, die einmal neben dem Schloß gestanden hatten, blühten, und fast schien es, als ob die Zeit von damals stehengeblieben war.

Die jungen Eheleute sind zum Neuanfang Entschlossene – Kolonisten vielleicht sogar. Wegen der Last der Familientradition sollen sie Bedenken gehabt haben, sich in Friedersdorf niederzulassen, und nach anderen Plätzen für einen Neubeginn gesucht haben. Schließlich haben sie sich doch dort niedergelassen, an einem Ort des Symbols für Selbstverantwortlichkeit in der Gestalt des Generalmajors Johann Friedrich Adolph von der Marwitz, an dem Ort, wo dessen Nachfahre beim Ende des letzten großen Krieges ausgeharrt hatte, bis die Flut des Angriffs hereinbrach.

Die Geschichte dieser beiden Männer zu sehr verschiedenen Zeiten steht für die selbständige preußische Zivilcourage. Sie muß nicht heroisch sein, wie die der Männer des 20. Juli 1944. Sie kann sich mit Beherztheit, Verschlagenheit, Zuversicht und Pragmatismus mischen. Selbst wenn sie mit Donquichotterie oder der zuversichtlichen, ja gläubigen Abenteuerlichkeit des Simplizissimus vermischt ist, das Gesamtergebnis ist immer noch besser als die allwillfährige, so bequeme und häufige Anpassung an den Zeitgeist.

ANMERKUNGEN

*Die hochgestellten Ziffern im Text der Darstellung beziehen sich auf
Ziffern der folgenden Literaturhinweise und Anmerkungen.*

[1] Folgende Gebiete – obwohl auf der Potsdamer Konferenz und in
der Berliner Deklaration von 1945 die Siegermächte Deutschland
ausdrücklich als in den Grenzen von 1937 fortbestehend aner-
kannten – gingen dem deutschen Staatsgebiet verloren (außer-
dem die Ostgebiete nach dem Ersten Weltkrieg):
Ostpreußen mit Königsberg und dem Memelland, größer als die
Niederlande,
Westpreußen mit Bromberg, Thurn und Strasburg, fast so groß
wie die Schweiz,
Danzig, zu 97 % von Deutschen bewohnt,
Pommern mit Stettin und Schneidemühl, größer als Belgien,
Ostbrandenburg mit Landsberg an der Warthe, Schwiebus und
Züllichau, dreimal so groß wie Luxemburg,
Schlesien mit Breslau und Oppeln, größer als Dänemark,
Sudetenland mit Reichenberg, Karlsbad, Troppau, Eger, dem
Böhmerwald und Südmähren, größer als Hessen und das Saar-
land zusammengenommen.

[2] Churchill trug in der Konferenz Bedenken gegen die Vertreibung
vor, aber weniger aus humanitären Gründen (er hatte sie vor dem
britischen Parlament bereits zuvor gerechtfertigt) als aus machtpo-
litischen Erwägungen. Unklar blieb das Schicksal der 400 000 Deutschen, die noch in Königsberg und Nordostpreußen lebten, das in
Potsdam de facto schon der Sowjetunion zugesprochen worden war.
Eine von der Bundesregierung Jahre später eingesetzte Historiker-
kommission stellte fest, daß Flucht und Vertreibung mehr als
2 000 000 Tote, das Dreifache der Zahl der im Krieg gefallenen deutschen Soldaten aus den Vertreibungsgebieten, gefordert hatten.
Kurz nach der Veröffentlichung des Potsdamer Kommuniqués
wurden Informationen in der Presse veröffentlicht über die

251

außerordentliche Brutalität, mit der gegen die Deutschen vorgegangen wurde. Am 16. August 1945 erklärte Churchill im Unterhaus, nunmehr als Führer der Opposition, angesichts der Berichte, es sei nicht auszuschließen, daß sich hinter dem Eisernen Vorhang, der Europa jetzt teile, eine Tragödie ungeheuren Ausmaßes abspiele, derselbe Churchill, der Jahre zuvor im Parlament leichtfertig die Vertreibung propagiert hatte.

Robert Murphy meldete als politischer Berater der amerikanischen Besatzungsbehörde nach Washington, es werde jetzt in großem Maße Vergeltung geübt, aber sie treffe »nicht Parteibonzen, sondern Frauen, Kinder, Arme und Schwache.«

Das Internationale Rote Kreuz machte am 8. September 1945 ein Hilfsangebot an die Außenministerien der Siegermächte; diese hielten es aber einer Antwort nicht für würdig. Auch Appelle anderer maßgeblicher Persönlichkeiten, u. a. des Pazifisten und Nobelpreisträgers, des Philosophen der Linken Bertrand Russell und des jüdischen Verlegers Victor Gollancz blieben ohne Echo.

Die amerikanische Journalistin Anne O'Hare McCormick schrieb ein Jahr später in der »New York Times«, nie zuvor hätten Regierungen, die der Verteidigung der Menschenrechte verpflichtet seien, eine ähnlich unmenschliche Entscheidung getroffen. Noch 1947 entschied eine Vorgängerorganisation des UNO-Flüchtlingshilfswerks, daß Vertriebene keinen Anspruch auf Gewährung des UNO-Flüchtlingsstatus' hätten. Die zynische Begründung: Mit ihrer Ausweisung seien die Deutschen bereits auf dem Rückweg in ihre Heimat.

³   Freund, »Deutsche Geschichte«, S. 704.

⁴   Heinrich Graf von Brühl, geb. 13.8.1700, setzte Wahl des sächsischen Kurfürsten zum polnischen König durch. 1746 Premierminister, Gegner Friedrichs d. Gr., schuldete der sächsischen Staatskasse bei seinem Tode 1763 4,6 Millionen Taler.

⁵   Spitta, »Ende des Bürgertums«, S. 13–15, 27.

⁶   Mückler, Hinderlich, »Bericht über einen Friedhof«, S. 8 ff. Militärisch gesehen bildete das Dorf Halbe am Ende des Zweiten Weltkriegs das Nadelöhr, durch welches sich eine Front mit einer ursprünglichen Breite von 80 km zu verengen hatte, um nach Westen abfließen zu können.

Im Zentrum des Gemetzels, das in Halbe Ende April 1945 stattfand, kamen auch unzählige alte Frauen und Kinder um. »Auf Waldwegen und Straßen bleiben Verwundete, Kranke und Schwache zurück. Hunderte von brennenden Wracks, umgekippte Karren, zerbeulte Kräder, gesprengte Geschütze, Munition, Waffen aller Kaliber, Packtaschen, Kinderwagen, Ausrüstungsgegenstände, Pferdekadaver, durchnäßte Matratzen und immer wieder Leichen in grotesken Verrenkungen und grauenhaften Verstümmelungen, neben Soldaten viele Frauen und Kinder, bezeichnen den Verlauf der Ausbruchskämpfe.«

Kurz nach dem Krieg wurde ein Soldatenfriedhof angelegt, der mit nahezu 22 000 Opfern neben Stukenbrock, Hamburg-Ohlsdorf, Flossenbürg, Dresden (Heidefriedhof), Dachau, Oranienburg (Sachsenhausen), Grolm-Kamminke, Bergen-Belsen und Hörsten eine der größten Kriegsgräberstätten Deutschlands ist (nach deutschem Recht definiert der Begriff »Kriegstoter« diejenigen, die an den Kriegsfolgen gestorben sind, also auch in- und ausländische Zivilpersonen oder Tote politischer Gewaltmaßnahmen).

Beschränkt man die Kriegsopfer auf Soldaten, so ist Halbe hier der größte Friedhof deutscher Soldaten auf dem Gebiet der Bundesrepublik.

»Die Umbettungen auf den Waldfriedhof Halbe erfolgten ... keineswegs nur aus dem Gebiet der Kesselschlacht. Zubettungen aus dem ursprünglichen weiteren Kessel erfolgten aus Orten außerhalb des Kessels:

1. aus dem Gebiet der Oderfront
2. aus dem Gebiet der Neißefront, des Spremberger Kessels und der Kampfhandlungen im Raum Calau-Luckau
3. aus dem Angriffsraum der 12. Armee
4. aus dem Kampfgebiet südlich von Berlin nicht unmittelbar im Ausbruchsstreifen der 9. Armee
5. aus dem Kampfgebiet westlich und nordwestlich von Berlin
6. sonstige Umbettungen aus Schönwalde und Ketschendorf ...

Es bleibt neben der Frage nach dem heutigen Zustand der sonstigen Kriegsgräber aber auch bedauernd festzustellen, daß durch Willkür und Bequemlichkeit manche der in Halbe wiederbestatteten Toten, die zuvor in namentlicher Grabanlage ruhten, heute auf den Grabsteinen des Waldfriedhofs ihre Namen verloren haben.«

»Die Entstehung des Waldfriedhofs Halbe ist unlöschbar mit dem Namen eines Mannes verbunden, dessen selbstloser Humanismus eine außerordentliche Anteilnahme am Schicksal seiner Mitmenschen und eine große seelsorgerische Kraft, eingebunden in herzliche Umgangsformen, bleibende Maßstäbe gesetzt haben. Eine Beschreibung der Kriegsgräberstätte Halbe ist damit zugleich eine Würdigung der Arbeit des evangelischen Gemeindepfarrers Ernst Teichmann. ...

Pfarrer Teichmann kehrte auch in den Sommerwochen der Jahre 1948, 1949 und 1950 an den Ort der Kesselschlacht zurück und begann mit Unterstützung von Halber Einwohnern und einiger

Forstarbeiter, Grab für Grab zu suchen und zu erfassen. Mit
Stahlsonden ausgerüstet, nach anfänglicher Zurückhaltung, zunehmend durch Hinweise aus der Bevölkerung unterstützt, aber
auch bereits damals mit scheußlicher Leichenfledderei konfron-
tiert, gelang es in diesen vier Jahren, einige tausend Grabstellen,
auch im weiteren Umkreis der Gemeinde Halbe ausfindig zu machen und mit einer Registriernummer zu versehen. Ein erster
Überblick über das Ausmaß des Grauens schien möglich.
Erste Entwürfe für den Zentralfriedhof legte die Firma VVB Indu-
strie-Entwurf Berlin im September und im November 1950 vor.
Die Arbeiten an dem Friedhof begannen im Herbst 1951. Abge-
schlossen sind die Umbettungen bis auf den heutigen Tag nicht.«
Halbe a.a.O., S. 55: »Neben Teichmann verdienen in Brandenburg
die Pfarrer Alfred Luckau, Heinz Herbert Riedel, Hans Faruhn und
Conrad Scholtz eine besondere Hervorhebung.
Pfarrer Conrad Scholtz (1888–1977) war seit 1941 Pfarrer in Forst
(Lausitz) und erlebte den Ansturm der ersten ukrainischen Front
im April 1945. Sein Wirken nach dem Krieg gestattet viele Paral-
lelen zu Pfarrer Teichmann. Äußerst akribisch und präzise sorgte
Conrad Scholtz über Jahre hinweg für eine Dokumentation und
Kartierung deutscher Kriegsgräber in der brandenburgischen und
sächsischen Lausitz. In eigener Regie und Verantwortung und in
oft zähen Verhandlungen mit desinteressierten Bürgermeistern
veranlaßte er die Umbettung gefährdeter Feldgräber. Seine Ruhe
und Perfektion, aber auch seine Hartnäckigkeit und Prinzipien-
treue gegenüber bornierten staatlichen Stellen wurde sprichwört-
lich. In seiner schwierigen Rolle als Vertrauenspfarrer vermochte
Conrad Scholtz der Kriegsgräberfürsorge in seinem Verantwor-
tungsbereich entscheidende Prägung zu verleihen. Eine nachho-
lende Anerkennung seiner Verdienste ist überfällig. Sein Grab befindet sich auf dem Hauptfriedhof in Forst.«

[7]   Mückler, Hinderlich, »Bericht über einen Friedhof« S. 47 f.
[8]   Flocken Jan von, »Halbe mahnt«.
[9]   Thorwald, »Das Ende an der Elbe«, S. 152.
[10] Die Meldung schließt mit dem Text: »Haltung und Kampf der
      9. Armee bis zum letzten selbstverständlich.« Thorwald, ebenda,
      S. 152.
[11] Mückler, Hinderlich, ebenda, S. 36 ff.
[12] Die Bewertung der Befreiung vertrat auch Richard von Weiz-
      säcker. Die Biographie »Richard von Weizsäcker, Profile eines
      Mannes« herausgegeben von Filmer und Schwan, schildert ihn
      als den Prototyp des gebildeten deutschen Wirtschaftsbürgers, der
      industrielle Strukturen kennengelernt habe. Er sei ein Mann aus
      der deutschen Trümmerzeit, der seine Überlebensproben abgelie-

fert habe. Es sei auch bekannt, wie er das Kriegsende erlebte. Dort heißt es auf S. 39:»Richard von Weizsäcker, der letzte Regimentsadjutant des Grenadierregiments 9 (Anmerkung des Verfassers: vormals IR 9 Potsdam), konnte gerettet werden. Anfang 45 wurde er über das Frische Haff auf die Nehrung transportiert, dann von Danzig nach Kopenhagen. In letzter Minute entging er dem Schicksal seiner übrigen Regimentskameraden, denen nur die Gefangenschaft blieb. Von Kopenhagen aus gelangte er zu seinem Ersatztruppenteil nach Potsdam. Kurze Zeit später demobilisierte er sich selbst und setzte sich nach Lindau an den Bodensee ab. Dort erlebte er am 8. Mai 1945 die bedingungslose deutsche Kapitulation.«

[13] Haenecke,»Das war mein Leben«, S. 851.
[14] Freund,»Deutsche Geschichte«, S. 702.
[15] Freund, ebenda, S. 703.
[16] Jörg Friedrich,»Das Gesetz des Krieges«, S. 43.
[17] Jörg Friedrich, ebenda, S. 44.
[18] Jörg Friedrich, ebenda, S. 44.
[19] Jörg Friedrich, ebenda, S. 44.
[20] Jörg Friedrich, ebenda, S. 79.
[21] Jörg Friedrich, ebenda, S. 80.
[22] Jörg Friedrich, ebenda, S. 81 f.
[23] Jörg Friedrich, ebenda, S. 91.
[24] Theodor Spitta,»Ende des Bürgertums«, S. 12–14, 27 f.
[25] Feldmarschall Montgomery äußerte sich am 5. Juli 1953 zu Lord Moran, dem Leibarzt von Churchill:»Alles hat in Casablanca begonnen. Bedingungslose Kapitulation bedeutete, daß die russischen Truppen in Deutschland einfielen. Wenn dies schon feststand, dann hätten wir wenigstens sicherstellen müssen, daß wir als erste in Berlin, Wien und Prag einmarschierten. Es wäre möglich gewesen.« Schwinge,»Churchill und Roosevelt«, S. 26.
[26] General Fuller neben B. Liddel Hart führender Militärschriftsteller, sagte in seiner »Geschichte des Zweiten Weltkriegs«:»Wäre Churchill ein weitblickender Staatsmann (gewesen), so würde er das Äußerste getan haben, die Vernichtung Deutschlands zu verhindern, weil ... das nur die Errichtung einer weit mächtigeren, brutaleren Hegemonie über Deutschland bedeuten konnte. Zum Unglück für sein Land und die Welt im allgemeinen sei aber leider ›Weitsicht‹ nicht Mr. Churchills herausragende Eigenschaft gewesen.« Schwinge,»Churchill und Roosevelt«, S. 25 f.
[27] Schwinge,»Bilanz«, S. 24 f.
[28] Schwinge, ebenda, S. 25.
[29] Schwinge, ebenda, S. 25.
[30] Schwinge, ebenda, S. 26.

[31] Schwinge, »Churchill und Roosevelt«, S. 56, 78, 98.
[32] General Busses Bericht.
[33] Freund, »Deutsche Geschichte«, S. 718.
[34] General Busses Bericht.
[35] Freund, ebenda, S. 725.
[36] W. Tieke, »Das Ende zwischen Oder und Elbe«, S. 39.
[37] Stahlberg, »Die verdammte Pflicht«, S. 432.
[38] Kohlase, »Bat. 303 Küstrin«, S. 36 ff.
[39] In dem zitierten Buch schildert und belegt der Autor die unge-
sühnten Verbrechen der Sowjetarmee 1944 und 1945:
»... In der Sowjetunion sind auch von deutscher Seite Verbrechen begangen worden, für die vor allem die zuständigen Orga-
ne des Reichsführers SS Himmler die Verantwortung tragen.
Doch all diese Untaten sind immer wieder Gegenstand einge-
hender Schilderungen; sie sind heute fast bis ins Detail hinein
bekannt. Die von den Sowjets begangenen Verbrechen dagegen
werden bewußt und methodisch der Vergessenheit anheimgege-
ben, denn um keinen Preis darf ja so etwas wie eine ›Aufrech-
nung‹ stattfinden, und dabei gehört der historische Vergleich,
das Aufzeigen von Zusammenhängen, Abhängigkeiten und Pa-
rallelitäten doch zu den unveräußerlichen Pflichten einer wahr-
heitsgetreuen Geschichtsschreibung, soll anders nicht bewußt
einem einseitigen Bild der Geschehnisse Vorschub geleistet werden.«
Das Buch Hoffmanns, das unbeeindruckt von sogenannten »Ta-
bus und Denkverboten« – ganz bewußt – die Methoden der
Kriegsführung auf der anderen Seite der Front schildert, hat also
vorzugsweise die sowjetischen Untaten zum Inhalt, ohne daß die
unter Mißbrauch des deutschen Namens auf deutscher Seite begangenen Untaten damit aus dem Blickfeld verloren oder verschwiegen werden sollten (ebenda, S. 13 ff.).
Eine Deutsche, die bis vor wenigen Jahren in Polen gelebt hat,
dort auch das polnische Abitur gemacht und studiert hat, schildert
ihre dementsprechenden Kriegserlebnisse nicht mit dem üblichen
Sprachgebrauch des »Zutodequälens«, sondern beschrieb die
Massaker mit den Worten: »Sie ließen ihre Opfer ihren eigenen
Tod erleben.«
Nähere Einzelheiten und Ursprünge von der Vernichtung deutscher Gefangener seit Kriegsbeginn und auch von den systematischen Massakern an der Zivilbevölkerung finden sich mit entsprechenden Quellenangaben bei Hoffmann »Stalins Vernichtungskrieg«.
Vgl. auch die Schilderung von Francis Sampson, der den Einmarsch der Russen als deutscher Kriegsgefangener in Neubran-

denburg erlebt hat. In seinem Bericht, den er »Befreiung« genannt hat, schildert er die furchtbaren Greueltaten sowjetischer Truppen. Thorwald, »Ende an der Elbe«, S. 153–156.

[40] Vgl. auch Wieck, »Untergang Königsbergs«, S. 207 ff.

[41] Kohlase, »Küstrin«, S. 59.

[42] Der Ausbruch aus der Festung Küstrin erfolgte gegen den ausdrücklichen Durchhaltebefehl Hitlers. Der SS-General Reinefarth erstattete am 31.3.1945 einen Bericht über den Fall der Festung Küstrin und den Durchbruch der Restbesatzung, in dem er sich auf bemerkenswerte Weise rechtfertigte. Die Begründung des Generals läßt deutlich erkennen, welche zynische Haltung als soldatisch ehrenhaft angesehen wurde. Die Rechtfertigung setzte sich mit dem Befehl Hitlers wie folgt auseinander: Reinefarth erklärte, Munitionsmangel und Gehorsamsverweigerung der Truppe hätten praktisch zur Erfüllung des Führerbefehls, die Festung bis zur letzten Patrone zu halten, geführt. »Es blieb mir nur die Wahl, entweder dem Führer und dem deutschen Volke die Schande zu bieten, daß nach dem Verlust jeglicher Verteidigungsmöglichkeit über 1000 deutsche Soldaten zum Bolschewisten überlaufen, oder die einzige Möglichkeit zum nochmaligen Zusammenfassen der völlig demoralisierten Truppe dadurch zu ergreifen, daß Befehl zum Angriff gegeben und ein ehrloses Schauspiel vermieden wurde.
Ich entschloß mich nach hartem inneren Kampf, den Befehl zum Angriff auf Kuhbrückenvorstadt, das zu einem kleinen Teil noch in unserer Hand war, zu geben mit dem Angriffsziel: Wiederherstellung der alten HKL. Der von meinen Offizieren mehrfach erbetene Befehl zum Durchbruch bis zu den eigenen Linien wurde von mir eindeutig abgelehnt. Allerdings mußte ich damit rechnen, daß die Truppe beim ersten Gelingen eines praktisch ohne Munition geführten Vorgehens von einem weiteren Durchbruch nicht mehr würde abgehalten werden können. Diese Möglichkeit nahm ich zwangsläufig mit in Kauf.
Das Unternehmen, das nach menschlichem Ermessen und den Erfahrungen der Angriffe von Westen her aussichtslos erschien, hatte den moralischen Vorteil, daß die Truppe wenigstens einen anständigen Soldatentod sterben, damit die Schande erspart und schließlich verhindert würde, daß dem Russen über 1000 neue Arbeitskräfte zugeführt würden.
Damit war ich der festen Überzeugung, im Sinne des Führers zu handeln.« Fritz Kohlase, »Küstrin« S. 140, 142 f.

[43] Welcher diffusen Rechtssituation sich der deutsche Soldat auf der deutschen und der westlichen Kriegsseite ausgesetzt sah, läßt Erich Schwinge in »Verfälschung und Wahrheit, Das Bild der Wehr-

machtsgerichtsbarkeit« erkennen – S. 25: »Die für die Entminung eingesetzten Einheiten, zusammengefaßt in der ›german mine-sweeping administration‹, blieben unter deutscher Militärgerichtsbarkeit sogar bis zu ihrer Auflösung im Jahre 1948. Die Wehrmachtsgerichtsbarkeit hat damit erst drei Jahre nach der Kapitulation ihr Ende gefunden. Weil im britischen Befehlsbereich die Militärgerichtsbarkeit noch einen gewissen Zeitraum denen überlassen blieb, die sie seit Kriegsbeginn ausgeübt hatten, wurden nach Ende des Krieges Urteile gefällt, die im Grunde jetzt namens des britischen Königs ergingen und für deren Bestätigung britische Befehlshaber zuständig waren.« Der Verfasser dieser Schrift (E. Schwinge) hat im Juni 1945 in einem britischen Kriegsgefangenenlager der Aburteilung eines Soldaten wegen Kameradendiebstahls durch ein deutsches Kriegsgericht persönlich beigewohnt. Damals sind unter britischer und kanadischer Oberhoheit noch Todesurteile bestätigt und vollstreckt worden. Nach einem Bericht der »FAZ« vom 23. Dezember 1966 wurden am 13. Mai 1945, also fünf Tage nach der Kapitulation, im kanadischen Zuständigkeitsbereich zwei deutsche Soldaten, die wegen Fahnenflucht zum Tode verurteilt worden waren, noch erschossen. Wie der kanadische Verteidigungsminister vor dem Unterhaus in Ottawa bekanntgab, haben die kanadischen Streitkräfte nicht nur die Waffen für die Erschießung zur Verfügung gestellt, sondern auch einen Lastwagen, damit die Verurteilten außerhalb ihres Lagers hingerichtet werden konnten. »Kein kanadischer Offizier oder Soldat hat sich bei diesem Vorgang falsch oder gesetzwidrig verhalten«, schloß der Minister seinen Bericht.

[44] Tieke, ebenda, S. 94.
[45] Tieke, ebenda, S. 85.
[46] Tieke, ebenda, S. 94 mit Nachweisen.
[47] Tieke, ebenda, S. 94 f.
[48] Zur Lage der 303. Infanteriedivision Döberitz beim Angriff: »Eine ernste Krise entsteht im Abschnitt der 303. Infanteriedivision Döberitz. Starke russische Infanterie- und Panzerkräfte gewinnen entlang der Straße Sachsendorf–Dolgelin große Geländegewinne. Oberst Scheunemann, der Führer dieser Division, die aus Ersatz- und Ausbildungstruppenteilen der Infanterieschule und des Truppenübungsplatzes Döberitz gebildet wurde, wirft seine letzten Reserven in den Kampf und fordert gleichzeitig vom 11. SS-Panzerkorps Verstärkung an. Der Divisionsgefechtsstand im Bahnhof Dolgelin muß überstürzt geräumt werden, da 40 russische Panzer bis an den Bahnhof vordringen, dann nach Norden eindrehen, um die deutsche HKL aufzurollen.«
Der Angriff wird mit Hilfe der SS-Panzerabteilung 502 neben Tei-

len der Panzergrenadierdivision Kurmark abgewiesen. W. Tieke, ebenda, S. 104

»Das nördlich davon eingeschobene Panzergrenadierregiment Kurmark hält mit Resten der 303. Infanteriedivision den Raum nördlich von Dolgelin. Als am Nordflügel entlang der Straße Küstrin–Seelow eine Überflügelung droht, muß das Bataillon auch Front nach Norden machen und aus dieser Richtung feindliche Angriffe abwehren«. W. Tieke, ebenda, S. 120

Die Abwehr verfestigt sich danach bei den Seelower Höhen.

In der Tagesmeldung der Heeresgruppe Weichsel vom 25. April 1945 an das Oberkommando des Heeres (OKH) heißt es: »Von der eingeschlossenen 9. Armee sind Einzelheiten über den Kampfverlauf noch nicht gemeldet.

Die Armee stellt sich in der Linie Märkisch Buchholz–Lübben zum Durchbruch nach Westen bereit, um im Raum Luckenwalde eine Vereinigung mit den Angriffsspitzen der 12. Armee herbeizuführen«.

[49] Tieke, ebenda, S. 98.

[50] Über die sich widersprechenden Befehle Hitlers und General Busses gegenüber General Weidling gibt es die Vermutung, daß die Befehle eine Kriegslist der »Seydlitz-Truppen« waren. Es gibt unterschiedliche Aussagen darüber, wie und wann Weidling die Befehle erfuhr. Ein Besuch in der Reichskanzlei am Abend des 23. April führte zu einer Klärung, allerdings aber auch dazu, daß Weidling die Verantwortung für die Verteidigung eines Teils Berlins übertragen wurde (Le Tissier, »Durchbruch an der Oder«, S. 336 f. mit Anmerkungen).

[51] Die Art der Appelle der NS-Führung kommt in einer Ansprache von Goebbels an Volkssturmmänner zu ihrer Verteidigung 1945 zum Ausdruck: »… Volkssturm. Ihr habt soeben als Volkssturmmänner den Eid auf den Führer, auf die Freiheit des Reiches und auf die soziale Zukunft unseres Volkes abgelegt, um eurem Volke und der ganzen Welt zu beweisen, daß Deutschland nicht nur an der Front, sondern auch in der Heimat über Millionen wehrbereiter, wehrentschlossener Männer verfügt, die den festen, unerschütterlichen Willen haben, niemals vor den Feinden des Reiches die Flagge zu streichen und feige zu kapitulieren.«

[52] Haenecke, ebenda, S. 841.

[53] Haenecke, ebenda, S. 847 ff.

[54] Leuthen, Wilke, »Am Rande der Straßen«, S. 54.

[55] Leuthen, Wilke, ebenda, S. 54 f.

[56] Schwinge, »Bilanz der Kriegsgeneration«, S. 62: »Der Eid zwang viele durchzuhalten.«

[57] Tieke, »Ende an der Elbe«, S. 309.

[58] Haenecke, ebenda, S. 849.
[59] Tieke, ebenda, S. 309.
[60] Tieke, ebenda, S. 310.
[61] Tieke, ebenda, S. 310.
[62] Thorwald , »Ende an der Elbe«, S. 156 f.
[63] Thorwald, ebenda, S. 157, 159.
[64] Thorwald, ebenda, S. 160.
[65] Thorwald, ebenda, S. 161.
[66] Zur Frage des Geschehens im Raum Hermsdorf/Märkisch Buchholz/Halbe, insbesondere zu dem Geschehen um Märkisch Buchholz, bevor wir es am 28. April 1945 durchquerten, um durch den Hammer Forst vor die Bahnlinie bei Halbe zu gelangen, der folgende Bericht eines Untersturmführers Bärmann, wiedergegeben bei W. Tieke: »Überall wird Sprit abgezapft und neu aufgeteilt. Alle Fahrzeuge, die wir zu Kampf und Ausbruch nicht brauchen, werden gesprengt. ...
Wir verlegen weiter zurück. Sicherungen werden ausgestellt. Während wir auf nähere Befehle warten, wälzen sich durch das Waldgebiet südlich von Prieros zwischen Waffen-SS und Heereseinheiten Flüchtlingstrecks zurück.

Um 23.00 Uhr brechen auch wir auf. Es regnet etwas. Ein Heerwurm, eine marschierende und fahrende Masse von Menschen und Tieren und Motorfahrzeugen und schweren Waffen wälzt sich auf Waldwegen auf Hermsdorf zu.

Die Wälder um Hermsdorf wimmeln bereits von Russen. Das in diesem Raum herankommende Bataillon von der 32. SS-Division wehrt nachstoßende Russen bei Große Schleuse ab. In Hermsdorf liegen noch zahlreiche Verwundete, die von Ärzten und Sanitätspersonal betreut werden. Immer näher rücken die Russen von drei Seiten an Hermsdorf heran, und schließlich dringen sie in Teile des Ortes ein, als es Nacht wird.

Märkisch Buchholz ist ein anderer Brennpunkt des Kampfes am 27. April. Durch den Ort führen die Straßen nach Halbe und nach Königs Wusterhausen. Und durch dieses Nadelöhr müssen noch große Teile des V. SS-Gebirgskorps und des V. Armeekorps hindurch. Der Ort wechselt mehrfach den Besitzer. Immer wieder durchbrechen deutsche Ausbruchsgruppen die Sperre Märkisch Buchholz, aber immer wieder wird sie von den Russen verriegelt und jedesmal durch Auflaufen von Verstärkung dichter und undurchdringlicher.

Die kampfkräftige SS-Panzerabteilung 561 (Kampfgruppe Lobmeyer) erreicht am Nachmittag Märkisch Buchholz. Wie es weitergeht, schildert ihr Kommandeur so: ›Wir erreichen, aus dem Raum Beeskow (?) kommend, die Dahme bei Märkisch Buchholz. Russische Infanterie und Panzer stehen auf der Westseite des Flusses und halten den Ort um die Brücken (eine größere, zwei kleinere) unter Feuer. Von Osten kommen noch immer deutsche Kolonnen und fahren auf; schließlich sind alle Wege, die über die Dahme und ein kleineres Flüßchen nach Westen führen, blockiert.

Am Abend erkunde ich noch einmal genau die Übergangsmöglichkeiten und mache danach einen Plan. Für mich steht fest: Meine Einheit muß und wird hinüberkommen.

In der Nacht zum 28. April räume ich mit einigen meiner Panzerfahrzeuge die Straße in Märkisch Buchholz, während schnell gebildete Stoßtrupps der Abteilung, unterstützt von Sturmgeschützen und Jagdpanzern, gegen die Übergänge vorgehen. Eine Brücke der Straße nach Halbe ist zu schwach und stürzt ein. Wir versuchen es an der Straße nach Königs Wusterhausen, wo eine Betonbrücke ist.

Meine Stoßtrupps und Panzerfahrzeuge, unterstützt von Werfern, kämpfen die Betonbrücke frei und erzwingen den Übergang. Dabei werden drei Panzer vom Typ „Stalin" abgeschossen. Als das Westufer der Dahme frei ist, setzt sich watend und schwimmend eine Menschenlawine über den Fluß in Bewegung in Richtung Westen. Die Fahrzeuge rollen jedoch über die Betonbrücke nach Norden, weil die Flußniederung zunächst keine andere Richtung zuläßt. Bald aber treffen wir im Wald der Oberförsterei Hammer auf eigene Truppen.‹

Nachdem der erste Versuch des V. Armeekorps mit der Südgruppe fehlgeschlagen war, den Kessel südwestlich von Märkisch Buchholz – zwischen Oderin und Staakow – zu durchbrechen (nur Teile kamen über die Autobahn), liefen immer mehr Truppen des V. Armeekorps aus der bisherigen Südfront in die Wälder südlich von Märkisch Buchholz auf.

Hier, südlich von Märkisch Buchholz, brechen Teile des SS-Sturmbataillons 500 (35. SS-Polizeidivision) russische Panzer- und PAK-Riegel auf, werfen die Männer des Bataillons in todesmutigen Angriffen die Russen von beherrschenden Hügeln. Die Verluste sind hoch. Einige Gruppen boxen sich weiter und weiter durch, bis sie im Raum südlich von Baruth dann doch noch gestellt werden und, soweit sie nicht fallen, in russische Gefangenschaft kommen. ...

Am Morgen des 28. April sind die Reste der 9. Armee auf engstem Raum zwischen Kleinköris, Hermsdorf, Märkisch Buchholz und Halbe zusammengedrängt, und es gibt nur noch zwei Möglichkeiten: Ausbruch und Durchbruch zur 12. Armee oder Gefangenschaft.« W. Tieke, a.a.O., S. 211–213.

[67] General Busse schreibt in seinem Bericht, S. 167: »Das Überwinden der über 60 km Luftlinie betragenden Entfernung bis zur 12. Armee quer durch die rückwärtigen Verbindungen des Nordflügels der 1. ukrainischen Front konnte nur gelingen, wenn der Durchstoß so rasch erfolgte, daß der Feind keine wirksamen Gegenmaßnahmen treffen konnte. Dazu mußte die Truppe Tag und Nacht in Bewegung bleiben. Das konnte sie nur, wenn die Wirkung der russischen Luftwaffe und der Panzerkräfte möglichst abgeschwächt wurde. Dazu bot der breite Waldgürtel von Halbe über Kummersdorf – nördlich Luckenwalde – die einzige Möglichkeit. Dies um so mehr, als die 12. Armee die schwer enttäuschende Nachricht gab, daß sie nicht nach Osten, sondern nach Nordosten, Richtung Beelitz, angreifen würde. Von einem Entgegenstoßen war damit nicht mehr die Rede. Trotzdem befal die oberste Führung immer wieder, die Armee solle nach erfolgtem Durchbruch sofort zum Angriff in den Rücken des Feindes am Stadtrand von Berlin nach Norden eindrehen. Diese Befehle beachtete und beantwortete das OAK nicht. Es mußte so handeln, wollte es seinen festen Vorsatz, möglichst alle verbliebenen Truppen dem Zugriff der Russen zu entziehen, verwirklichen. So stand der Entschluß fest, den Einschließungsring beiderseits Halbe zu sprengen und unter Ausnutzung der Waldzonen südlich Beelitz durchzustoßen. Der erste Versuch ..., aus der Bewegung zur Verengung des Kessels heraus gleich zum Abfließen nach Westen zu kommen, mißlang. Zwar schlug die angesetzte Panzergruppe die Lücke bei Halbe, wartete aber, wie ihr strikt befohlen, das Herankommen der Infanterie nicht ab, sondern brachte sich davonfahrend selbst in Sicherheit. So schloß der Russe die Bresche wieder, ehe die Infanterie ihre Eckpfeiler abstützen und durch sie hindurchdringen konnte.«
General Busse führt in seinem Bericht keine Namen und Truppenteile an, die »sich davonfahrend selbst in Sicherheit brachten«, weil ihm diese entfallen seien, aber es kann sich nur um Teile der 21. Panzerdivision gehandelt haben, die im Raum Königs Wusterhausen/Mittenwalde gestanden haben und in der Nacht nach Süden gezogen sind, um dann am 25. April anzutreten.
Gemäß der Absicht des AOK 9, mit den aus der Südfront herausgezogenen Einheiten des V. Armeekorps (die Südfront ist durch die Wasserläufe des Spreewaldes gegen Feindangriffe einigermaßen geschützt) und der Panzergruppe der 21. Panzerdivision das Durchbruchsloch im Raum Halbe mit Eckpfeilern bei Oderin und Teupitz zu schlagen, dann von der Nordfront das XI. SS-Panzerkorps durchzuziehen und schließlich als Nachhut das an der Ostfront stehende V. SS-Gebirgskorps folgen zu lassen, werden die

Durchbruchseinheiten in Eilmärschen in den Westteil des Kessels herangeführt. Das dauerte Stunden. S. a. Tieke, ebenda, S. 204 f.

[68] Tieke, »Ende an der Elbe«, S. 309, 314–321.

[69] Harry Glaser, der als Balte auf russischer Seite kämpfte, schreibt in seinen Erinnerungen, daß auch auf seiner Seite mit dem Einsatz von »Seydlitz«-Leuten gerechnet wurde, so daß Vorsicht geübt wurde, um nicht auf solche Einheiten zu schießen. Vgl. auch Frieser, »Krieg hinter Stacheldraht«, S. 78 ff.

[70] Tieke, »Ende an der Elbe«, S. 321.

[71] Tieke, ebenda, S. 320 f.

[72] Harry Glaser erfuhr erst zum 50. Jahrestag der Schlacht von deutschen Teilnehmern der Gedenkfeier, daß in seiner Nähe ein Polizei-Offizier gefangengenommen wurde, der die Erschießungen von Juden in Riga geleitet hatte, denen auch seine Mutter zum Opfer gefallen sein kann. Der Gefangene wurde in Riga zum Tode verurteilt und gehenkt.

[73] Frieser, »Krieg hinter Stacheldraht«, S. 78 ff.

[74] Tieke, S. 323.

[75] Tieke, ebenda.

[76] Tieke, S. 338

[77] Tieke, S. 343

[78] Busse, »Die letzte Schlacht der 9. Armee«, Würdigung am Schluß.

[79] Zur Frage des Ausbruchs gibt Le Tissier die Planung (vermutlich aufgrund der Angaben des Generals Busse in seinem späteren Bericht) wie folgt wieder:

XI. SS-Panzerkorps: Aufstellung mit allen Panzerfahrzeugen an der Ausgangslinie, von Halbe aus nordwärts. Ausbruch einleiten und dann die Nordflanke übernehmen.

V. Armeekorps: Sichern der Südflanke der Ausbruchsstelle, dann dem XI. Panzerkorps durch die Bresche folgen, den Ausgangspunkt übernehmen und gleichzeitig die Südflanke schützen.

V. SS-Gebirgskorps: Ausbruch nach Osten und Nordosten abschirmen und den Ausbruch im Rücken decken.

XXI. Panzerdivision: Ausbruch gegen Nordwesten sichern und, sobald das V. SS-Gebirgskorps durch die Bresche hindurch ist, auf Halbe zurückfallen und unter dem Kommando des Korps die Nachhut bilden (le Tissier, a.a.O., S. 345).

Le Tissier beruft sich auf General Busse, der später schätzte, daß etwa 40 000 Soldaten und etliche tausend Flüchtlinge Wencks Linien erreicht hatten. »Andere Schätzungen liegen niedriger. Konjew behauptet, daß ungefähr 30 000 der 200 000 Mann aus dem Halbe-Kessel ausbrechen konnten, das Gebiet um Beelitz erreichten, aber dann durch seine Streitkräfte wieder eingeholt wurden, so daß höchstens 3000 bis 4000 zur XII. Armee gelangen konnten. In jedem Fall war die Vereinigung der IX. und XII. Armee eine glänzende Leistung der beiden Generäle, wenn man berücksichtigt, gegen welche Übermacht sie anzukämpfen hatten.« Le Tissier, a.a.O., S. 349, und Busse, a.a.O., S. 168.

Dem Verfasser scheint die sowjetische Meldung von 60 000 gefallenen deutschen Soldaten und 120 000 Gefangenen der Armee mit der Erbeutung von 300 Panzern und Sturmgeschützen sowie 1500 Artilleriegeschützen richtiger. (Le Tissier, a.a.O., S. 347). Dafür spricht die auch heute gültige Schätzung der im Kampfgebiet des Kessels gefallenen deutschen Soldaten und die hohe Zahl der gefangenen Deutschen nach der Kapitulation, die nach Augenzeugenberichten in Trupps von jeweils 1000 Mann lawinenartig über die Autobahn getrieben wurden, angetrieben von erbarmungslosen sowjetischen Bewachern, aber auch Soldatinnnen zu Pferde, ohne ausreichende Nahrung und ohne Wasser. Zurückbleibende wurden erschossen. Die Gefangenentrupps überquerten bei Forst die Neiße und gelangten zunächst in ein Lager bei Sagan.

Von einem gelungenen Armeedurchbruch kann deshalb nicht die Rede sein. Die Darstellung des Generals Busse klingt wie eine nachträgliche Rechtfertigung einer Flucht der Armeeführung unter Verwendung des zur Verfügung stehenden Kampfpotentials an Panzern mit restlichem Treibstoff und Geschützen mit restlicher Munition.

[80] Schwinge, erwähnt in »Bilanz der Kriegsgeneration« S. 30, Äußerungen von Generaloberst Beck 1937 gegen erkennbare kriegerische Abenteuer Hitlers:

»Es stehen hier letzte Entscheidungen über den Bestand der Nation auf dem Spiel. Die Geschichte wird diese Führer mit einer Blutschuld belasten, wenn sie nicht nach ihrem fachlichen und staatspolitischen Wissen und Gewissen handeln. Ihr soldatischer Gehorsam hat dort eine Grenze, wo ihr Wissen, ihr Gewissen und ihre Verantwortung die Ausführung eines Befehls verbieten.«

Geschehen war allerdings nichts, trotz der längst begonnenen Judenverfolgung.

Zu der Beeinflussung der Bevölkerung durch eine Regierung selbst in der Demokratie zitiert Schwinge in der Abhandlung »Churchill und Roosevelt«, S. 49 f.: »Sie (die britische Regierung) hat nämlich im Unterhaus immer wieder bestritten, daß Luftangriffe gegen nichtmilitärische Ziele gerichtet würden. Jedenfalls lautete so die Antwort auf mehrere Interpellationen insbesondere des Abgeordneten Stokes.

Als am 6. Mai 1942 der Abgeordnete Mac Govern im Unterhaus die Frage stellte, ob Befehle ergangen seien, auch Arbeitersiedlungen und -wohngebiete anzugreifen und zu zerstören, verneinte der Luftfahrtminister. Am 11. März 1943 erklärte im Unterhaus ein Unterstaatssekretär auf Anfrage, die britischen Luftstreitkräfte bombardierten ausschließlich nichtmilitärische Ziele. ›Ich kann die Versicherung geben‹, fügte er hinzu, ›daß wir die Frauen und Kinder Deutschlands nicht bombardieren.‹«

Am 31. März und am 1. Dezember 1943 richtete der Abgeordnete Stokes an den Minister die Frage, ob die Bombenpolitik nicht doch geändert sei. Wieder wurde das verneint. Und so ging es bis Kriegsende weiter. Richard Crossman hat in dem oben erwähnten Aufsatz in »New Statesman« festgestellt:

»Trotz der Proteste der Luftwaffenführung, die von den Lügen der Politiker ehrlich schockiert war und darauf drängte, dem Publikum nun die Wahrheit zu sagen, gab der Luftfahrtminister, wann immer er über die Bomberoffensive gefragt wurde, Versicherungen ab, von denen die hunderttausend Angehörigen der Bomberkommandos wußten, daß es bewußte kalte Lügen waren.«

In Churchills Erinnerungen ist zu lesen: »Das britische Volk kann Gefahr und Unglück mit Festigkeit und guten Mutes ertragen; es lehnt sich aber bitter dagegen auf, belogen zu werden.«

Die nachweisbaren Lügen Churchills und seiner Regierung wurden nie Anlaß besonderer Kritik in der britischen Öffentlichkeit.

[81] Tieke, »Das Ende zwischen Oder und Elbe«, S. 38.
[82] Paul, »Kampf um Berlin«, S. 14 f.
[83] Haenecke, ebenda, S. 853.
[84] Clausewitz, »Das Buch vom Kriege«.
[85] Tieke, ebenda, S. 183 ff.
[86] Haenecke, ebenda, S. 855.
[87] Haenecke, ebenda, S. 856–861.
[88] Tieke, ebenda, S. 479.
[89] Tieke, ebenda, S. 480 ff.
[90] Tieke, ebenda, S. 482 f.
[91] Tieke, ebenda, S. 484.
[92] Tieke, ebenda, S. 485 f.
[93] Tieke, ebenda, S. 487.
[94] Tieke, ebenda, S. 488.
[95] Tieke, ebenda, S. 488.
[96] Tieke, ebenda, S. 493.
[97] Tieke, ebenda, S. 493 f.
[98] Bacque, »Der geplante Tod«, S. 42 ff.
[99] Bacque, ebenda, S. 38 f.
[100] Bacque, ebenda, S. 65 ff.
[101] Die Beschaffungsgrundlage ging im August 1945 von 3 700 000 POW aus, Littlejohn schrieb in einem Memorandum von 5 250 000. Bacque, ebenda, S. 75.

[102] Freund, »Deutsche Geschichte«, S. 751
[103] Schwinge, »Churchill und Roosevelt«, S. 86 ff.
[104] Bacque, ebenda, S. 18.
[105] Bacque, ebenda, S. 47 ff.
[106] Über Einzelschilderungen vgl. Bacque, ebenda, S. 65 ff.
[107] Bacque, ebenda, S. 65 f.
[108] Schreiben vom 9.3.1994.
[109] Nach einer Erklärung des Bundeskanzlers Brandt vor dem Bundestag am 25.4.1969 ist ein Teil des Berichtes nicht veröffentlicht worden. »Dies hätte bei allen Beteiligten – oder bei vielen Beteiligten – alte Wunden aufreißen können und wäre der auf Versöhnung gerichteten Außenpolitik nicht dienlich gewesen.« Bacque, ebenda, S. 182 f.
[110] Bacque, ebenda, S. 150–154.
[111] Freund, ebenda, S. 751.
[112] Bacque, ebenda, S. 35.
[113] Bacque, ebenda, S. 35.
[114] Bacque, ebenda, S. 38.
[115] Mückler, Hinderlich, »Bericht über einen Friedhof«, S. 8: »Seit 1945 haben unzählige Menschen in 187 kriegerischen Auseinandersetzungen, davon allein 41 Kriege im Jahr 1994 mit 6,5 Millionen Opfern, den Tod gefunden.«
[116] Freund, »Deutsche Geschichte«, S. 743.
[117] Freund, ebenda, S. 743 f.
[118] Heine, »Wintermärchen«, Caput VII.
[119] Burke, »Französische Angelegenheiten« S. 493 f.
[120] Burke, ebenda, S. 494 f.
[121] Walter Künneth, »Der Christ als Staatsbürger« zur Einflußmöglichkeit eines Volkes: »Eine Volksgemeinschaft ist in ihrer Vielgestaltigkeit überhaupt nicht in der Lage, politische Entscheidungen zu vollziehen, da die Verantwortung, um welche Staatsform auch immer es sich handelt, nur bei den führenden Persönlichkeiten und den maßgebenden politischen Kreisen entsprechend ihrer Sachkompetenz liegen kann. Zu einem Volk gehören überdies ja nicht nur die Wahlberechtigten ..., sondern alle Altersstufen, die politisch unbeteiligt sind und daher nicht für ein Geschehen, das sie weder wissen noch verstehen, verantwortlich gemacht werden können. Man sollte sich daran erinnern, daß selbst bei den sog. Hitlerwahlen (1930, 1933) die Mehrheit (56 %) nicht für den Nationalsozialismus votierte. Die entscheidenden, überaus komplizierten Vorgänge bei der ›Machtergreifung Hitlers‹ waren den Wissensmöglichkeiten des Volkes entzogen.« Ebenda, S. 124 f. Vgl. auch S. Haffner, »Anmerkungen zu Hitler«, 1978.
[122] Schwinge, ebenda, S. 80.

[123] Schwinge, ebenda, S. 83. Künneth, »Der Christ als Staatsbürger« zur Stuttgarter Erklärung: »Mag diese Erklärung aus der damaligen ökumenischen Sicht zu erklären sein in dem Bestreben, die erschütterte christliche Solidarität in einem neuen Vertrauensakt wiederherzustellen, so bleibt es unverständlich, wenn 1983 erneut dieses Schuldbekenntnis von kirchlicher Seite eine Bestätigung erfahren hat. Das einseitige und oberflächliche Zugeständnis begangenen Unrechts im Sinne einer Kollektivschuld entbehrt der ethischen Legitimation, erst recht aber, wenn bedacht wird, daß jede derartige Schuldbezeugung von den politischen Gegnern mißverstanden und als ein willkommenes Zweckmittel in der politischen Auseinandersetzung mißbraucht wird. Das christliche Ethos verfehlt seine Aufgabe, wenn es die realpolitischen Tatbestände nicht berücksichtigt und der utopischen Anschauung Raum gibt, daß christlich-ethische Vertrauensbeweise zwar innerhalb der zwischenmenschlichen Sphäre, speziell der christlichen ›Bruderschaft‹ Recht und Gültigkeit besitzen, aber keineswegs auf die ganz andersartigen Strukturen der Staaten- und Völkerwelt direkt übertragen werden können.

Das deutsche Trauma der Schuld, einschließlich der unaufhörlichen Holocaust-Anklage, muß als eine psychische Infektionserscheinung begriffen und von der pseudo-ethischen Rechtfertigung entlastet werden.«

[124] Schwinge, ebenda, S. 83.
[125] Schwinge, ebenda, S. 84.
[126] Schwinge, ebenda, S. 84.
[127] Freund, ebenda, S. 770: »Wir können ... nicht allzu gewiß sein, ob nicht wie eine Art Zeitzünder nach Jahren ein dumpfer, verschütteter Groll des deutschen Volkes noch einmal emporschießt. Zunächst aber ist dieser Groll verschüttet. Die Tatsache ist, daß die Deutschen nach 1918 nicht zu Nationalsozialisten geworden sind. Die deutsche Gefahr ist – wenn es eine solche gibt – nicht die Leidenschaft der nationalsozialistischen Empörung in den Sälen. Die deutsche Gefahr ist – wie vielleicht immer – die dumpfe Gleichgültigkeit, die Gewohnheit des bloßen Gehorchens, was die Menschen bestimmt, jeder Macht ohne Widerstreben zu gehorchen.«
[128] Europäische Gleichartigkeit (die der nordamerikanischen sehr verwandt ist) hatten die Amerikaner bereits nach dem Kriege in ihr Propagandakalkül einbeziehen müssen. In der 1946 erschienenen Propagandabroschüre »Occupation, United States Forces European Theater« heißt es u. a.: »Nach unserer eigenen Propaganda der letzten 6 Jahre sind Sie nunmehr sicherlich überrascht, wenn Sie die ersten Deutschen zu Gesicht bekommen. Wir haben

viel über sie gesprochen, viel über sie gelesen und sie so sehr gehaßt, so daß wir nunmehr denken, sie seien völlig anders als andere Menschen. Sie sind es, aber nicht in einer Weise, die man ohne weiteres erkennen kann. Genauso wie ihre Städte Sie an Amerika erinnern, werden Sie die Deutschen selbst an Amerikaner erinnern. Oberflächlich betrachtet, ähneln sich Deutsche und Amerikaner mehr als beispielsweise Franzosen und Amerikaner oder Russen und Amerikaner. Deutscher Fleiß und deutsche Energie, deutsche Erfindungsgabe und deutsche Art der Gebäudeausstattung werden Sie manchmal an Ihr eigenes Land erinnern. Das ist aber genau der Grund, aus dem Sie sich immer bewußt sein müssen, wie die Deutschen wirklich sind. Zentralheizung ist typisch für Deutschland, aber genauso war es Buchenwald. Typisch ist auch deutsche Reinlichkeit, und zwar in dem Maße, daß sie versucht haben, Seife aus menschlichen Körpern herzustellen. Das Medizinwesen in Deutschland ist sehr hoch entwickelt, weil es aus der Verwendung menschlicher Wesen als Versuchskaninchen gelernt hat. Die Nazikunst schließlich gab der Welt Lampenschirme aus verzierter Menschenhaut. Das alles ist nicht amerikanisch!« Ebenda, S. 19.

[129] Freund, ebenda, S. 769 f .

[130] Walter Künneth, »Der Christ als Staatsbürger«, S. 121 f: »Kein Volk vermag unter der geheimen Last einer seelischen Erschütterung auf die Dauer eine sinnvolle Existenz zu führen. Das deutsche Volk befindet sich seit fast einem Jahrhundert unter der Anklage historischer Schuld. Nachdem dank einer gewissenhaften Geschichtsforschung und seit der Öffnung aller Archive es nicht mehr möglich ist, die These zu vertreten, Deutschland allein habe die Schuld an dem Ersten Weltkrieg zu tragen, sind neue Schuldanklagen getreten, zu denen die Unrechtsherrschaft Hitlers wahrhaftig Anlaß und reiches Material geboten hat. Wiederum wird dem deutschen Volk der beschämende Platz auf der Anklagebank der Weltgeschichte angewiesen, und – was ein Novum in der Völkergeschichte sein dürfte – es sind gerade auch deutsche Staatsbürger, welche Namen sie auch immer tragen mögen, eifrig bemüht, die Schuldthese zu erneuern und das gesamte deutsche Volk vor allem auch hinsichtlich der Holocaust-Katastrophe zu beschuldigen. Die Fürchterlichkeit dieses Geschehnisses und anderer Untaten des nationalsozialistischen Zwangssystems kann und darf kein vernünftiger Mensch bestreiten, aber der entscheidende Kontroverspunkt muß darin erkannt werden, ob es historisch legitim ist, das deutsche Volk als Ganzes für Verbrechen, die auf Befehl oder Zulassung Hitlers geschehen sind, schuldig zu sprechen, obwohl sich Millionen Deutsche in innerer Emigration

und Abkehr zu Hitler und seinen Schergen befanden und in den meisten Fällen von dem grauenhaften Geschehen nichts wußten und gemäß den damaligen Geheimaktionen auch nichts wissen konnten. Staat und Volk der Deutschen im Westen haben die Mithaftung und die daraus folgenden riesenhaften Sühneleistungen auf sich genommen – aber muß das zugleich die Anerkennung einer unaufhebbaren Mitschuld, einer Kollektivschuld bedeuten? So ist das deutsche Trauma durch die konstante Schuldanklage entstanden.«

[131] Freund, »Deutsche Geschichte«, S. 780: »Die Siegermächte selbst haben dem Geist des hingeschiedenen Deutschlands, das wie die Erscheinung des Banquo in Shakespeares Macbeth an ihrer Tafel stand, auf der Konferenz von Potsdam im August 45 gehuldigt. Inzwischen aber war mit der Umformung der sowjetischen Besatzungszone begonnen worden, und inzwischen war die große schauerliche Amputation des deutschen Volkskörpers geschehen, die an Bedeutung fast alles überragt, was im letzten Jahrtausend der deutschen Geschichte geschehen ist. Ein Jahrtausend der Zerstörung war vollbracht.«

[132] Vgl. Friedrich, »Gesetz des Krieges«, Wieck, »Untergang Königsbergs«, S. 229 ff.

[133] Spitta, »Ende des Bürgertums«, S. 13, 27, 29.

[134] Von vorausschauender Beurteilungskraft schrieb Ortega in »Aufstand der Massen« vor 1930 über Faschismus und Kommunismus: »Der Faschismus, der eine kleinbürgerliche Bewegung ist, hat sich gewalttätiger benommen als der ganze Sozialismus. Nichts dieser Art hindert den Europäer, sich dem Kommunismus zu verschreiben, sondern ein einfacher und ursprünglicher Grund: daß er in der kommunistischen Organisation keinen Vorteil für die menschliche Glückseligkeit erblickt.« Ebenda, S. 137. Dementsprechend wurde die Bevölkerung in Deutschland nach 1945 auch nicht kommunistisch.

[135] So bleibt für den heutigen Zustand der westlichen Welt, was Ortega zum Problem von Masse, Macht und Individuum schon damals geschrieben hat: »In einer guten Ordnung der öffentlichen Angelegenheiten ist die Masse der Teil des Gemeinwesens, der nicht aus sich handelt. Das ist ihre Bestimmung. Sie kam zur Welt, um geführt, beeinflußt, vertreten, gegliedert zu werden – selbst um nicht länger Masse zu bleiben oder wenigstens danach zu streben. Aber es ist ihr nicht gegeben, dies alles aus eigener Kraft zu tun. Sie muß ihr Leben auf die höheren Instanzen beziehen, die von den Eliten gebildet werden.« Ebenda, S. 85.
Die Vertreter politischer Parteien, die heute große Gruppierungen politisch vertreten, werden den Begriff der Elite weit von sich

weisen. Eine solche Stellungnahme ist aber Heuchelei. Sie emp-
finden sich durchaus als Eliten, denn sonst würden sie sich nicht
mit den Privilegien ihrer Macht schmücken und mit Altersversor-
gungen, die ein Vielfaches der Höchstsätze der allgemeinen sozialen Altersvorsorge der Bevölkerung betragen. Sie kleben an
ihrer Macht, nutzen sie oft aus und schädigen die Masse durch Ir-
reführung, wie dies schon Ortega festgestellt hat: »Das ist die
größte Gefahr, die heute die Zivilisation bedroht: die Verstaatli-
chung des Lebens, die Einmischung des Staates in alles, die Ab-
sorption jedes spontanen sozialen Antriebs durch den Staat; d. h.
die Unterdrückung der historischen Spontaneität, die letzten En-
des das Schicksal der Menschheit trägt, nährt und vorwärts treibt.
Wenn die Masse irgendein Unbehagen oder einfach ein heftiges
Gelüst verspürt, bedeutet die ständige Gewißheit, alles ohne
Mühe, Kampf, Zweifel noch Gefahr erreichen zu können, einfach,
indem man auf einen Knopf drückt und die wundertätige Maschi-
ne arbeiten läßt, eine große Versuchung für sie. Die Masse sagt
sich: ›Der Staat bin ich‹, was ein vollendeter Irrtum ist. ... Der
heutige Staat und die heutige Masse stimmen nur darin überein,
daß beide anonym sind.« Ebenda, S. 89.
Das Wahlrecht setzt dem Grenzen, wie auch Ortega festgehalten
hat: »Das Heil der Demokratien, von welchem Typus und Rang
sie immer seien, hängt von einer geringfügigen technischen Ein-
zelheit ab: vom Wahlrecht. Alles andere ist sekundär. Wenn die
Einteilung der Wahlkreise richtig ist, wenn sie sich der Wirklichkeit anpaßt, geht alles gut, wenn nicht, geht alles schlecht, so aus-
gezeichnet es im übrigen stehen mag.« Ebenda, S. 117.
Nach den Erfahrungen der vergangenen 50 Jahre kann man bei
der Ausgestaltung des Wahlrechts zuversichtlich sein. Die Be-
schränkungsbestimmung der Fünfprozentklausel wahrt eine de-
mokratische Balance staatlicher Gewalt. Als die Beschränkungs-
bestimmung der Fünfprozentklausel eingeführt wurde, fühlten
sich die ihr zustimmenden Parteien nicht davon bedroht. Wenn
man davon ausgeht, daß die den politischen Liberalismus reprä-
sentierende Partei wenigstens zur Zeit in ihrer jetzigen Gestalt als
Splitterpartei unter die Sperrklausel der fünf Prozent fällt, dann
sind nur noch zwei Gruppierungen übriggeblieben, die bei Schaffung des Grundgesetzes mit dem entsprechenden Wahlrecht die
Fünfprozentklausel zur Verhinderung der Parteienzersplitterung
in der Verfassung festschrieben. Selbst dieser Feststellung über
das Wahlrecht ist der obige Hinweis hinzuzufügen, daß das System der Wachablösung durch Wahlen eine echte Bewährungs-
probe nur dann liefern würde, wenn die Abgelösten nicht auf
übermäßige Pfründe einer Altersversorgung verwiesen würden.

[136] Vgl. über das Überlebensgefühl und seine Bewertung: Canetti, »Masse und Macht«, S. 249 ff.

[137] Joachim Fest, »Schweigende Wortführer«, in Schirrmacher: »Im Osten erwacht die Geschichte«, S. 99.

[138] Eine Analyse der deutschen Grundhaltung im Wandel der Geschichte findet sich bei Hans-Helmut Knütter, »Die Faschismuskeule«: »In Deutschland trugen die Erfahrungen des Nationalsozialismus mit Krieg, Vertreibung, Hunger und der Anspannung des Wiederaufbaus zur Durchsetzung einer materialistischen, konsum- und genußfreudigen Lebenshaltung bei. Für Deutschland stellt diese Entwicklung einen Bruch mit den Traditionen und Werten politisch-gesellschaftlichen Denkens seit dem Ende des 18. Jahrhunderts dar. Sowohl die Pflichtethik Kants als auch die Philosophie Hegels sprachen sich gegen die ›Glückseligkeit‹ des einzelnen aus. In den herrschenden Anschauungen des deutschen Beamtentums und überhaupt des rechtsstaatlich gesinnten Liberalismus fand das Glück des Bürgers keinen oder nur einen untergeordneten Platz. ... Ein entscheidender Bruch zwischen dem deutschen sozialen und politischen Denken und dem Westeuropas war damit vollzogen. (Johann Albrecht von Rantzau in »Welt als Geschichte«, H. 3–4 1962, S. 112) Sowohl im deutschen Liberalismus wie auch im Konservativismus werden in erster Linie persönliche Werte, wie Rechtsschutz, geistige Freiheit, Ehre des Staates, das historische Recht, das Ansehen der Nation, die Stellung der Krone, kultiviert, aber nicht das individuelle Glück. Das auf Selbstverwirklichung und individuelles Glück gerichtete Denken linksliberaler und linksbürgerlicher Intellektueller steht in scharfem Gegensatz zu diesen Traditionen, die in die Nähe jener Werte gerückt wurden, die das Entstehen des Nationalsozialismus begünstigten: die harten, asketischen, auf Opfer und Verzicht gerichteten Vorstellungen, die nach dem Zusammenbruch des Dritten Reiches in den Augen vieler Deutscher diskreditiert waren.
Der Hedonismus verbindet schließlich den Antifaschismus der Intellektuellen mit der Haltung großer Teile der Bevölkerung. Auf diese Weise hatte, begünstigt durch die historische Erfahrung der jüngsten Vergangenheit, antifaschistisches Gedankengut seine große Chance. Die hedonistische Grundhaltung gab dem Antifaschismus Schubkraft. Die Intellektuellen waren die Stichwortgeber dieser Entwicklung.« Ebenda, S. 68 f.
»... Zugleich erlaubt die Sentimentalität, mit der man an das Problem der Migration und der Ausländer herangeht, eine neue Bündnispolitik. Sie macht die diskreditierte Linke wieder hoffähig. Nicht als Linke, aber als Humanisten werden sie in der Ab-

271

wehr des rechten Feindes, der ›Ausländerfeinde‹ akzeptiert. Es kommt zu einem Bündnis linksextremer ›Autonomer‹ mit der PDS, Teilen der Gewerkschaften, Christen, Teilen der SPD, CDU, FDP. Sie nutzen eine humanitär-hedonistische Grundströmung aus, die alles scheinbar Schwache, Verfolgte, Benachteiligte, Behinderte, Bedrohte höher bewertet als das angeblich Harte, Disziplinierte, Regelhafte, an Gesetz und Ordnung Gebundene, das als kalt, berechnend und letztlich inhuman und damit ›faschistisch‹ denunziert wird.« Ebenda, S. 152.

[139] Hans Helmut Knütter, »Die Faschismuskeule«, S. 110 f.: »Deutschland und die Deutschen waren durch die totale politisch-militärische wie moralische Niederlage in eine Paria-Rolle geraten. Ein Ziel deutscher Politik mußte es sein, das negative Image Deutschlands zu verbessern. Jede ›Vergangenheitsbewältigung‹ mußte in dieser Situation zu einem totalen Bruch mit dem nationalsozialistischen System führen. Hier bildeten sich im östlichen und westlichen Teil Deutschlands Unterschiede heraus, die der antifaschistischen Propaganda Angriffsflächen boten. Während unter dem Deckmantel einer antifaschistisch-demokratischen Umwälzung in der sowjetischen Besatzungszone eine vollständige strukturelle Umgestaltung im sozialistischen Sinne erfolgte, blieben in den westlichen Besatzungszonen die bisherigen Eigentumsverhältnisse bestehen. Hier konnte die kommunistische Antifaschismus-Propaganda anknüpfen. Getreu der Auffassung, daß der Faschismus aus dem Kapitalismus hervorgeht, wurde bestritten, daß in den westlichen Besatzungszonen ein konsequenter Bruch mit der nationalsozialistischen Vergangenheit stattgefunden hatte. Die neue Demokratie mußte sich glaubhaft vom Nationalsozialismus distanzieren, um Ansehen zu gewinnen. Dies machte die Vertreter der neuen Ordnung erpreßbar. Da in der Tat kein vollständiger struktureller Bruch und auch keine durchgreifende Ablösung der Eliten gegenüber der Zeit vor 1945 stattgefunden hatten, gab es immer Anhaltspunkte für antifaschistische Propaganda. Diese konnte mit der Zeit sowohl die öffentliche Meinung des westlichen Auslands als auch die Meinungsbildung innerhalb der Bundesrepublik Deutschland beeinflussen. Auf den ersten Blick erscheint es paradox, daß mit zunehmender Bereitschaft, die Vergangenheit zu bewältigen, vielfältige Wiedergutmachung und politisch-personelle Säuberung zu leisten, keine Beruhigung eintrat. Da die ›antifaschistischen‹ Kampagnen aber nur zum Teil echter Sorge entsprangen, zur Hauptsache Manipulationsmittel im politischen Interessenkampf waren, verleitete die defensive Reaktion dazu, den Druck zu verstärken.«

[140] Freund, »Deutsche Geschichte«, Vorwort XV: »Wir alle leben

272

vom Vergangenen und gehen am Vergangenen zugrunde. Wir haben die rechte Geschichte noch nicht. Ein Geschichtsbild, das unser Herz erfüllt, fehlt uns noch, weil wir mit unserer Gegenwart noch nicht fertiggeworden sind.«

[141] Joachim Hoffmann, »Stalins Vernichtungskrieg 1941 bis 1945«: »Die 1994 abziehenden letzten Truppen der ehemaligen Okkupationsarmee der Sowjetunion waren von der nachträglich eingeschobenen Propagandathese überzeugt, die Rote Armee hätte 1944/45 in Deutschland eine Befreiungsmission erfüllt und sei als Befreier aufgetreten und empfangen worden. Wenn in der deutschen Öffentlichkeit, der doch alle Informationsmöglichkeiten zu Gebote stehen, andererseits jedoch eine Stimmung um sich greift, nach der die Deutschen von den Armeen der stalinistischen Sowjetunion befreit worden seien, so gibt es hierfür keine Entschuldigung, wird die historische Wirklichkeit damit doch geradezu auf den Kopf gestellt. Denn nicht als Befreierin ist die Rote Armee eingedrungen, auch wenn die mancherorts errichteten Siegesmonumente dies heute suggerieren sollen; und wohl von niemandem in Deutschland wurde sie damals als Befreierin empfunden. Die Soldaten Stalins kamen eigenen Parolen zufolge nicht als Befreier, sondern als gnadenlose Rächer. Alle gegenteiligen Behauptungen der heutigen Zweckpropaganda gehören in das Reich der Fabel und kommen einer glatten Verdrehung der historischen Tatsachen gleich. Wenn es hierfür eines Beweises bedarf, so ist er schon in der Panik zu finden, die die gesamte Bevölkerung in den Ostprovinzen des Reiches bei der Annäherung der Roten Armee erfüllte.« Ebenda, S. 13 ff.

[142] Interview im Regionalfernsehen Brandenburg am 1. Mai 1995.

[143] Diesen Überlegungen ist der Hinweis hinzuzufügen, den auch schon Ortega Ende der zwanziger Jahre für sehr bemerkenswert hielt: »Die Lage ist bedrohlicher, als man meint. Die Jahre vergehen, und es besteht Gefahr, daß sich der Europäer an das herabgestimmte Leben, das er jetzt führt, gewöhnt; daß er sich daran gewöhnt, nicht zu herrschen und sich nicht zu beherrschen. Wenn das geschähe, würden seine Tugenden und Fähigkeiten bald verfliegen.« »Aufstand der Massen«, S. 136.
Welche Schwierigkeiten die europäischen Staaten haben, den Anforderungen zu genügen, zeigen gegenwärtig die Auseinandersetzungen über den Konflikt im zerbrochenen Jugoslawien.

[144] Verwirklicht hat sich, was nach Ortegas Vorstellung bereits in den zwanziger Jahren zu erkennen war: »Für die Europäer bricht jetzt die Zeit an, da Europa zu einer Nationalidee werden kann. Und der Glaube hieran ist viel weniger utopisch, als es im 16. Jahrhundert die Prophezeiung des einigen Spaniens gewesen wäre. Je treuer der Nationalstaat des Abendlandes seinem wahren Wesen

273

bleibt, um so geradliniger wird er sich zu einem gewaltigen Staat entwickeln.« »Aufstand der Massen«, S. 133.

»Kaum haben sich die Nationen des Okzidents bis an ihre gegenwärtigen Grenzen ausgedehnt, so wird um sie her und hinter ihnen wie eine Grundierung Europa sichtbar. Europa ist die gemeinsame Landschaft, in der sie sich seit der Renaissance bewegen, und diese europäische Landschaft sind sie selber, die, ohne daß sie es merken, schon von ihrer kriegerischen Vielfalt abzusehen beginnen. England, Deutschland, Frankreich, Italien, Spanien bekämpfen sich, schließen Bündnisse, lösen sie auf, stellen sie wieder her. Aber dies alles, Krieg und Frieden, ist ein Zusammenleben von gleich zu gleich, wie es weder im Krieg noch im Frieden zwischen Rom und den Keltiberern, Galliern, Britanniern oder Germanen möglich gewesen wäre. ... Oder, um sich genauer und vorsichtiger auszudrücken: Spanier, Deutsche, Engländer, Franzosen sind und bleiben so verschieden, wie man nur will, aber sie haben dieselbe psychische Struktur und sind vor allem auf die gleichen Inhalte bezogen. Religion, Wissenschaft, Recht, Kunst, gesellschaftliche und erotische Werte sind gemeinsame Angelegenheiten. Das sind aber die spirituellen Substanzen, von denen wir leben. Die Gleichartigkeit ist also größer, als wenn die Seelen selbst über einen Leisten geschlagen wären.« Ebenda, S. 134.

[145] Walter Künneth, »Der Christ als Staatsbürger«, S. 64: »Die politisch-ethische Gesamtverantwortung vollzieht sich abgestuft in bewußter Stellvertretung für Volk und Staat. Sie liegt in der Hand der Parlamente und der von ihnen ermöglichten staatspolitischen Ämter und Regierungen. Sie allein handeln und entscheiden aufgrund ihrer Wahlbeauftragung und demokratischer Amtsbevollmächtigung nicht nur im Einverständnis mit ihrer Partei und, falls notwendig, in Übereinstimmung mit dem Koalitionspartner, sondern zugleich gebunden an ihre Staatsverpflichtung, für das ganze Volk, zum Nutzen und zum Wohl aller Glieder der Nation. Das Prinzip der abgestuften, überaus verschiedenartigen Stellvertretung in den zahllosen politischen Ämtern und Funktionen bedeutet zugleich eine gegliederte Zuständigkeit und eine inhaltlich differenziert geprägte Verantwortlichkeit. Gewiß gibt es einen entarteten, stumpfsinnig routinierten ›Bürokratismus‹ zur Verärgerung aller Betroffenen. Um so mehr aber ruft die ethische Rückerinnerung an die staatspolitischen und verwaltungstechnischen Notwendigkeiten, die auch der unersetzbaren bürokratischen Pflichterfüllung ihr Recht verleiht, dazu auf, die menschliche Einzelexistenz mit ihrer freien Individualverantwortung ernst zu nehmen. Die politisch-ethische Gesamtverantwortung besteht daher heute auch darin, angesichts der rasanten technischen Ent-

wicklung einer »Computerdemokratie« rechtzeitig Einhalt zu gebieten.«
[146] Freund, »Deutsche Geschichte«, Vorwort XV.
[147] Dazu gehört die Frage, was die Verantwortlichen beider Kriegs-
seiten unternommen haben, dem totalen Völkerkrieg Einhalt zu
gebieten, ohne die Zerstörung und Spaltung Europas zu bewirken.

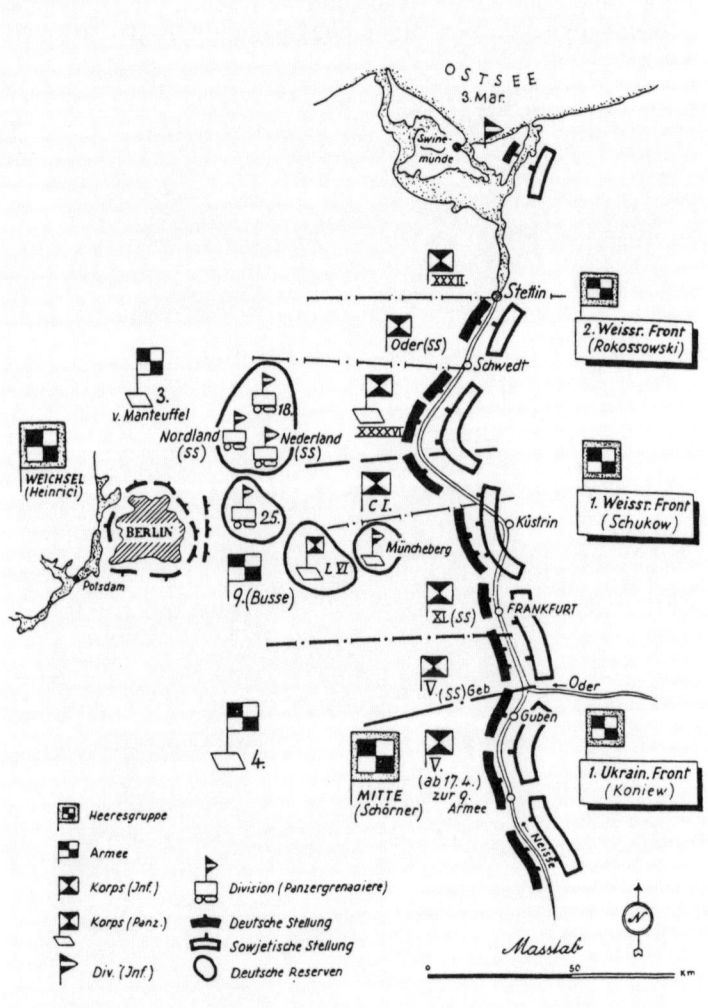

Die Oderfront Anfang April 1945

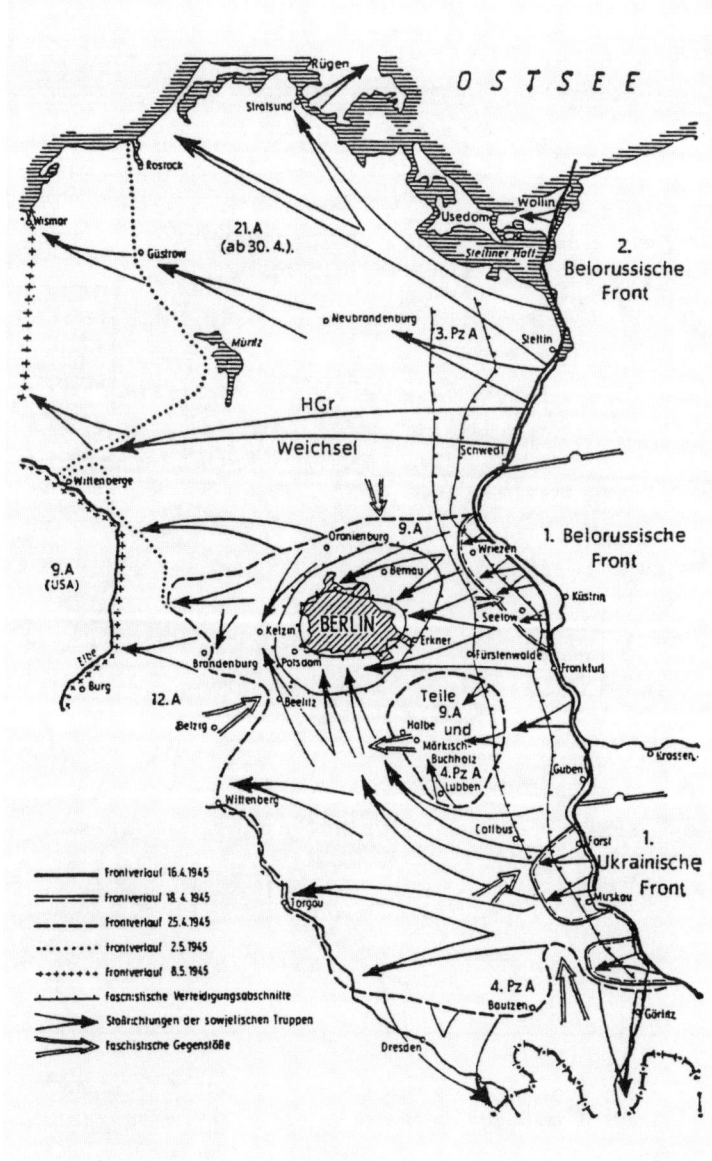

Stoßrichtungen der Sowjetischen Truppen auf Berlin, die zu dem Kessel von Halbe führten

277

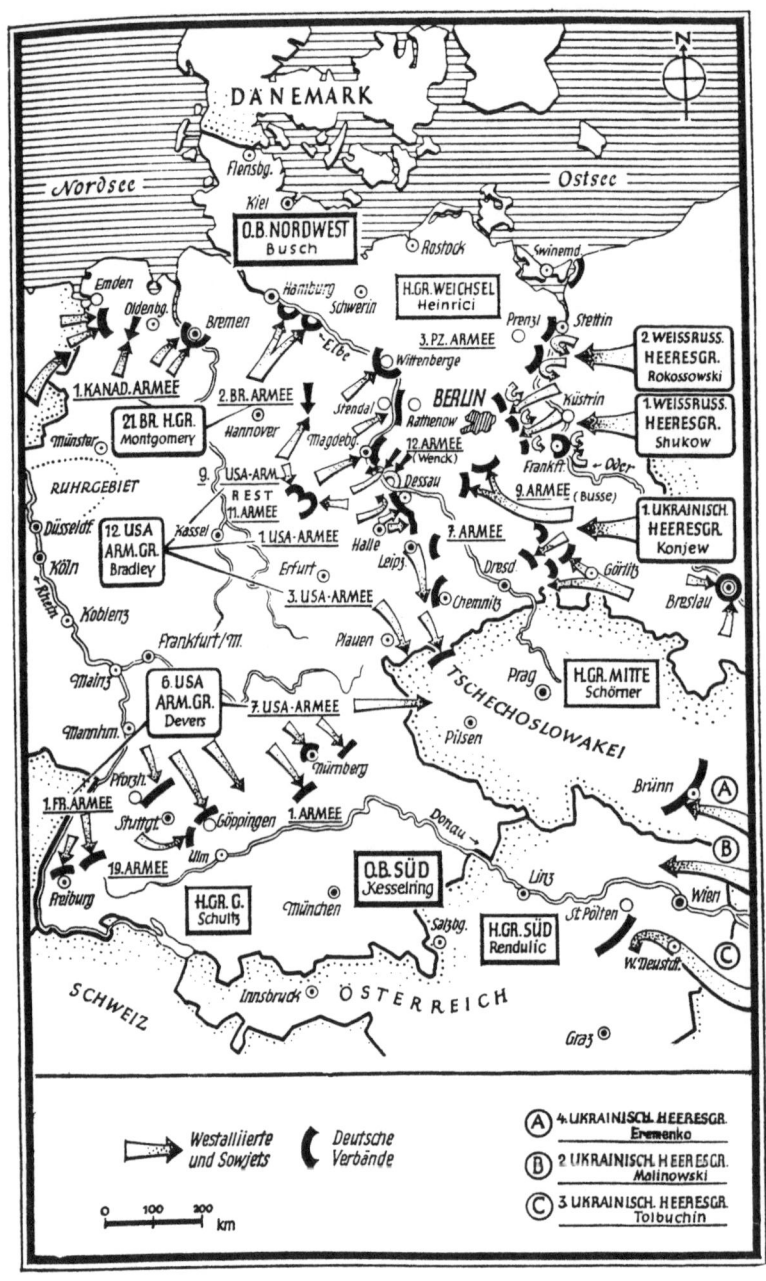

Lage am 20. April 1945

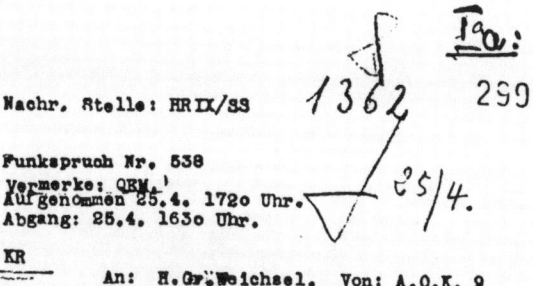

Nachr. Stelle: HR IX/SS   1362   299

Funkspruch Nr. 538
Vermerke: QRM.'
Aufgenommen 25.4. 1720 Uhr.   25/4.
Abgang: 25.4. 1630 Uhr.

KR

An: H.Gr.Weichsel. Von: A.O.K. 9

Zur Durchbruchsrichtung Mitte Maerk.

Buchholz Luckenwalde erfolgversprechend ange-

setzt. Und Vereinigung Wenk Gebiet Luckenwalde

erstrebt.

Busse, Gen.d.Inf.

F.d.R.:

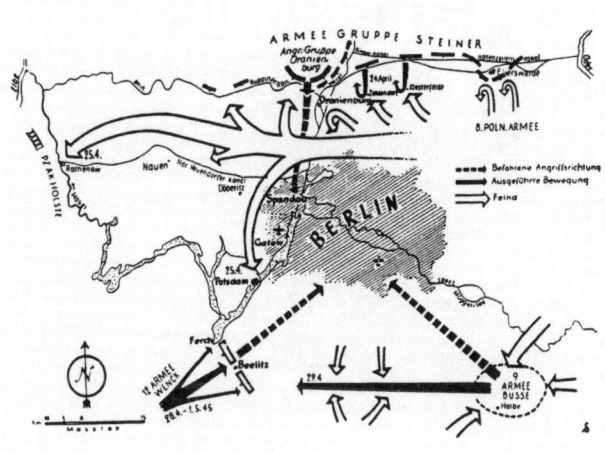

Deutsche Entsatzangriffe vom 24.4.–1.5.1945

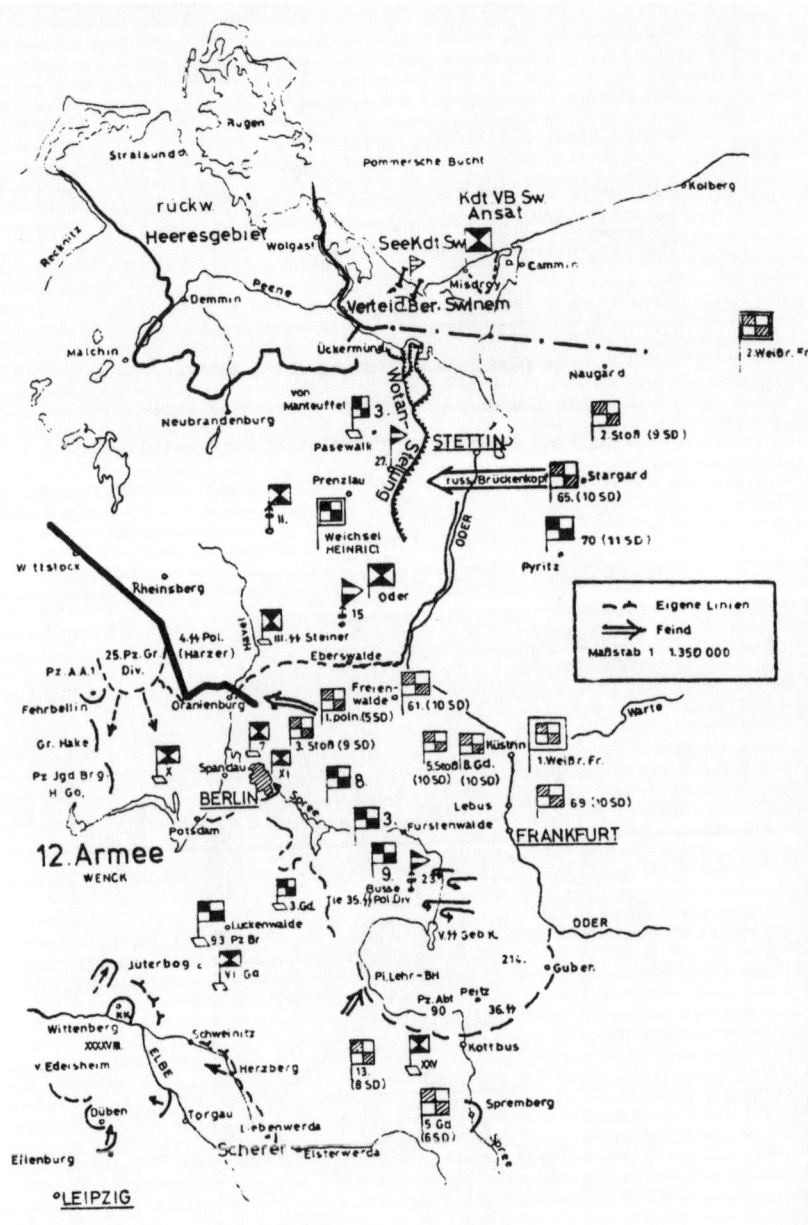

Lage Heeresgr. Weichsel 1945 mit unterst. 12. Armee (Wenck)

Chefsache! Geheime Kommandosache

Nur durch Offizier! H.Qu., den 27. ... 1945

6 Ausfertigungen
1. Ausfertigung

an

1) H.Gr. Weichsel
2) 9. Armee
3) 12. Armee

Die Schlacht um Berlin hat ihren Höhepunkt erreicht.

Nur wenn es rasch gelingt, 9. und 12. Armee zu vereinigen und sofort nach Norden vorzustürmen, und wenn das verstärkte Korps Steiner auf Tegel vorstürmt, kann die Schlacht um Berlin noch gerettet werden.

Der Führer in Berlin erwartet, daß die Armeen ihre Pflicht tun.

Die Geschichte und das deutsche Volk werden jeden verachten, der in dieser Lage nicht das Letzte einsetzt, um die Lage und den Führer zu retten.

gez.

OKW/WFSt/Op. Nr. 58 861/45 g.K.Chefs.

Chef WFSt	1. Ausf.
Chef Fü.Gr.	2. Ausf.
Op.(H)/Ia	3. Ausf.
Op.(H)/Nordost	4. Ausf. zgl. Fernschreiben
Chef Op.(H)	5. Ausf.
Ztb.	6. Ausf.

Keitels Fernschreiben an Heeresgruppe Weichsel, 9. und 12. Armee von 27. April 1945

WFSt/Op (II)/Ie   F.H.Qu.,den 28.April 1945.

                                    5 Ausfertigungen
                                    1 .Ausfertigung

              An
              1.) A.O.K. 9   (durch Funk)
              2.) Heeresgruppe Weichsel
              3.) A.O.K.12   (durch Fernschreiben)

        12.Armee mit vordersten Teilen zurzeit in Linie Niemegk -
Nichel - Ragdorf - Westrand Heilstätte Beelitz - Eisenbahn-
kreuz nördlich Beelitz - Ferch.
        Entwicklung Lage Berlin fordert unverzüglich Durchstoss
9.Armee nach Westen - geschlossen oder in einzelnen Angriffs-
gruppen - Vereinigung noch kampfführiger Teile mit
12.Armee.

                                              I.A.

                        gez.

              OKW/WFSt/Op (II)/Ie Nr.00 3865/45 g.K.

Verteiler:
Chef WFSt   1.Ausf. vor/nach Abgang
Chef Führungsgruppe 2.Ausf.
Chef Op (H)   3.Ausf.
Is   4.Ausf.
Op (II) Gest   5.Ausf. und Fern Schreiben

Jodls Befehl vom 28. April 1945 an die 9. Armee

282

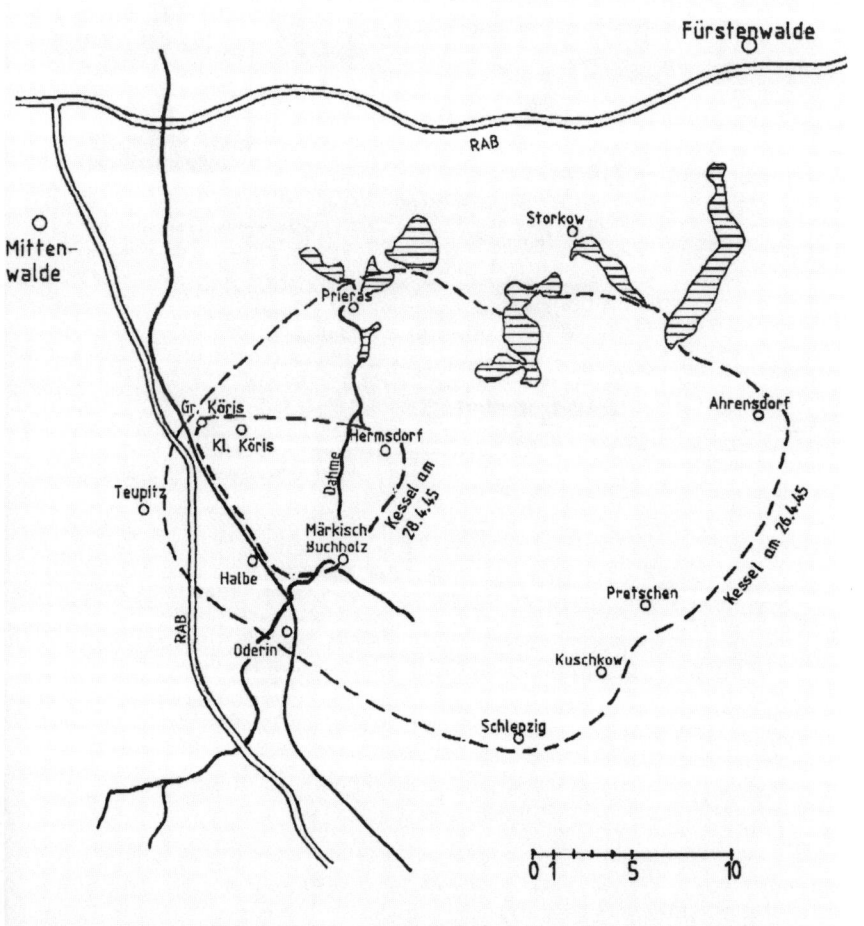

Die Ränder des größeren Kessels mögen etwas anders verlaufen sein, da die eingeschlossenen Truppen sich ständig zurückzogen und die Bewegung im Fluß war. Von einer Frontlinie im Kessel am 28. 4. 45 kann überhaupt nicht mehr gesprochen werden, weil die einzelnen Truppenteile zur Seite keinen Anschluß mehr hatten und sowjetische Truppen durchsickerten. Schlachtteilnehmer sprechen von 3 Kesseln, die untereinander verbunden waren. Die Masse der Truppen befand sich bereits westlich der Dahme in Richtung Halbe in dem dortigen ausgedehnten Waldgebiet. (Zeichnung: Wolfgang Dahmen, Bremen)

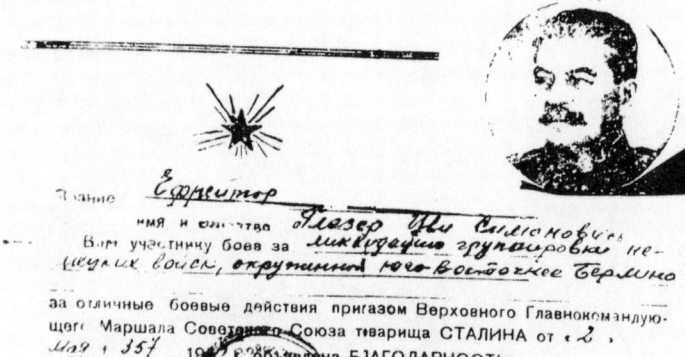

Übersetzung der Belobigung Stalins vom 2. Mai 1945
für Harry Glaser:

Gefreiter Glazer Zvi (Sohn von, Anmerkung d. Übers.) Simonowitsch.
Ihnen, dem Teilnehmer der Kämpfe für die Auflösung (Liquidierung)
der deutschen Truppen, der Einkreisung südöstlichen Berlins, für
die ausgezeichneten Kampfhandlungen im Auftrag des Obersten
Befehlshabers Marschall der Sowjetunion, dem Genossen Stalin, wird
am 2. Mai 1945 eine Danksagung bekanntgemacht.

Unterschrift Oberst (Polkovnik) Kaustikof,
wahrscheinlich des damaligen Divisionskommandeurs
der 129. Infanteriedivision

Harry Glasers Auszeichnung über seine Teilnahme an den Kämpfen
gegen die 9. Armee.

284

Hauptquartier, den 6. Mai 1945.

Ich bevollmächtige Generaloberst **J o d l** ,

Chef des Wehrmachtführungsstabes im Oberkommando

der Wehrmacht, zum Abschluss eines Waffenstill-

standsabkommens mit dem Hauptquartier des Generals

E i s e n h o w e r .

Großadmiral.

LÜDEMANN Heinrich
.... has been a very useful member of the
staff of the PW-Camp GIESSEN. If therefore any GI has the pos-
sibility to take him part of his journey to his native
town of ......B r e m e n........., it would be appreciated.

Clifford C. Rorex Capt.

CLIFFORD C.ROREX CAPT.793.rd.F.A.Bn.

Giessen, 7.July 1945.

Die Empfehlung der amerikanischen POW-Lagerverwaltung Giessen,
mit der man Lüdemann die Rückkehr nach Bremen erleichtern wollte.
Eine gleiche Empfehlung hatte auch der Autor erhalten.

HEADQUARTERS
121st General Hospital
Camp Lesum, Germany
The bearer ....Luedemann, Heinrich.... German
civilian, employed as a ...Kitchen-Worker....
is entitled to enter and depart from this post
by authorized gates only.
This pass valid until withdrawn by this Hqs.

BY ORDER OF THE COMMANDING OFFICER:

Pass No. 118
Date issued: HARRY D. WEATHERS
7 October 1945   2nd Lt. AGD,
                      Personnel Officer.

Heiner Lüdemanns Ausweis als »Tellerwäscher« im Camp Bremen-
Lesum

286

Soldbuch

zugleich Personalausweis

Nr. _2081_

für

den _Schütze_
(Dienstgrad)

---

ab _15. Juli 1944_ — _ROB_
(Datum)   (neuer Dienstgrad)

ab _1. 2. 45_   _Gefr_

ab _1. 3. 45_   _Fhj. - Uffz_

Günter Führling
(Vor- und Zuname)

Beschriftung und Nummer der
Erkennungsmarke _Stamm.Kp.Pz.Gr.E.B.3 -2296_

Blutgruppe _O_

Gasmaskengröße _3_

Wehrnummer _Eberswalde 25/103/2/1_

1

Dem Füsilierbataillon 303 gehörte ich lt. Soldbuch bis zum Schluß an, obwohl es seit der Erstürmung Küstrins kurz vor Ostern 1945 nicht mehr existierte.

288

CERTIFICATE of DISCHARGE
Entlassungsschein

ALL ENTRIES WILL BE MADE IN BLOCK LATIN CAPITALS AND WILL BE MADE IN INK OR TYPESCRIPT. Alle Eintragungen mit Tinte oder Schreibmaschine in Blockschrift.	PERSONAL ARTICULARS PERSON ANGABEN

I

SURNAME OF HOLDER **Führling**
Zuname des Inhabers

CHRISTIAN NAME **Günther**
Vorname

CIVIL OCCUPATION **student**
Bürgerlicher Beruf

HOME ADDRESS **Bremen -Lesum**
Ständige Adresse **Hermann-Göringstr. 50**

DATE OF BIRTH **17.2.1925**
Geburtsdatum
DAY, MONTH, YEAR
Tag, Monat, Jahr

PLACE OF BIRTH **Forst/Lausitz**
Geburtsort

FAMILY STATUS Ø SINGLE **X** WIDOW(ER)
Familienstand Ø Ledig Witwe(r)
Verheiratet Geschieden

NUMBER OF CHILDREN WHO ARE MINORS **0**
Anzahl minderjähriger Kinder

I HEREBY CERTIFY THAT TO THE BEST OF MY KNOWLEDGE AND BELIEF THE PARTICULARS GIVEN ABOVE ARE TRUE.
Ich erkläre hiermit, daß nach bestem Wissen und Gewissen obige Angaben der Wahrheit entsprechen.

I ALSO CERTIFY THAT I HAVE READ AND UNDERSTAND THE "INSTRUCTIONS TO PERSONNEL ON DISCHARGE" (CONTROL FORM D. 1)
ich erkläre außerdem, daß ich die „Anweisungen an Militärpersonal anläßlich ihrer Entlassung" (Kontrollformular D. 1) gelesen und verstanden habe.

SIGNATURE OF HOLDER
Unterschrift des Inhabers

NAME OF HOLDER IN BLOCK LATIN CAPITALS **Günther Führling**
Name des Inhabers in Blockschrift

II
MEDICAL CERTIFICATE
MEDIZINISCHER AUSWEIS

DISTINGUISHING MARKS **keine**
Besondere Kennzeichen

DISABILITY, WITH DESCRIPTION **keine**
Invalidität mit Beschreibung

MEDICAL CATEGORY **guter ...**
Medizinische Gruppe

I CERTIFY THAT TO THE BEST OF MY KNOWLEDGE AND BELIEF THE ABOVE PARTICULARS RELATING TO THE HOLDER ARE TRUE AND THAT HE IS NOT VERMINOUS OR SUFFERING FROM AN INFECTIOUS OR CONTAGIOUS DISEASE.
Ich erkläre nach bestem Wissen und Gewissen, daß obige Einzelheiten bezüglich des Inhabers der Wahrheit entsprechen und daß er frei von Ungeziefer oder von ansteckenden Krankheiten ist.

SIGNATURE OF MEDICAL OFFICER
Unterschrift des Militärarztes

NAME AND RANK OF MEDICAL OFFICER IN BLOCK LATIN CAPITALS **Dr. Botho Bösel**
Name und Rang des Militärarztes in Blockbuchstaben

III.

THE PERSON TO WHOM THE ABOVE
Die Person, auf die die obigen Angaben

PARTICULARS REFER WAS DISCHARGED ON
Anwendung finden, wurde entlassen am **7 July 45**
(DATE OF DISCHARGE)
(Datum der Entlassung)

FROM THE x **...up at Eichenröd**
Aus der

RIGHT THUMBPRINT
Abdruck des rechten Daumens

OFFICIAL IMPRESSED
Offizielles Amtssiegel

CERTIFIED BY **Edward V. Hedgcock**
Ausgefertigt von

NAME, RANK AND APPOINTMENT OF ALLIED DISCHARGING OFFICER IN BLOCK LATIN CAPITALS **...rd V. Hedgecock /st.Lt.CAC**
Name, Rang und Waffengattung des alliierten entlassenden Offiziers in Blockschrift

Ø DELETE THAT WHICH IS NOT APPLICABLE.
Ø Unzutreffendes nicht ausfüllen.

x INSERT "ARMY" "NAVY" "AIR FORCE" "VOLKSSTURM",
x „Heer", „Kriegsmarine", „Luftwaffe", „Volkssturm" oder mit

z MILITARY ORGANIZATION, e. g. "RAD", "NSKK" etc.
z ...lichen Verbände, z B. „RAD", „NSKK" usw. einsetzen.

Der Entlassungsschein des Autors

Umbetter Kowalke: „Unser Leben steht im Zeichen der Hoffnung"

Kriegsgräber

Gottessegen schauen

Ein früherer Baggerfahrer gräbt im deutschen Osten die Überreste von Gefallenen aus dem Zweiten Weltkrieg aus.

Kumpel, jetzt weiß ich, wer du bist", sagt Erwin Kowalke leise. Vorsichtig zieht er ein modriges Minenräumabzeichen aus dem freigeschaufelten Grab auf dem Friedhof des uckermärkischen Dorfes Naugarten.

Dann birgt er Oberschenkel- und Beckenknochen aus dem Erdreich und legt sie zu den übrigen Gebeinen in einen grauen Pappkarton. Direkt unter den Fingerknochen kommt ein Siegelring zutage, auf dem die Initialen MW eingraviert sind. Kowalke reibt sich, wie immer, wenn er zufrieden ist, seinen Rübezahlbart. Ein deutscher Soldat mehr, der 50 Jahre nach Kriegsende seine Identität wiederbekommt.

Kowalke, 53, aus dem brandenburgischen Buckow, war zu DDR-Zeiten Baggerfahrer in der Braunkohle. Seit 1992 hat er einen neuen Beruf: Er ist der

einzige Umbetter von Kriegstoten in Deutschland. Im Auftrag des Volksbundes Deutsche Kriegsgräberfürsorge holt er im Schnitt acht Leichen täglich aus der Erde östlich von Berlin.

Eine Lebensaufgabe: 3500 Skelette hat Kowalke bislang geborgen, bis zu 100 000 sind nach Schätzungen des Volksbundes auf dem Terrain der Ex-DDR noch verscharrt. 60 000 Menschen starben in den letzten Apriltagen 1945 allein im Kessel von Halbe. Dort vernichteten die Sowjets große Teile der deutschen 9. Armee.

Zuvor hatten die Verbände der Roten Armee am 16. April die Oder überquert und sich auf den Seelower Höhen den

Weg in die Reichshauptstadt freigekämpft. Mehr als 30 000 Soldaten verloren die Sowjets bei dieser letzten großen Vernichtungsschlacht des Krieges im Oderbruch. 12 000 Deutsche starben hier binnen weniger Tage. 85 Jahre vorher hatte Theodor Fontane über die märkische Landschaft geschwärmt: „Ein Blick von dieser Seelower Höhe läßt uns in solchen Gottessegen schauen."

Die meisten Toten liegen heute noch, wie sie fielen – verscharrt in ihren Stellungen. Die Sowjets kümmerten sich nur um ihre eigenen Toten, und für das SED-Regime waren deutsche Gefallene bloß Handlanger des Faschismus, die man lassen konnte, wo sie waren.

Mit dem Spaten macht sich Kowalke an die Spurensuche. Fundstücke wie Orden und Feldpostbriefe helfen, die Identität eines Gefallenen festzustellen, etwa die des Oberfeldwebels Dietrich Hinners von der 25. Panzergrenadierdivision, dessen Überreste Kowalke im äußeren Verteidigungsring vor Berlin ausgrub.

Noch ist die Aufklärungsquote klein. Ko-

Habseligkeiten Gefallener*
Eheringe, Gebisse und Berge von Orden

* In der Asservatenkammer der Auskunftsstelle für Angehörige in Berlin.

290

walke schickt die Utensilien der Toten an die Deutsche Dienststelle für die Benachrichtigung der nächsten Angehörigen von Gefallenen der ehemaligen deutschen Wehrmacht (WASt*), die dem Bundesinnenministerium untersteht und ihren Sitz in Berlin hat.

Doch Ringe, Medaillen oder Glasaugen bringen die 700 Rechercheure der WASt, die bisher 300 000 Nachlässe von Gefallenen aufgenommen und ermittelt haben, oft nicht weiter. Sowenig wie die Erkennungsmarken, die Kowalke immerhin bei der Hälfte der Skelette findet:

Die kurz vor Kriegsende eilig zusammengewürfelten Einheiten schickten keine Stammrollen mit den Daten ihrer Soldaten mehr an die WASt.

Soldatenbegräbnis in Halbe
Leichen in der Waschküche zwischengelagert

In der Asservatenkammer der WASt am Berliner Eichborndamm stapeln sich die Relikte jener Toten, für die sich kein Adressat finden ließ: kistenweise Eheringe, Taschenuhren, Fotos, Briefe ohne Feldpostnummer. Zwischen Gebissen und Bergen von Orden blitzt ein silbernes Herz mit der Aufschrift: „Kehr heim".

Kowalke sucht die Nichtheimgekehrten. In Naugarten kommt das halbe Dorf zusammen, als er die Leichen von unbekannten Soldaten exhumiert. Ein Junge mit einem Fußball unter dem Arm blickt

gebannt auf die Gebeine eines Mannes, der, als er fiel, nur wenig älter war als er selber. „Ein vielleicht 16jähriger", schätzt Kowalke. Er schließt von der Beschaffenheit des Beckenknochens auf das Alter des Toten. Jeder gefundene Knopf, jeder Hosenträger kann Kowalke weiterhelfen. Auch heute noch ergreift ihn ein Glücksgefühl, wenn er in einem Stiefelschaft eine Taschenuhr entdeckt, in deren Deckel der Name eingraviert ist.

Auch in ehemaligen Internierungslagern der Sowjets hat Kowalke schon gegraben. In Bautzen entdeckte er 184 vom sowjetischen Staatssicherheitsdienst verscharrte Leichen, im ehemaligen KZ Sachsenhausen, das die Rote Armee nach 1945 als Straflager nutzte, fand er vor einem Jahr die Leiche des Schauspielers Heinrich George.

Als er anfing, konnte Kowalke oft nicht schlafen. Ein Jahr brauchte er, um mit seiner Arbeit ins reine zu kommen. „Im Kessel von Halbe", sagt er, „da weine ich manchmal noch heute."

In Halbe stolpern Spaziergänger immer mal wieder über Knochen, die aus der Erde ragen. Mancher liefert seinen Fund in der Kirche des Ortes ab. „Manchmal", sagt Pastorin Erdmute Labes, „habe ich bis zu sechs Leichen in meiner Waschküche zwischengelagert."

Die Überreste der ausgegrabenen Toten werden auf Soldatenfriedhöfen beigesetzt, die Kosten trägt der Bund. Häufig hält Kowalke die Trauerrede. „Unser Leben", verkündet er, „steht im Zeichen der Hoffnung und Versöhnung." Die Umbettungsfeiern sind meist gut besucht. Witwen, Kinder, Enkel und Kriegskameraden reisen oft von weit her an.

90 Prozent der Angehörigen seien dankbar, endlich Bescheid zu bekommen, weiß WASt-Vize Peter Gerhardt. In den letzten drei bis vier Jahren sei auch das Interesse der Jungen am Verbleib der Toten stark gestiegen: „Das Familiengeschichtsbewußtsein ist beachtlich."

Für Totengräber Kowalke ist der Krieg erst zu Ende, wenn das letzte Opfer ein würdiges Begräbnis bekommen hat. Er werde das kaum noch erleben, glaubt er. Denn bei acht Toten pro Arbeitstag dauert es bis dahin noch ein gutes halbes Jahrhundert. „Ich brauche", sagt Kowalke, „200 weitere Kollegen." ❑

---

* Die Abkürzung WASt leitet sich von der bis 1946 offiziell gültigen Bezeichnung Wehrmachtsauskunftsstelle her

Ministerpräsident Manfred Stolpe bei der Kranzniederlegung auf dem Friedhof in Halbe. Fotos: Hein | Im Gedenken an die Toten Günter Lysk und Friedrich Lachenmai

Bevor es zu spät ist: Laßt die Augenzeugen berichten!

Stolpe gedachte in Halbe deutscher und russischer Soldaten / Laudien rief zu einem Versuch der Versöhnung au

Halbe (MAZ). „In ehrendem Gedenken" stand auf dem Kranz, den Ministerpräsident Manfred Stolpe am Sonntag nach einem feierlichen Gottesdienst am Mahnmal für die Toten der Kesselschlacht auf dem Zentralfriedhof von Halbe niederlegte. In seiner Rede präzisierte er, an wen sich seine Ehrung richtete: „Hier liegen verschiedene Tote: Kinder, Frauen, Flüchtlinge, Bewohner des Ortes, deutsche, russische und ukrainische Soldaten. Zehntausende starben im Kessel von Halbe als es schon fünf Minuten nach zwölf war, denn der Krieg war bereits entschieden." Manfred Stolpe betonte, daß es die alliierten Truppen waren, auch die russischen und

ukrainischen Soldaten, die die Deutschen von den Naziverbrechern befreiten. Auch die Generalsuperintendentin Ingrid Laudien sprach in ihrer Predigt den im Vorfeld der Veranstaltung heiklen Punkt der Soldatenehrung an: „Auf beiden Seiten gibt es abgebrochene, ungelebte Leben zu beklagen. Sowjetische und deutsche Soldaten mußten so jung sterben, daß noch heute, 50 Jahre danach, Mütter und Ehefrauen um sie trauern." Deshalb wolle sie eine Brücke „wie ein Regenbogen so zart, verletzlich, aber voller Hoffnung zu den gefallenen sowjetischen Soldaten auf dem Friedhof in Baruth schlagen". Keine verordnete deutsch-sowjetische Freundschaft, sondern der

Versuch einer Versöhnung solle es sein. Ministerpräsident Manfred Stolpe hätte geplant, nach der Kranzniederlegung in Halbe zum Baruther Friedhof zu fahren.

—Anzeige—

Zahlreich waren die Besucher an diesem sonnigen Sonntag vormittag auf den Friedhof gekommen. Schon eine halbe Stunde vor Beginn des Gottesdienstes versammelten sich Einwohner von Halbe und Umgebung und viele, eigens für diesen Tag angereiste Augenzeugen der

Kesselschlacht vor dem Ehrenmal. Die Gesprächsbereitschaft war groß, man suchte den Kontakt untereinander, um über die gemeinsamen Erlebnisse zu sprechen. Betroffenheit überall, weinende Männer während des Festaktes und in den Gesprächen. Die Erinnerung an die schrecklichen Tage hatte sie übermannt. Werner Schwarz aus Hamburg hatte die Stalinorgel vom Wald aus tosen gehört: „Es war wie in einem Bienenhaus, zwischen den Splittern der Geschosse, hetzten die flüchtigen Soldaten. Jeder hatte Angst und wollte überleben." Er ist nach Halbe gekommen, um an alle Toten und an den Wahnsinn des Krieges zu denken. Familie Thomé

reiste aus Marburg an, um rer eigenen Geschichte na zugehen. Sie bedauern, im westlichen Teil Deutschlands überhaupt nicht ü den Krieg gesprochen w Erst jetzt kann Erich Tho seine Vergangenheit ve Augen berichtete er, wie ne Granate auf einen Last gen mit flüchtenden Sold war auf dem Wagen vor...Es ist an der Z meinte das Ehepaar, über die Kriegsgescheh fen geredet wird, dami nachfolgende Generat von den Grauen erfährt, lange die Augenzeugen ben. Denn nur sie könne nau schildern, was Krieg deutet. Katrin La

Bilder der Geschichte einer einst schönen Stadt

Ausstellungseröffnung/Opfern gedacht

Märkisch Buchholz (MAZ). „Bilder der Geschichte der Stadt" heißt eine Ausstellung, die Sonnabend in der Kirche in Märkisch Buchholz eröffnet worden ist. Wie Pfarrerin Erdmute Labes sagte, sei der Titel der Exhibition bewußt so ausgewählt worden. Es gehe nicht nur um das Kriegsende vor 50 Jahren, sondern darum, zu zeigen, was hier in Märkisch Buchholz einst war, was der Krieg daraus gemacht hat, und welche Wunden bis heute nicht verheilten.

Anfang Januar ist die Idee für diese Ausstellung herangereift, die bis Ende August in dem Gotteshaus zu sehen ist. Vor allem der Ortschronist Franz Müller hat historische Fotos zur Verfügung ge-stellt, aber auch Einwohner. Zu sehen ist u.a. das Kaiserliche Postamt von 1910. Eine andere schwarz-weiß Fotografie zeigt das Luftbild des Ortes von 1935. Hochzeit könnte ein Bild von 1936 heißen, das Braut und Bräutigam in einer scheinbar ganz gewöhnlichen Zeit dokumentiert.

Mit der Ausstellungseröffnung war auch eine Andacht an die Opfer der Kesselschlacht von Halbe und Umgebung verbunden, an der Gemeindemitglieder teilnahmen, u.a. auch Bürgermeister Karl-Heinz Hauke. Gemeinsam legten sie anschließend Blumen auf dem Märkisch-Buchholzer Friedhof nieder, um aller Opfer zu gedenken.   A.M.

Zeichen der Versöhnung

Förderkreis Gedenkstätte gedachte Toter

Märkisch Buchholz (MAZ). Zeitgleich mit der Ausstellungseröffnung in der Kirche begann im Märkisch Buchholzer Schützenhaus eine Gedenk- und Mahnveranstaltung des Förderkreises Gedenkstätte Halbe e.V. Wie der 2. Geschäftsführer, Henrik Schulze, sagte, kamen die Gäste – die zum größten Teil ehemalige deutsche Soldaten sind – nicht nur aus dem gesamten Bundesgebiet. Wie man wisse, sei Deutschland einst größer als heute gewesen.

Als Gast wurde u.a. Harry Glaser begrüßt, ein ehemaliger sowjetischer Soldat, der heute in den USA und Israel lebt. Vorsitzender Wolfgang Lehmann sah das als ein Zeichen der Versöhnung, wenn heute die, die einst aufeinander schossen, miteinander reden. Bereits am Vorabend hatte es Gespräche mit Harry Glaser gegeben.

Gemeinsam gedachte man aller Kriegstoten. Auf dem Märkisch Buchholzer Friedhof legte der Förderkreis einen Kranz nieder. Einstige Einheiten gedachten der gefallenen Kameraden mit Blumen.

Pfarrerin Erdmute Labes hielt auf dem Friedhof eine Andacht.   A.M.

293

Förderkreis
Gedenkstätte Halbe e. V.

VERSÖHNUNG ÜBER DEN GRÄBERN
BEWAHRET DEN FRIEDEN !

GESCHÄFTSSTELLE: HORST WILKE - Hauptstraße 8 A - D- 31542 Bad Nenndorf
VORSITZENDER: WOLFGANG LEHMANN - Puschkinstr. 6 - D- 15907 Lübben

Württembergia
Auktionshaus für Kunst und Zeitgeschichte
Wilhelmstraße 23
89518 Heißdenheim/Brenz

GEBT UNSEREN TOTEN DEN
NAMEN WIEDER

14913 Jüterbog, den 15.11.95
Südhag 3a

Sehr geehrter Herr Mashofer,

in Ihrem Katalog zur 22. Auktion heißt es unter Los 2498

"Erkennungsmarke für einen Angehörigen der SS-Kav. Ausb.u.
Ers.Abtlg., dazu eine weitere Marke eines Angehörigen eines
Pz.Jg.Rgt., beides Bodenfunde."

Die Bezeichung der Truppenteile läßt vermuten, daß es sich
um Bodenfunde aus dem Bereich der Oderfront bzw. Halber Kessel handelt. Gerade in diesem Raum setzen wir uns für die
Aufklärung von Kameradenschicksalen ein. Viele Tausend
sind noch unbekannt.

Bitte nennen Sie uns den genauen Fundort sowie die näheren
Daten auf diesen Erkennungsmarken.

Mit freundlichem Gruß

H. Schulze
Stellv. Geschäftsführer

N.B. Diese Anfrage wie auch Ihre Antwort wird im Mitteilungs-
blatt unseres Vereins veröffentlicht.

EINGETRAGEN UNTER Nr.: 443 BEIM AMTSGERICHT / KGS. WUSTERHAUSEN ALS GEMEINÜTZIGER VEREIN.
Bankverbindung: Berliner Volksbank EG. Filiale Halbe KontoNR. 64 01 73 73 Bankleitzahl 100 900 00

294

LITERATUR

ALVENSLEBEN, UDO VON: Lauter Abschiede, Tagebuch im Kriege. Frankfurt/M. · Berlin · Wien 1979.

ARCHENHOLZ, BOGISLAV VON: Die verlassenen Schlösser. Ein Buch von den großen Familien des deutschen Ostens. Frankfurt/M. · Berlin · Wien 1978.

AUGSTEIN, RUDOLF: Va banque gespielt und ausgelöscht. In »Spiegel Spezial: Preußen statt Potsdam«. Hamburg 1993.

BACQUE, JAMES: Der geplante Tod. Deutsche Kriegsgefangene in amerikanischen und französischen Lagern 1945–1946. 4. Aufl. Frankfurt/M · Berlin 1995.

BARTOV, OMER: Hitlers Wehrmacht. Soldaten, Fanatismus und die Brutalisierung des Krieges. Reinbek bei Hamburg 1995.

BISMARCK, OTTO VON: Der Kampf um das Reich. Jena 1939.

BÖTTCHER, HANS RICHARD: Vergangenheitsklärung der Friedrich-Schiller-Universität Jena. Beiträge zur Tagung »Unrecht und Aufarbeitung« am 19. u. 20.6.1992, herausgegeben vom Rektor der Friedrich-Schiller-Universität. Leipzig 1994.

BULLOCK, ALAN: Hitler und Stalin. Parallele Leben, Berlin 1994.

BURKE, EDMUND: Betrachtungen über die Französische Revolution in der Übertragung von Friedrich Gentz. Gedanken über die Französischen Angelegenheiten, geschrieben November 1791, veröffentlicht 1797. Zürich.

BUSSE, THEODOR: Die letzte Schlacht der 9. Armee. In »Wehrwissenschaftliche Rundschau« 5 (1955, S. 145–168).

CANETTI, ELIAS: Masse und Macht. Düsseldorf 1988.

CASPAR GUSTAV-ADOLF: Die Endkämpfe zwischen Oder und Elbe im April 1945. Militärgeschichtliches Beiheft zur europäischen Wehrkunde, Wehrwissenschaftliche Rundschau, Heft 1, Februar 1990.

DAHMS, HELMUTH G.: Roosevelt und der Krieg. Die Vorgeschichte von Pearl Harbor. München 1958.

DÖNHOFF, MARION: u. a.: Ein Manifest, weil das Land sich ändern muß. Reinbek bei Hamburg 1992.

FEST, JOACHIM C.: Hitler. Eine Biographie. 7. Aufl. Frankfurt/M. · Berlin · Wien 1974.

FILMER, WERNER; SCHWAN, HERIBERT: Richard von Weizsäcker, Profile eines Mannes. Düsseldorf · Wien 1984.

FISCHER-FABIAN, S: Preußens Gloria. Der Aufstieg eines Staates. Locarno 1979.

FLOCKEN, JAN VON: Halbe mahnt! Zentralfriedhof Halbe. Berlin 1990.

FREUND, MICHAEL: Der Liberalismus. Stuttgart 1965.

FREUND, MICHAEL: Deutsche Geschichte. Gütersloh 1960.

FRIEDRICH, JÖRG: Das Gesetz des Krieges. Das deutsche Heer in Rußland 1941–1945. Der Prozeß gegen das Oberkommando der Wehrmacht. München · Zürich 1993.

FRIESER, KARL-HEINZ: Krieg hinter Stacheldraht. Die deutschen Kriegsgefangenen in der Sowjetunion und das Nationalkomitee Freies Deutschland. Mainz 1981.

GLASER, ZWI HARRY: Aufzeichnungen des baltisch-jüdischen, heute in den USA lebenden Autors u. a. über die Schlacht bei Halbe, an der er auf sowjetischer Seite teilgenommen hat, und über sein Treffen mit deutschen Überlebenden zum 50. Jahrestag. 1995.

GARTON ASH, TIMOTHY: Ein Jahrhundert wird abgewählt. Aus den Zentren Mitteleuropas 1980–1990. München · Wien 1990.

GORDON, HELMUT: Kriegsreden 1936 bis 1941. Das große Kesseltreiben. Leoni am Starnberger See 1992.

GERLACH, HEINRICH: Odyssee in Rot. Bericht einer Irrfahrt. München 1966.

GOLLWITZER, HELMUT; KUHN, KÄTHE und SCHNEIDER, REINHOLD: Du hast mich heimgesucht bei Nacht. Abschiedsbriefe und Aufzeichnungen des Widerstandes 1933 bis 1945. München 1955.

HACKER, JENS: Deutsche Irrtümer. Schönfärber und Hellseher der SED-Diktatur im Westen. Berlin · Frankfurt/M. 1992.

HAENECKE, WILLI: Das war mein Leben. S. 840–861. Aufzeichnungen des Bürgermeisters von Halbe Willi Haenecke über die Kampfhandlungen.

HAFFNER, SEBASTIAN: Preußen ohne Legende, 3. Auflage, Hamburg 1982.

HEIDEKING, JÜRGEN und MAUCH, CHRISTOPH: Geheimdienstkrieg gegen Deutschland. Göttingen 1993.

HEINE, HEINRICH: Geschichte der Religion und Philosophie in Deutschland.

HEINRICH, GERD: Berlin und Brandenburg. Handbuch der historischen Stätten Deutschlands. 2. Aufl. Stuttgart 1985.

HELLMANN, MANFRED: Die Russische Revolution 1917. Von der Abdankung des Zaren bis zum Staatsstreich der Bolschewiki. 3. Aufl. München 1977.

HOBSBAWM, ERIC: Das Zeitalter der Extreme, Weltgeschichte des 20. Jahrhunderts. München. Wien 1995.

HOFFMANN, JOACHIM: Stalins Vernichtungskrieg 1941 bis 1945. München 1995.

JANSSEN, KARL-HEINZ; TOBIAS, FRITZ: Der Sturz der Generäle. Hitler und die Blomberg-Fritsch-Krise 1938. München 1994.

KERN, ERICH: Verbrechen am deutschen Volk. Eine Dokumentation alliierter Grausamkeiten. Göttingen 1964.

KLONOVSKY, MICHAEL; FLOCKEN, JAN VON: Stalins Lager in Deutschland 1945 bis 1950, Dokumentation, Zeugenberichte. 3. Aufl. Berlin · Frankfurt/M. 1993.

KNÜTTER, HANS-HELMUTH: Die Faschismuskeule. Frankfurt/M. 1993.

KOHLASE, FRITZ: Mit dem Füsilierbataillon 303 in Küstrin. Erinnerungen aus den Jahren 1944 und 1945. Seelower Hefte 1, Berlin 1993.

KOHLASE, FRITZ: Küstrin. Aus der Geschichte der ehemaligen preußischen Festungsstadt. Guben 1993.

KOSZYK, KURT: Gustav Stresemann, der kaisertreue Demokrat. Eine Biographie. Köln 1989.

KROCKOW, CHRISTIAN GRAF VON: Darin nistet das Unheil. In »Spiegel Spezial: Preußen statt Potsdam«. Hamburg 1993.

KROCKOW, CHRISTIAN GRAF VON: Fahrten durch die Mark Brandenburg. 2. Aufl. München 1994.

KÜNNETH, WALTER: Der Christ als Staatsbürger. Eine ethische Orientierung. Wuppertal 1984.

KÜNNETH, WALTER: Fundamente des Glaubens. Biblische Lehre im Horizont des Zeitgeistes. 4. Aufl. Wuppertal 1980.

KÜNNETH, WALTER: Lebensführungen. Wuppertal 1979.

LAKOWSKI, RICHARD: Seelower Höhen. Gedenkstätte/Museum Berlin.

LEHMANN, HANNELORE: Die Zucht macht Leute. In »Spiegel Spezial: Preußen statt Potsdam«. Hamburg 1993.

LEINEMANN, JÜRGEN: Die Angst der Deutschen. Beobachtungen zur Bewußtseinslage der Nation. »Spiegel«-Buch. Reinbek bei Hamburg 1982.

LEUTHEN, HANNS und WILKE, HORST: Halbe: Am Rande der Straßen. Von der Oder über die Spree und die Dahme nach Halbe und über die Försterei Wunder nach Sperenberg und Märtensmühle und durch die Nieplitz zu den Beelitzer Heilstätten. Auszüge aus der zusammengestellten Dokumentation (Manuskript) der Arbeitsgemeinschaft Suchdienst – Archiv – Dokumentation.

LÖW, KONRAD: ... bis zum Verrat der Freiheit, Die Gesellschaft der Bundesrepublik und die »DDR«. München 1993.

MALANOWSKI, WOLFGANG: Was bedeutet Deutschland heute? In »Spiegel Spezial: Preußen statt Potsdam«. Hamburg 1993.

MARWITZ, BODO VON DER: Abschied von Friedersdorf und Groß Kreutz. Tagebuchaufzeichnungen 1945.

MEHRING, FRANZ: Historische Aufsätze zur preußisch-deutschen Geschichte. Berlin 1946.

MESSERSCHMIDT: Entstehung und Ende der Million-Legende. FAZ vom 1.2.1994, S. 29.

MONTHOLON GRAF: Geschichte der Gefangenschaft Napoleons auf St. Helena. General Montholon. 2. Band. Leipzig 1846.

MÜCKLER, JÖRG und HINDERLICH, RICHARD: Halbe. Bericht über einen Friedhof. Woltersdorf Schleuse 1995.

MURAWSKI, ERICH: Die Eroberung Pommerns durch die Rote Armee. Boppard 1969.

NAGEL, BARBARA und NEUMANN, GISELA: Und der Himmel wurde blauer und die Seele wurde weit. Herausgegeben vom Verein Kultur- u. Bildungsstätte Schloß Neuhardenberg e.V. 1993

OHFF, HEINZ: Auch sie waren Preußen. 15 Lebensbilder. Berlin 1979.

ORTEGA Y GASSET, JOSÉ: Der Aufstand der Massen. Hamburg 1956.

OCCUPATION, UNITED STATES FORCES EUROPEAN THEATRE AGPS-3946-4-46.

PAUL, WOLFGANG: Kampf um Berlin. Stuttgart · Hamburg 1962.

REVEL, JEAN-FRANÇOIS: So enden Demokratien. 4. Aufl., München 1984.

RUGE, E. U. P.: Nicht nur die Steine sprechen Deutsch ..., Polens deutsche Ostgebiete. 7. Aufl. München · Wien 1987.

RUFFMANN, KARL-HEINZ: Sowjetrußland 1917–1977, Strukturentfaltung einer Weltmacht. 7. Aufl. München 1977.

SCHEURIG, BODO: 20. Juli 1944, Chance des Wandels. Eröffnungsvortrag anläßlich der Ausstellung »Aufstand des Gewissens« in Bremen 1995.

SCHILLER, KARL: Der schwierige Weg in die offene Gesellschaft. Kritische Anmerkungen zur deutschen Vereinigung. Berlin 1994.

SCHIEDER, THEODOR: Friedrich der Große. Frankfurt/M. · Berlin 1986.

SCHRENCK-NOTZING, CASPAR VON: Charakterwäsche. Die Politik der amerikanischen Umerziehung in Deutschland. Frankfurt/M. · Berlin 1993.

SCHULTZ-NAUMANN, JOACHIM: Die letzten dreißig Tage. Das Kriegstagebuch des OKW April – Mai 1945. München 1980.

SCHWINGE, ERICH: Bilanz der Kriegsgeneration: Ein Beitrag zur Geschichte unserer Zeit. 15. erg. Aufl. Marburg 1990.

SCHWINGE, ERICH: Churchill und Roosevelt aus kontinentaleuropäischer Sicht. 2. erg. Aufl. Marburg 1983.

SCHWINGE, ERICH: Verfälschung und Wahrheit. Das Bild der Wehrmachtsgerichtsbarkeit. 2. Aufl. Tübingen · Zürich · Paris 1992.

SCHWOSTOW, W. M. und MINZ, I. I.: Die Diplomatie der Neuzeit 1872–1919. Moskau 1947.

SHIRER, WILLIAM L.: Aufstieg und Fall des 3. Reiches. Bindlach 1990.

SPITTA, THEODOR: Das Ende des Bürgertums, Tagebuchbetrachtungen 1942. Bremen 1994.

STAHLBERG: Die verdammte Pflicht. Frankfurt/M. · Berlin 1990.

STEINER, FELIX: Die Freiwilligen. Göttingen 1958.

SUWOROW, VICTOR: Der Eisbrecher: Hitler in Stalins Kalkül. 5. Aufl. 1990.

TAYLOR, A. J. P.: The Origins of the Second World War. London 1961.

THATCHER, MARGRET: Downing Street No. 10. Die Erinnerungen. Düsseldorf 1993.

THOMAS, HUGH: Der Spanische Bürgerkrieg. Berlin · Frankfurt/M. · Wien 1961.

THORWALD, JÜRGEN: Das Ende an der Elbe. Gütersloh 1959.

TIEKE, WILHELM: Zwischen Oder und Elbe. Der Kampf um Berlin 1945. 3. Aufl. Stuttgart 1994.

LE TISSIER, TONY: Der Kampf um Berlin 1945, von den Seelower Höhen zur Reichskanzlei. 2. Aufl. Frankfurt/M. · Berlin 1992.

LE TISSIER, TONY: Durchbruch an der Oder. Der Vormarsch der Roten Armee 1945. Frankfurt · Berlin 1995.

TOLSTOY, NICOLAI: Die Verratenen von Jalta, Englands Schuld vor der Geschichte. 3. Aufl. München · Wien 1985.

TUCHMAN, BARBARA: Die Torheit der Regierenden. Von Troja bis Vietnam. Frankfurt/M. 1989.

VERFASSUNG DER UNION DER SOZIALISTISCHEN SOWJETREPUBLIKEN. Berlin 1947.

VIERKORN, KARL-GOTTFRIED: Gefangen in Sibirien. 8$\frac{1}{2}$ Jahre hinter Stacheldraht. Oberaudorf 1989.

WEIZSÄCKER, RICHARD VON: Von Deutschland aus (Reden des Bundespräsidenten). 3. Aufl. München 1988.

WEIZSÄCKER, RICHARD VON: Im Gespräch mit GUNTHER HOFFMANN und WERNER A. PERGER. Frankfurt/M. 1992.

WELLEMS, HUGO: Das Jahrhundert der Lüge. Von der Reichsgründung bis Potsdam 1871 bis 1945. Kiel 1989.

WIECK, MICHAEL: Zeugnis vom Untergang Königsbergs. Ein »Geltungsjude« berichtet. Heidelberg 1993.

WIELAND, CHRISTOPH MARTIN: Geschichte der Abderiten. 5. Buch: Die Frösche der Latona. Stuttgart 1980.

WOSTOK-VERLAG, KÖLN: Informationen aus dem Osten für den Westen, Heft Nr. 3, Mai/Juni 1995. Der Krieg Stalins oder der Krieg Hitlers. S. 36–65.

REGISTER